國際航空貨運實務

第三版

貨運實務

曾俊鵬 著

五南圖書出版公司 印行

推薦序一

本人係臺北市航空貨運承攬商業同業公會現任理事長，曾俊鵬兄為公會理事暨國際事務委員會主委，曾兄也曾任臺北市海運承攬運送商業同業公會理事長。代表公會參加國際物流會議，替臺灣發聲。跨足產官學界，深受敬重。

曾兄曾於長榮航空起步時加入服務團隊，篳路藍縷，累積航空公司實戰經驗。後於1995年創立歲航集團，如今已成本土國際物流業界佼佼者，服務遍及全球。難得的是，他在各大學教授國際物流課程三十餘年，分享經驗，桃李滿天下。此外並將從事國際物流多年實務與理論心得寫成三本書，並與時俱進，定期修改。奉獻社會，令人欽佩。

「國際航空貨運實務」一書首發於2010年，其後於2013修訂再版。受到新冠肺炎影響，2019年第四季開始國際航空運輸起了天翻地覆的變化，曾兄這次修訂正是時候。他說：「再不修改，對不起讀者」。相對的在此時修改，正可提供對現時情況的觀察，留下即時記錄，意義重大。本人承邀作序，得以先睹為快，甚感榮幸。

本書共分成十三章，從民用航空起源說起，之後探討國際和國內市場現況。第三章討論航空貨運載具－飛機和貨櫃貨盤，並佐以圖片，幫助了解。其後章節討論航空企業、航空貨物集散站，以及航空運費計算和空運提單製作等，最後介紹運送人責任與保險，危險品及海空聯運等題目。曾兄均從豐富實務經驗，有獨到與深入的見解與介紹。內容廣泛深入，本人在作序之外，亦樂於推薦給產官學界參考。

以上為之序！

臺北市航空貨運承攬商業同業公會

理事長　黃啟明

2021.6.

FOREWORD

This book, entitled ***International Airfreight Practices*** by Mr. JP Tseng brings to realization all the basics and intricacies on the airfreight industry, which any student, practitioner or freight aficionado will find remarkable.

Mr. Tseng did not leave a stone unturned in tackling the most important factors dealing with the civil aviation bodies, air transport factors, various international bodies, airfreight forwarders, the role of the Taiwan Civil Aviation Act, airfreight operations, freight charges, air waybill and carrier's liability, carrier's liability insurance and cargo claim, dangerous goods carriage and finally sea air transportation.

The extensive list of topics are presented in a manner practical for practicing managers and supervisors in need of an interesting read on airfreight and its fine points. Mr. Tseng also detailed vital tips on the industry, which I believe are not available elsewhere.

Mr. Tseng's writing style, combined with the useful content, make this book a must-read for any individual involved or interested in freight and transport logistics. Mr. Tseng has succeeded in making a somewhat difficult subject into an interesting and straightforward reference book that any student or practitioner would be content to go through.

Issa Baluch

FIATA President (2003-2005)

Senior Fellow, Harvard University

國際航空貨運實務

(4)

推薦序三

曾俊鵬董事長於公務繁忙之際，仍致力於作育英才及學術創作，此精神著實令人倍感敬佩。寶水於從事航空業以來，對於坊間未見航空貨運運作及流程之相關書籍，曾不斷請益資深業界先進，但一直以來皆未見整套完整且具體之資料能集結成冊。空運物流運籌在貨物運送階段，經過航空貨運承攬業、航空貨運集散站及航空公司等不同業者之處理，近十年在全球化之影響下，此商業模式不斷日新月異，對於航空貨運運送時效與品質要求也相對越來越高，故物流業之發展、航空貨運之整合作業，甚至航空貨運流程電子化的推廣，更需要有完整且系統化的闡述及研討，今幸賴曾董事長之慷慨分享及下筆成章，使能成就一美事。

《國際航空貨運實務》為介紹航空貨運相關實務之書籍，於書中提綱挈領地將航空貨運市場、民用航空法規、航空貨運承攬業、航空貨運作業流程、運費計價方式及保險／理賠等逐一詳細說明；針對此航空貨運領域，筆力縱橫地作系統化及全面性之彙整，且難能可貴將此實務作業予以文字化，其立意應受大家之肯定與讚許。

書中屢見精闢之介紹及闡述，此舉對民航運輸及航空貨運事業之發展與提攜產生不可抹滅之貢獻。特此推薦，不僅航空業界值得一看，業外人士亦可藉由閱讀此書，進而對航空貨運領域能有更完整且系統化之印象及概念。

在《國際航空貨運實務》付梓前夕，有幸為書撰序，實感榮幸，也因此有機會能先睹為快拜讀此書，再對俊鵬董事長毫不保留地傳授寶貴學識及經驗表達最誠摯之敬意。

長榮航空董事長

林寶水 謹識

推薦序四

　　曾俊鵬先生從事國際物流海空運輸服務三十餘載，在業界素有儒將之稱，今能在公務繁忙之餘，就其多年實戰經驗融合教學的理論基礎，有系統的就航空運輸要素、航空貨運作業模式與航空貨運承攬業的定義、關係及法規上責任義務、危險品的運送、海空聯運發展的要件等做深入簡出的闡述，這是臺灣以外貿為導向經歷四十餘載的經濟發展過程中，第一部對航空貨運和承攬做全方位闡述的著作。

　　本人從事國際物流海空運務四十餘年，對曾先生的使命感及專業能力深感敬佩並與有榮焉。特此鄭重推薦－凡同業從業人員、從事外貿相關的供應鍊或物流管理人士或學者，及有意投入國際物流運輸服務的人員，此實為一本必讀之作。

中菲行國際物流集團董事長

錢堯懷 謹識

三版序

　　拙著「國際航空貨運實務」終於第三次修改完成，鬆了一口氣。再度新姿亮相，內心充滿喜悅。和前一版一樣，這次修改也是有感實務一直在變化，書也應與時俱進，否則對不起愛護的讀者。不過事情說來容易，做起來可一點都不簡單。主要因為工作太忙，以致時間零零碎碎，無法專心一意。其次的困難是打電腦速度太慢，要花比別人多的時間，此時體會到時不我予的心情。修改工作便一直心有餘力不足，進度緩慢。

　　2020年11月初本書出版商五南圖書公司副總編輯黃惠娟來公司找我，她說要來找我聊聊。不疑有它，就答應了，沒想到是為勸我修改此書而來。見面三分情，她所提又和自己想法一致，於是兩人就敲好2021年6月底完成交卷。不過因為世紀病毒新冠肺炎於2019年尾爆發，疫情越演越烈，整個市場和人心都大亂。為應付各種突發狀況，修改工作在開始3個月幾乎沒進度，開始懷疑能否達成任務。

　　後來疫情轉趨嚴峻，甚至產生變種，各種管制措施紛紛出籠。先是國境封閉，禁止群聚。開始取消出國，接著各種飯局也開始減少或取消。2021年五月下旬起各種應變措施紛紛出籠，或異地上班或居家上班，做好最壞情況應變準備。但也因此多出很多時間，乃抓緊機會，全力加速作業。在家的時候，一天花8、9個小時打電腦是常有的事。本書終於完成以嶄新面目呈現給大家，實在得來不易，也要謝幕後的催生者－黃惠娟。

　　相隔2013年修訂，已歷八年。本次修改幅度很大，參考了很多資料，章節做調整，附錄部分的民航法規也全部移除。拜網路發達之賜，使寫作得到前所未有的便利。讀者上網很容易搜尋要的資料，因此覺得附錄民航法條已多此一舉。新冠肺炎的影響史無前例，其發展有很多是歷史僅見。本書適時修改，也有為歷史做記錄的作用，留為

未來參考。

　　這次費心修改，寄望本書對讀者具參考價值，對臺灣民航運輸發展有所幫助。

曾俊鵬 謹上

2021.6.

二版序

本書於2010年問世以來，承蒙實務界人士採用參考及各大學用為教科書，實為莫大鼓勵。但作者早就萌生修改的念頭，原因是實務操作本就日新月異，必須與時俱進。並且第一版發行之前，受到出版公司催搞，以致第一版付印時有點急就章，自己其實並不滿意。然而想歸想，卻因日子極其繁忙而遲未行動。2013年1月間出版公司來信告知第一版第一刷已存貨不多，感到有點意外與驚喜。因為這是本專業著作，自忖市場性不高。結果顯示需要此書的人不在少數，讓作者頓覺此事必須盡快行動，否則有愧於讀者。

以本人繁忙的日常生活而言，半年多的時間完成，確實不容易，但也很欣慰。相較於第一版，第二版有極大改進。光就頁數而言，已從原來二百多頁增加超過一倍至四百多頁。而內容之充實，絕對更有可讀性與參考性。

航空貨物運輸有其重要功能，可惜近年來受到全球經濟成長遲緩及燃油成本上漲的兩面夾擊，航空企業普遍陷於慘澹經營的窘境。不過航空公司的龐大資本和人才投入，這是一條不歸路。正如長榮航空新任總經理鄭傳義於接受今週刊訪問時所說的：「唯一的方向，就是不斷創造差異化」，也就是要在行銷策略及軟硬體設備方面推陳出新，才能生存，個人非常欽佩業者的遠見和魄力。

第二版和第一版在時機環境上最大的不同是兩岸的通航，陸客來臺人數年年增長，當然給航空和觀光相關產業業者帶來很多商機，兩岸航空企業雨露均霑。不過客貨運此消彼長之下，又回到以客運為主的狀態。中華航空和長榮航空的貨運營收比例雙雙退到三成多。儘管如此，航空貨運還是將繼續發揮其重要功能。

未來航空產業必須發展更有燃油效率和更環保的飛機，全球一起為地球的永續盡一分心力。本書改版完成，希望對航空產業的發展和了

解也能有所幫助。

　　本書第九章「航空貨運保險與理賠」還是請高雄海洋科技大學的曾文瑞教授執筆，他乃這方面專家，由他執筆，更合適。他也在百忙之中配合修改完成，為本書提升參考價值，特地在此致謝！

　　感謝所有讀者的鼓勵，也期盼您繼續支持與指教！

曾俊鵬 謹上

2013.6.

自序

　　本人從事國際運輸匆匆已逾30載了，真是歲月如梭。在這麼長的時間裡，有苦有甘，但事後的回憶，大多是甜美的。本人職場從陽明海運開始，中間歷經長榮集團的長邦貨櫃、立榮海運及長榮航空，剛好依序經歷陸海空運輸，是人生難得的經歷。目前擔任崴航集團負責人，這個集團從1995年開始營運，轉眼也滿18週年了，時間過得真快。除了參與企業的經營外，過去20多年的時間，公暇之餘也在數所大學兼任教職，奉獻所學和分享實務經驗。如果再加上公會的在職訓練課程的話，教過的學生大概也有數千人了。

　　教學一直是我的興趣，藉由課程教材的準備，也鞭策自己要時時跟得上環境的變化，所以養成了蒐集資料、閱讀分析的習慣。我目前在大學講授的科目有二門：「國際貨櫃運輸」和「國際航空貨運實務」，為便於同學學習和業界人士參考，乃將之寫成同名專著。此外尚有「海運承攬運送業理論與實務」一書，總共有三本著作。定期修改，以符實務之發展與改變。

　　其實因為日常工作繁忙，要在百忙之中找時間進行寫作並不容易。不過由於個性使然，一旦下定決心，就是全力以赴。藉由書本的寫作，逼著自己把國際航空貨運知識做有系統的閱讀和整理，其實自己才是最大的受益者。

　　本書是以討論國際航空貨運實務為主，寫作過程中力圖將有關內容涵蓋。希望本書的問世能有助於在校學生和業界人士瞭解航空貨運實務操作，為現代物流管理知識的提升，盡一點力量。在現代物流管理概念下，國際運輸已將前端後端的服務整合在一起。因此業者的知識必須是全方位的，已無海空運之明顯分界了。

　　本書之完成須感謝的人很多，不過在此要特別感謝長榮空運倉儲公司的蘇燈環協理，他以現場實地操作的經驗，在貨運站的作業方面

提供寶貴經驗；其次要感謝高雄海洋科技大學航運管理系教授曾文瑞，他是海空保險理賠專家，本書的責任保險與理賠基本上是採用他的資料，為本書增色不少；此外長榮航空貨運部楊永桓協理也協助提供寶貴意見，阿聯酋航空貨運（Emirates Sky-Cargo）經理Mr. Prakash Nair協助取得該公司授權使用貨機和盤櫃圖片資料，使這一單元更有可看性。最後我多年親如兄弟的好友Mr. Issa Baluch慨允賜序，他曾任FIATA總會會長。前所經營的Swift Freight舉世聞名，在2009年以高價出售。目前除在FIATA繼續貢獻心力外，大部分時間在哈佛大學擔任高級研究員（Senior Fellow）。他的成就，少出其右者。此外亦蒙我多年好友，中菲行國際物流集團總裁錢堯懷先生及長榮集團副總裁林寶水分別賜序。他們的序言，令我備感榮耀

最後要感謝我的家人，和內人廖玲珠結褵40載，同甘共苦。此書寫作期間，她默默支持。最後我兩位女兒于軒、婷音在各自崗位上，努力工作，讓我無後顧之憂。此書之完成，她們亦功不可沒。謹將此書獻給我最親愛的家人！

CONTENTS
目　錄

第一章
概　論

本章摘要

　　本章旨在説明民用航空基本概念，分成三節：

　　第一節從我的長榮航空經驗談起，然後正式開啓本書的內容。本節自航空器的起源談起，回顧一下萊特兄弟的發明過程。其次說明民用航空事業，介紹我國民用航空運輸的發展過程。結尾說明民用航空運輸的定義以及我國民用航空法所謂的民用航空六業。

　　第二節為關於航空運輸特性以及航空運輸特點。民用航空運輸在飛行速度有很大優勢，但載運能量有限，運輸成本遠高於其他運輸方式，導致運費偏高；而飛機起降的噪音及排碳問題，讓大家很感冒，全球公私部門都將此列為亟待改善的問題。本節最後討論民用航空事業對國際貿易的重要效益，兩者息息相關，相輔相成。

　　第三節討論航空貨物種類與運輸方式。基於民用航空運輸速度快和高成本的特性，僅有某些高價值及需要快速運輸的貨物適合使用，本節即為說明適合航空運輸的貨品種類，配合貨主需求而有不同的運輸方式。

　　作者係1976年臺灣海洋大學航運管理系畢業，1978年乙等特考進入陽明海運公司，從基層做起。在服務六年之後轉換跑道，1984年加入長榮集團。先在關係企業長邦貨櫃和立榮海運服務近八年，1992年中奉調至長榮航空。任職於企劃室營業本部，負責公司全球客貨運營業，和一百多位同仁共事。如今他們大多擁有豐富國際經驗，成為公司中堅幹部。但由於某些因素，於同年12月31日請辭，結束短暫的長榮航空生涯。長榮

航空於1991年啓航，在職期間公司剛起步，篳路藍縷，至爲辛苦。短期內求去，殊爲可惜。偶會想像若非離職的話，人該在那裡？現應在何位子？無法想像。人生的路就像過河卒子，只有勇往直前，不能回頭重來。不過有幸在優質的長榮航空剛起步時加入打拼，是人生的寶貴經驗。

　　決定成立長榮航空之始，創辦人張榮發總裁便大手筆以36億美元訂了26架飛機，成爲全世界大條新聞。但可能沒購機經驗，開始訂購的機型有些不盡理想。不過營運上遭遇最大的困難是航權取得的問題，這是始料未及的。身在第一線的營業部門，業務拓展因經驗不足已經夠辛苦了，又常被旅行業者杯葛放鴿子等，進展很不順利，吃盡苦頭。常常一條航線經營尚未上軌道，新機又到。以致只要沒航權問題且有些業務量的航線，航班就往那邊塞，還不行的話甚至會臨時取消航班。但起步階段業務拓展不易，非常辛苦。近年因全球電商業務發展，油價下跌。長榮航空秉持長榮精神、完整飛安紀錄及服務水準備受肯定，已是今非昔比了。長榮航空的優質服務精神，帶來新的服務觀念，對提升臺灣航空服務品質，有很大幫助，對消費者福利貢獻甚大。但營運以來，國際事件每幾年就發生一次，挑戰從不曾間斷，回顧2001年9月11日紐約雙子星大樓恐攻事件、2003年SARS、2008年國際金融風暴、2010年冰島火山灰噴發、2011年3月11日日本海嘯等，在在都重擊航空公司營運。好不容易熬到2015年國際油價下跌，終於可以稍喘口氣，至2019連續幾年獲利。但稍見好轉的營運，又重挫於2019年爆發新冠肺炎，打擊之廣之大，史無前例。2020年全球航空產業受嚴重打擊，營運又重回虧損。航空運輸是人力、資本、技術都密集的行業，且很容易受到國際外在變動因素影響，經營十分不易。

　　早期航空公司營運以客運爲主，貨運爲輔。之後因科技產業發展，產品趨向輕薄短小，貨運需求增加，營收占比提高，當時我們曾將客貨運營收比例目標設定爲50%：50%。不過由於全球旅遊人口成長遠大於貨運，營運又回到以客運爲主、貨運爲輔的局面。長榮航空全貨機MD-11F、B747F陸續退場，貨運運能減少。2019年營運總收入約NT$1,260億元，

客貨運營收比例為80%：20%。2019年第四季爆發新冠肺炎，使航空公司營運又陷入愁雲慘霧之中，因此民用航空運輸產業確實是艱難的事業。幸好相對於客運的變動性，航空貨運還頗有生機，幫有做貨運的航空公司留下生機，容後分曉。

　　在長榮航空短暫期間，有五大最深刻的印象：

1. 中韓斷交，中韓航線迅即停航。當時市場惡性競爭，飛機即使滿載，亦難以獲利。於是趁中韓斷交，預期業務將更加困難，迅即停航

2. 1992年10月偕同張總裁三公子張國政代表公司，前往馬尼拉交涉臺菲航權。受限於臺灣弱勢的外交地位，談判航權是苦差事，可謂忍辱負重，有著一般人難以想像的艱苦。我們當時是和菲律賓航空副總經理 Ms. Pinky對談，她姿態擺的很高，氣勢凌人。一付我不需要你們，是你們來求我的態度，至今記憶猶新。

3. 代表公司赴巴黎參加國際旅展，前後並訪問荷蘭阿姆斯特丹、英國倫敦及奧地利維也納。剛抵荷蘭阿姆斯特丹，於通完關在機場大廳等候接駁車時，最重要隨身行李失竊，人幾乎崩潰。

4. 開關越南胡志明航線前，光是廣告文案就開很多次會議，議而不決。搞了很久，傷透腦筋，累翻了，只能說是我們營運經驗不足。

5. 長榮航空特有的客艙第四艙等豪華經濟艙（economy deluxe），曾經稱長榮客艙，現稱菁英客艙 （elite class）。介於商務艙和經濟艙之間的艙等，是張總裁的創見，異於當時其他航空公司。開始推動這艙等時，吃了不少苦頭。特別在interline轉接時，別人無此艙等，轉接有困難。票價訂定也不符老闆要求等等，挫折很大。如今已有越來越多航空公司如中華航空、土耳其航空等跟進，證實張總裁的創意和遠見，值得緬懷。

　　於1992年底辭職獲准，1995年和幾個夥伴創立崴航集團。如今已成為海空運物流界大咖，服務遍及全球，信譽卓著。從南投集集一個貧困家庭小孩打拚到此成績，稍堪自慰。本人在物流業界服務40餘年，本書旨在將經驗寫下來，留供後輩參考。以下請容慢慢道來：

第一節　民用航空運輸事業

一、民用航空事業的起源

　　民用航空為二十世紀初才開始興起的運輸方式，是人類智慧結晶，對世界文明的偉大貢獻。對「第一架飛機」的發明儘管有不同說法[1][2]，但真正建造並駕駛世界上第一架可控制的飛機公認是美國的萊特兄弟（Wright Brothers）。萊特兄弟（如圖1-1）是指韋爾伯萊特（Wilbur Wright, 1867-1912左圖）和奧維爾萊特（Orville Wright, 1871-1948右圖）兩兄弟。

圖1-1　萊特兄弟

國際航空貨運實務

---

[1] 其他競逐發明「第一架飛機」桂冠人士的作品，不是飛行距離很短，就是不能夠控制飛行。艾德（Clement Ader）在 1890 年可說是做了第一次動力起飛，但是這具蒸汽動力飛行器飛起的高度只有 20 公分，也只有他的法國同胞才會認為這夠稱得上是一次飛行。出生於德國的懷海德（Gustave Whitehead）熟練於編造在美國飛行的故事，但他從未建造出可運轉的飛機。紐西蘭人則以皮爾斯（Richard Pearse）為傲：1903 年 3 月，這個孤僻怪異的農夫，駕駛自製的單翼飛機飛行達 137 公尺遠，最後撞進樹籬裡。他的例子慘痛地指出，航空飛行需要控制〔資料來源：科學人雜誌 2003 年第 22 期 12 月號〕。

[2] 飛機發明之始，發明家多取鳥類飛翔的概念，在人身上裝翅膀，企圖飛行，但這屢試屢敗。第二階段開始利用空氣浮力，用滑翔方式飛行，但這不是真飛行的概念。直到飛行動力發明以後，問題才解決，達到真正飛行。

1899年8月，萊特兄弟在美國俄亥俄州達頓市（Daton）經營賺錢的腳踏車生意之餘，抽空建造了一架翼展1.5公尺長，類似風箏的小型雙翼機，用來實踐他們的飛行理論。由於成果不錯，1900年他們再接再厲加大尺度，製造出翼展面積達15平方公尺的風箏。1902年，他們根據蒐集到的資料，建造一架滑翔機，並於1903年12月17日選擇美國北卡羅來納州的小鷹鎮（Kitty Hawk, N.C.）進行試飛。選擇此地是因為這裡有從大西洋吹來的海風，有利於試飛。而且低緩起伏的沙丘坡地，也提供了柔軟的著陸空間與地面。這天早上10點35分，兩人依照丟銅板的結果，決定由29歲的弟弟奧維爾駕駛飛行家一號（Flyer I）起飛（如圖1-2）。雖然第一次只短暫地飛行了12秒和37公尺，但當天的第四次也是最後一次試飛，由威爾伯負責操控的飛行紀錄達到59秒和259.7公尺。此為第一台比空氣重的動力機器成功起飛，並且是可受操控的飛行。寫下人類升空飛行的紀錄，實現了人類多年想飛的夢想。從此改變了全世界，奠下日後發明飛機的基礎。

圖1-2　飛行家一號：由奧維爾駕駛，韋爾伯跟在機翼旁跑（1903.12.17.）

　　回到達頓後，萊特兄弟在荷夫曼牧場（Huffman Prairie）上繼續研究可以販售的飛行機器。1904年11月16日奧維爾駕飛行家二號（Flyer II）飛越荷夫曼牧場（Huffman Prairie），飛行40 1/5秒1,760英尺。他們的飛行家二號（Flyer II）（如圖1-3）進行了100多次的短程飛行，後來又利用彈射器讓起飛更為容易。

圖1-3　飛行家二號：奧維爾試飛（1904.11.16.）

　　但飛行家二號和飛行家一號一樣難以控制，著陸時經常發生問題，於1905年7月墜毀。迫使萊特兄弟繼續設計飛行家三號（Flyer III）（如圖1-4），並進行徹底改良。他們加大控制面，並且把它們放在離平衡中心更遠的位置。1905年10月5日，由威爾伯控制這架飛機飛行了39.5分鐘、共38.6公里的距離。飛行家三號（Flyer III）為人類第一架完整成功的飛行器，開創了航空事業的新紀元。從此以後，激起人類對飛行之熱衷與努力，永無休止。

圖1-4　飛行家三號：在荷夫曼牧場試飛（1905.10.5.）

初期的飛行器（aircraft）主要用於軍事偵察，以及作為冒險家運動和表演的工具。第一次世界大戰末期，航空器出現在歐洲戰場，作為攻擊的工具。由於航空器具高度航速，又不受地形限制的長處，戰時被用於投擲炸彈。固定翼航空器定期商業客運則開始於1914年1月1日，美國東南部佛羅里達州開闢了一條飛越海灣、連接聖彼得堡（St.Petersburg）和坦帕灣（Tampa Bay）的旅遊航線（Air Boat Line），每天兩個班次，飛行時間僅23分鐘。1914年1月1日即為國際民航的起始日，迄今只有一百多年。此後發展日新月異，成為重要的國際運輸方式之一。1918年第一次世界大戰結束後，航空器成為運送信件的有利工具，開啟商業貨運用途。

二、民用航空事業的發展

　　國際民用航空運輸事業開始於歐洲，後來的蓬勃發展則在美國。民用航空事業發展之初，航空器的載運能量並不大。最初是用於運送郵件，再逐步擴及旅客運輸和貨物運輸。1935年12月美國道格拉斯飛機公司（Douglas Aircraft Company Inc.）製造的雙引擎客機DC-3型啟用，DC-3是當時設計最成功的民用航空運輸機，如圖1-5。

圖1-5　DC-3於2017.4.25.飛抵松山機場[3]（圖片來源：2017.4.25.東森新聞）

---

[3]　2017年3月到9月，百年靈DC-3雙引擎螺旋槳客機將進行一次盛大的環球之旅，並在4月25-27日停臺北松山機場。

1936年開始提供商業服務。載重量約6,500磅,可載客21人。後來配合二次大戰推出軍規版,美軍編號C-47,廣泛被盟軍陣營使用。總計DC-3/C-47共製造一萬多架,是史上最多的運輸機,也是我國早期的空軍主力。飛機的機動性與高速度,於第二次世界大戰期間再度成為軍事作戰主力器具。但也因為軍事上的需要,使航空器製造技術大為進步,航空工業突飛猛進。單翼飛機取代雙翼飛機,飛機引擎也由活塞往復式演進為渦輪螺旋槳式及渦輪噴射引擎,再改進為渦輪導扇引擎。飛機航速越來越快,如今已成為最便捷與安全的國際運輸工具。

第二次世界大戰結束後,航空工業轉而向提供現代化的客機與全貨機發展。1958 年波音公司B707飛機問世,成為航空運輸的主幹;1961年B707全貨機啟用,1970年B747廣體噴射客機加入營運,裝載量更邁進一大步。B747全貨機於1972年啟用,加上DC-8、DC-10,空中巴士公司A300,麥道公司MD-11等各型寬體客、貨運飛機相繼問世。此期間適逢全球經濟成長及旅遊需求的成長期,帶動全球民用航空事業蓬勃發展。

航空貨運開始於1950年,原為航空公司旅客作業上的副產品,貨物僅使用客機的腹艙(belly hold)裝載。在這之前談航空業務都是介紹航空客運的訂位、票價和票務作業,鮮少討論貨運。貨運只是附帶業務,以客機機腹艙裝載。但客機腹艙載貨量有限,也受下層艙高度限制,裝運高度大的貨物受影響。還有客機以旅客為主,隨乘客多寡載貨量會受影響。但客運航班密集,航點廣佈,貨量多寡均可操作。故航空貨運很多還是利用客運班機運送,例如中正機場客機腹艙貨與全貨機貨比例為55%:45%,高雄小港機場則更為90%:10%。1975年後全貨機(freighter)出現以後,貨運才逐漸發展為獨立和營利性的部門,以定期班機或包機方式來營運。臺灣主要的航空貨運空運為電子業、輕機械業及機械工具業相關之產品及生鮮食品、花卉等農產品,加上部分兩岸轉口貨,年約240萬公噸,在國際航空貨運市場具有舉足輕重地位。

至於我國民用航空運輸業的發展則可分為二個階段:

1. 民國38（1949）年以前中國領空上首次出現飛機是宣統元年（1909年），法國航空技師范郎在上海試演，宣統二年滿清政府向法國購買飛機乙架供國人參觀，此爲中國有飛機之始，民國10（1921）年北洋政府航空署開辦北京，上海航線，是爲我國定期商業航線之始。民國19（1930）年8月，成立中國航空公司，此爲我國民航運輸事業的開端，飛航上海、四川、廣東、北京、昆明及香港、舊金山等航線。民國20（1931）年，成立歐亞航空公司飛航北京、廣州、蘭州、四川及香港、河內等航線。民國30（1941）年，歐亞航空公司收歸國有，民國32（1943）年改組爲中央航空運輸公司，飛航國內各大都市及香港、馬尼拉、舊金山等國際航線。民國23（1934）年西南各省當局成立西南航空公司，以飛航西南各省都市及河內爲主。抗戰軍興，西南各省頻遭空襲轟炸，西南航空公司被迫停辦。民國34年對日抗戰勝利後，空運業務繁忙，民航空運隊（簡稱CAT）成立，各友邦航空公司航線亦延伸至我國境內。

2. 民國38（1949）年至民國76（1987）年：政府遷臺後，中央、中國兩家航空公司在香港因故滯留，僅民航空運隊隨政府遷臺，維持臺灣國內及香港等地空中交通。民航空運隊由陳納德將軍所創辦，對我政府遷臺初期航空運輸有重大貢獻，民國44（1955）年改組成立民航空運公司，經營國內外航線，民國64（1975）年該公司法人股東美國太平洋公司決議宣布解散。

   民國40（1951）年復興航空公司成立，是爲我國第一家純民營的航空公司，經營國內航線。民國47（1958）年暫停國內航線，以代理國際客運業務及旅客餐點爲主，民國72（1983）年由國產實業集團接掌後，始恢復國內航線經營。民國46（1957）年前輩胡侗清先生成立遠東航空公司，初期經營「空中報童」，不定期國內外包機及航測、農噴等工作，民國51（1962）年起陸續開闢國內航線班機，成爲經營國內航線之主要航空公司，載運旅客量曾經高達國內容運百分之六十以上。

   民國48（1959）年，一批優秀、有經驗空軍退役軍官成立中華航

空公司，初期以國內包機、越南、寮國、高棉包機業務為主。民國51（1962）年開闢國內各航線，民國55（1966）年開拓東南亞航線，民國59（1970）年開闢中美越洋航線，開創我國民航史上的新紀元。民國71（1982）年開闢臺北至盧森堡歐洲航線，民國73（1984）年完成環球航線。中華航空公司在政府輔導扶持及全體員工努力下，從小機隊發展成一躋身國際的大型航空公司；由國內航線擴展至國際航線，曾為代表國家飛航的航空公司。

另於此期間成立航空公司有：大華航空公司成立於民國55（1966）年，以直昇機農噴、運補或包機業務為主。民國55（1966）年成立臺灣航空公司，以蘭嶼、綠島等離島航線為主。永興航空公司成立於民國55（1966）年以經營離島航線及農噴業務為主。

由於臺灣在亞太及東南亞地區地位重要，民國50（1961）年起，外籍航空公司也先後紛紛來臺，開闢國際航線，以載運量大、空速快的噴射機加入營建。

民國76（1987）年以後：隨著經濟發展，太平洋地區因成長速度超越歐美，已逐漸成為世界經濟發展之主要動力，臺灣正居此地區樞紐地位；且由於國人的奮鬥努力，也使臺灣位居亞洲四小龍之列，外匯存底全球次高的國家。雖然在經濟方面發展值得令人驕傲，但在航空運輸上，一直無法隨著經貿的發展，在質與量上對等提昇，政府遂於民國76（1987）年採行「天空開放」政策，開放航空公司與航線申請，以促進我國民航發展，滿足國人空中交通強烈需求。

天空開放後已有的航空公司均紛紛改組，添購新機，經營國內各大都市及國際航線，例如大華航空公司購買DHL-8型機、永興購買SAAB型機、復興ATR型機、遠東以MD-82型機汰換舊型波音737型機，經營國內航線進而經營國際包機或國際定期班機業務。政府亦購買大型波音747型及MD-11型客機租予華航，輔導其開闢國際航線。另馬公、中亞航空公司於1987年間獲准籌設，經營國內航線。1989年長榮航空公司獲准籌設，1991年開始經營國際航線。1991年華航子公司華信航空公司成立，飛航

國際航線。

　　至2019年止共有8家國籍航空公司：中華、華信、長榮、立榮、星宇、臺灣虎航、德安及凌天等。其中德安航空於1997年1月16日正式取得民用航空運輸業務執照（直昇機），並於民國2014年10月13日經評選為經營離島偏遠航線客運之航空業者，2015年6月8日首航，成為國內第一家跨足旋翼機與定翼機之航空公司。

　　目前，德安航空於臺北、高雄、臺東、蘭嶼、綠島、馬公、望安及七美設有營業據點，每天提供離島二十四航班，定翼機方面將致力於離島間之客運業務，旋翼機則專營緊急醫療運送、吊掛、物資運補、空照、空拍、空測及特殊包機任務。凌天航空公司也是經營直升機飛航業務的民用航空運輸業，成立於1994年。主要業務包括臺灣電力公司及各民營電力公司輸電線路的絕緣礙子清洗、專業空中攝影服務。其所協助齊柏林先生拍攝的「看見臺灣」獲得2013年金馬獎最佳紀錄片殊榮。其他也參與離島緊急醫療後送服務等等。

三、民用航空運輸的定義

　　從事民間商業用途的航空事業稱為民用航空事業（civil aviation transportation），以有別於軍事或公務用途的航空事業。按照我國民用航空法之定義：「民用航空運輸業指以航空器直接載運客、貨、郵件，取得報酬之事業」。中國大陸則稱為公共航空運輸企業：「指以營利為目的，使用民用航空器運送旅客、行李、郵件或者貨物的企業法人」，兩岸定義一樣。換言之，民用航空運輸是指利用航空運輸工具，將旅客、貨物及郵件由一地運送到另一地，因而增加其財貨價值的經濟行為，航空運送人指提供航空運輸服務而受報酬之人。依照國際航空運輸協會（IATA: International Air Transport Association）定義：航空運輸指以有償，經由航空運送乘客及其行李或貨物的運輸事業。若依承運業務分類可分為客運和貨運，各又可分類如圖1-6、1-7所示：

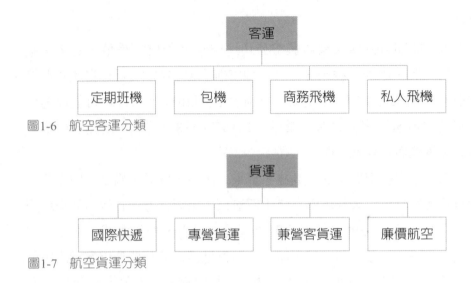

圖1-6　航空客運分類

圖1-7　航空貨運分類

　　我國民用航空事業的範圍依照民用航空法涵蓋以下六業，俗稱民用航空六業，說明如下：

1. 民用航空運輸業：指以航空器直接載運客、貨、郵件，取得報酬之事業。

2. 普通航空業：指經營民用航空運輸業以外之航空運輸業運送而受報酬之事業，包括空中遊覽、勘察、照測、消防、搜尋、救護、拖吊、噴灑、拖靶勤務、商務專機及其他經核准之飛航業務。

3. 航空貨運承攬業：以自己之名義，為他人之計算，使民用航空運輸業運送貨物及非具有通信性質之國際貿易商業文件而受報酬之事業。

4. 航空站地勤業：於機坪內從事航空器拖曳、導引、行李、貨物、餐點裝卸、機艙清潔、空橋操作及其有關有關勞務之事業。

5. 空廚業：指為提供航空器內餐飲或其他相關用品，而於機坪內從事運送、裝卸之事業。

6. 航空貨物集散站經營業：指提供空運進口、出口、轉運或轉口貨物集散與進出航空站管制區所需之通關、倉儲場所、設備及服務而受報酬之事業。

　　因此民用航空運輸事業涵蓋民用航空運輸業及其相關產業，由一個很

國際航空貨運實務

大的航空企業群體組成。由於航空運輸具有快速與安全且不受地形限制的特性，在全球自由經濟環境下，極為重要。最明顯者為發生天然災變時，例如臺灣的大地震或豪大雨造成陸運斷絕及天災如新冠肺炎和人禍時，陸上交通可能因此中斷或需要緊急運輸，航空運輸的優勢即可發揮所長。

第二節　民用航空運輸特性

航空運輸是利用空氣的反作用力將運具送上高空大氣層，和船舶係利用水的浮力運輸的原理，大不相同。在高空飛行時，飛機所受空氣阻力小，更可以高速飛行，時速可達9百公里以上（時速可達到0.8-0.9馬赫），圖1-8所示為在一趟臺北至曼谷航程資訊螢幕板所攝，顯示當時地面時速（ground speed）為1,061公里（如圖1-8）。航空器速度係以音速馬赫（英文：Mach number）表示，一馬赫即一倍音速。馬赫數小於1者為次音速，馬赫數大於5左右為極音速，馬赫數是飛行的速度和當時飛行的音速之比值。大於1表示比音速快，同理，小於1是比音速慢。

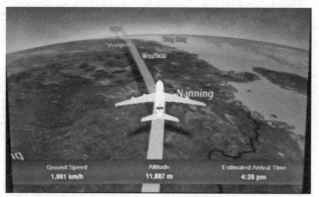

圖1-8　航速為每小時1,061公里（作者拍攝）

馬赫速度換算大約相當於340.3 m/s，又大約等同於1,225 km/h，或761.2 mph、1,116 ft/s。馬赫一般用于飛機、火箭等航空航天飛行器。由於聲音在空氣中的傳播速度隨著不同的條件而不同，因此馬赫也只是一個相對的單位，每「一馬赫」的具體速度並不固定。在低溫下聲音的傳播速

度低些，一馬赫對應的具體速度也就低一些。相對來說，在高空空氣阻力小之下，也比在低空容易達到較高的馬赫數。

　　受到油價高漲的影響，航空公司為節省油耗，大多降低速度以所謂經濟航速飛行。2015年起，全球油價下跌，燃油所佔營運成本比例降低，讓航空公司營運稍可減輕營運壓力，進而獲利，但2018起國際油價又開始止跌回升，如表1-1、圖1-9。

表1-1　航空燃油成本影響

	佔營運成本%	每桶原油價格US$	燃油成本支出US$ billion
2007	28	73	135
2008	33	99	189
2009	26	38.3	125
2010	26	54.5	139
2011	30	65.1	176
2012	33	109.5	209
2013	33	104	210
2014	31.3	99.9	224
2015	27.3	53.9	180
2016	19.2	44.6	124
2017	18.7	55.0	129
2018	23.5	65.1	178
2019	23.7	65.0	188

　　燃油成本方面，2012年航空業燃油每桶價格近110美元，全球支出約209億美元，佔營運成本之百分之33%。2012年全球航空業燃油支出金額相當於2003年44億美元的5倍，為民用航空運輸業者最大單一支出項目。2015年油價開始走跌，營運成本比例亦下降至比較合理的水準。這麼高的燃油成本比例，對國際油價的變動之了解與掌握，已成為業者致勝關鍵因素。為維持成本結構之穩定，業者多少有做期貨避險（hedge）之操

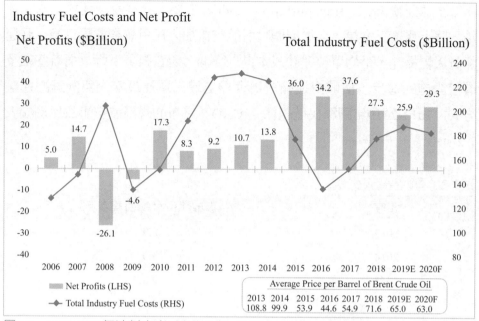

Industry Fuel Costs and Net Profit

Net Profits ($Billion)　　　　　　　　　　　Total Industry Fuel Costs ($Billion)

Average Price per Barrel of Brent Crude Oil							
2013	2014	2015	2016	2017	2018	2019E	2020F
108.8	99.9	53.9	44.6	54.9	71.6	65.0	63.0

圖1-9　2006-2020年油料支出（表格出處：IATA Annual Review, 2020）

作。然此舉非為替公司賺錢，而是維持營運成本之穩定，不得不爾。況且期貨燃油之操作有賺有賠，2008那年由於油價劇漲劇跌，導致所有航空公司都在期貨燃油操作方面產生重大虧損。到底是避險或趨險？風險難以掌握。

　　但受限於空氣浮力和引擎能量，飛機的載運能量也遠遠比不上船舶及鐵道運輸。以波音747-800全貨機為例，有120公噸的酬載能量（pay load），全球最大商用貨機烏克蘭的安托諾夫（Antonov）AN225可承載250公噸。飛機載運這麼大的重量，可以安全舒適往來天空，證明人類智慧之無可限量。但這樣的貨量如和海運比較的話，換算只是約10個貨櫃的量。近年貨櫃船承載能量屢創新高，第八代貨櫃船單船已達2萬4千個20呎櫃（TEU，中國大陸稱為標準箱），兩者載運能量相差十萬八千里，根本不能相比。即使如此，航空運輸還是人類智慧之最高表現，其運輸特性對人類非常重要。不過航空運輸是勞力、資本、技術都密集的產業，全球處於高度競爭狀態，經營十分不容易。

全球運輸方式（transportation mode）主要大分為航空運輸、水上運輸與陸上運輸三大類。自從廣體噴射航空器加入民用航空運輸以後，載運能量大幅提升，平均單位運輸成本得以降低，運費跟著下降。而航空站及導航設施的進步，使航空運輸成為世界上最先進及最安全與舒適的運輸方式。2013-2019年國際民航組織（ICAO）發布的國際航空事故比例如表1-2所示：

表1-2　航空事故比例

年度	事故比例（每百萬次）
2013	2.9
2014	3.0
2015	2.8
2016	2.1
2017	2.4
2018	2.6
2019	1.8

以上事故比例，意謂你每天搭一趟飛機的話，要15,300年才會碰上一次航空事故，因此航空運輸是最安全的運輸方式。說到航空安全性，套句從事航空運輸的人說的話：「開飛機的事故比在地面開車低很多」。此言固然是事實，但飛安還是經營者不能存有任何疏忽和僥倖的要務。因為任何航空事故，人員的死傷和財物損失十分巨大。人員極少有生還機會，能生還者被當成奇蹟，可見其機率之低。要避免航空事故，只有靠嚴格管理。航次出發前嚴格簽派、檢查、維修制度等都須依循嚴格規定，絲毫不得馬虎，飛機出事的機率可以降到最低[4]。然而航空事故的發生絕大多數

---

[4] 飛機簽派制度：指在地面上擔任決定航空器之起始、繼續及終止工作的人員，航空公司航機派遣及飛行計劃，係由航空器簽派員（aircraft dispatcher）擬訂。此人員必須具有駕駛員及領航員所應有的一般航空知識，經民航機關檢定合格發給執照，方可執業。

是由於人為因素，經營者在飛航管理方面尤其要注意飛航人員的訓練和管理。例如組員換班後到下趟任務之間，應該好好休息。出航前應進行酒測，若有酒精反應，必須拉下來停飛甚至解聘。人命關天，馬虎不得。以前即有美國西北航空公司某班次的正副駕駛因故起爭執，竟讓飛機飛越機場2百多公里而不自知。塔臺發現異常要求軍方飛機準備攔截，後來飛機180度折返，已延誤降落目的地1個多小時，幸未釀成災難。2014年3月8日馬來西亞航空MH370從吉隆坡起飛北京首都機場沒多久離奇消失，經四年調查，推定是機長札哈里個人因素輕生，導致機上所有239名乘客和機組人員全部陪葬，轟動一時。空難多因人為因素產生，防不勝防，造成多重且巨大損失，家破人亡，馬虎不得。絕對要加強機組人員管理，定期做身體檢查，保持體位合格。

　　與其他運輸方式相比的話，航空運輸主要特點是安全與迅速，不受到地形之限制。並且航空運輸的航路比海洋運輸寬廣，可採取地球大圓弧線作最短航線的飛行，大幅縮短空間距離。因此航空運輸直線距離最短、速度最快，更可以克服地形的阻隔，直達內陸，具有多重優點。茲將三種運輸方式的優缺點列表比較如表1-3：

表1-3　各種運輸的特點

運輸方式	優點	缺點
海運	1. 運量大 2. 運輸成本低廉 3. 對環保維護較佳	1. 運輸季節彈性小 2. 無法深入到內陸 3. 速度太慢
空運	1. 速度快 2. 安全性高 3. 可延伸至內陸點	1. 運輸量不大 2. 運輸成本高 3. 季節性調整的彈性小 4. 容易受天候影響 5. 高度依賴支援系統 6. 政治敏感度高 7. 對貨物選擇性高 8. 環保效益最差

運輸方式	優點	缺點
公路運輸	1. 運輸機動性高 2. 初期設立資本低	1. 運量小 2. 長途運輸成本有遞增的現象
鐵路運輸	1. 運輸量大 2. 長途運輸成本遞減	1. 初期設立成本太高 2. 運輸機動性不高

就上所列優缺點說明如下：

1. 環保效益的問題：假如就1噸貨物行駛1公里做比較的話，不同運輸二氧化碳排放量和能源消耗量如表1-4：

表1-4　二氧化碳排放量和能源消耗量比較表

	二氧化碳排放量（公克）	能源消耗量（千瓦）
水上運輸 （3,700TEU貨櫃輪）	12.97	0.026
鐵路運輸 （柴油動力火車）	17	0.067
公路運輸 （重型卡車）	50	0.18
航空運輸 波音747-400	552	2

資料來源：The Network for the Transport and the Environment

由表1-4數據可知航空運輸在二氧化碳排放量和能源消耗量方面，都遠遠高於其他運輸方式，最不具環保效益。二氧化碳排放量為海運的42倍，能源消耗量更為77倍。因此國際航空運輸協會長期將節能減碳定為重要工作目標：經過2年多的努力，2009年6月8日秘書長兼執行長Giovanni Bisignani（Director General and CEO）於吉隆坡宣布：自2009年起至2020年期間，每年的燃油效率（fuel efficiency）要提高1.5%，2020年前實現無碳中和增長（carbon neutral growth），如圖1-10。為實現此目標，國際航協並設立三階段目標：(1)從2009年起

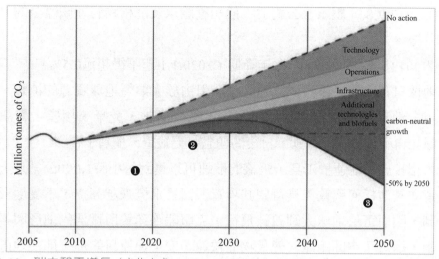

圖1-10　碳中和零增長（表格出處：IATA: Carbon Neutral Growth）

至2020年燃油效率年平均提升1.5%；(2)2020年開始實現無碳增長；
(3)2050年前二氧化碳排放量降低一半，回到2005年水平[5]。國際航空運
輸協會提出的有四大努力方向：

(1)技術面：加重對新科技技術的投資。

(2)操作面：研發更有效能的操作方法。

(3)政策面：希望全球各國及航空業共同推動環保計畫與策略。

(4)基建面：改善航空基礎建設。

航空運輸被指為最不環保的運輸方式，因此國際航空運輸協會提出極
具企圖心的目標，有賴全球共同努力。在很多國際會議場合幾乎無例
外的一再宣導，達成目標的企圖心非常強烈。

順便一提，海運雖然是最具環保效益的運輸方式，但全球海運在國際
海事組織（IMO）努力下，亦致力於提高環保標準，包括：

5　The commitment to carbon-neutral growth completes a set of three sequential goals for
air transport: (1) a 1.5% average annual improvement in fuel efficiency from 2009 to
2020; (2) carbon-neutral growth from 2020 and (3) a 50% absolute reduction in carbon
emissions by 2050.IATA June 8, 2009.

⑴2017.9.8.「壓艙水公約」（船舶壓艙水及沉積物管理國際公約）生效。

⑵2012年起燃油含硫量逐年降低，2020.1.1.起不得超過0.5%。

地球只有一個，是我們永遠的家。但由於人類對地球資源的掠奪、濫用，地球近年來已開始反撲了。天氣的異常，乾旱、極寒，警訊不斷。再不早日採取行動，日後問題恐將更嚴重，禍延子孫。

2. 再相較於其他運輸工具，飛機的航速可以達到每小時1,000公里以上，遠非其他任何運輸工具可望其項背。而且飛機飛越高空，不受地形限制，因而可依地球大圓弧線飛行，克服陸路運輸所遭遇的地形因素限制，縮短了空間距離。使貨物能快速、安全運達目的地，即使地處內陸點，亦可無遠弗屆。而航空運輸可準時（just in time）送達的特性，使跨國企業在做全球運籌部局，要求快速運輸，改善通路結構，降低庫存成本等方面，扮演重要角色。航空運輸更促進商品的快速流通，特別是一些體積小、品質精密而附加價值高的產品，可以在不同國家或地區生產零組件，再利用航空運輸運送到最有利的地點組裝，降低生產成本。現代經濟活動必須講求時效，對於商機的爭取有賴於利用快速的運輸做到準時交貨，以增強產品的市場競爭能力。此外航空高速運輸的特性，在國際災變及緊急醫療救助方面，都極具重要性。

3. 但和其他運輸工具特別是海運相比的話，由於飛機載運量小，因此平均單位運輸成本也是各種運輸方式中最高的。舉例而言，空運運費是以公斤計算，海運則以公噸計算，計費基礎相差千倍。因此與其他運輸方式相比，航空運輸的收費亦最高昂。以海運收費為基準的話，航空運輸收費為海運30倍、鐵路運輸為5倍、公路運輸為10倍，因此適合航空運輸的貨載必然是有運費負擔能力且有快速運輸必要之類。

綜合言之，航空運輸的特性可以用「安全、速度快、運輸成本高」一句話來形容。基於前述特性，航空運輸適合載運高價值、生鮮產品、具時效性等貨品。航空的高速度運輸，也幫助了一些開發中國家的生鮮產品例如鮮花、水果及活體動物的輸出。其可靠的航班時間對醫療產品、緊

急救難設備的運送，發揮重要功能，而其及時送達的特性也提高很多工業產品的價值。2020年受到新冠肺炎影響，個人防疫器材（PPE: personal protection equipment）及配合各國鎖國和隔離之規定，電商銷售量暴增。前者全球估約150萬公噸，後者以2020年天貓雙11（俗稱光棍節）全球狂歡季為例成交金額4,982億元人民幣約2.14兆元臺幣，物流訂單量達到23.21億件。這些需求均仰賴航空運輸，以致2020年航空貨運量不減反升。航空運輸特性，展現無遺。航空運輸的價值可以用：速度＝價值（speed = value）來表示，亦即運輸速度可促進商品的價值。

　　民用航空運輸自第二次世界大戰結束後，由於航空工程科技的發展突飛猛進，民用航空器在設計、製造技術及性能等方面不斷更新，加上航空器發動機推力的改良，使航空器的巡航速度與載運量大幅提高；而飛航管制系統與導航設施的改進更新，航空器操作日趨自動化，飛航安全性隨之增高。廣體噴射全貨機的啟用，航空貨物裝載貨櫃化，各種單位裝載用具的廣泛使用，提高了運輸大宗貨物的能力，使適合空運的貨物大幅增加。再加上裝卸機具與倉儲設施的改良及陸空聯運的發展，使航空運價遞有降低，可以配合國際貿易快速運輸的需求，適合航空運輸的貨物日益增加。因而擴大生產、配送與消費的經濟區域範圍，實現區域分工合作，使航空運輸在國際運輸中佔有重要地位。

　　至論民用航空運輸特性[6]的話，則有以下六項：

1. 公共服務性－民用航空運輸所服務對象為公共大眾，業者除追求本身營運利潤外，亦負有公共運輸服務之社會責任。因此必須遵照法令要求從事營運，更不得忽視大眾利益。

2. 技術、資本、勞力密集性與沉沒成本性－民用航空運輸業之經營屬於技術、資本、勞力三者皆密集的產業，需有大規模資本投資外，人力及技術投入都非常可觀。而資本投資更具有大部份運輸投資都有之沉沒成本（sunk cost）特性，亦即一旦投入以後就很難轉移作其他用

6　參考資料：空運倉棧作業實務，凌鳳儀，2004.6.10.

途；如不繼續經營，許多設備轉移將有困難。或被重大折價或不易轉換成其他用途，因此是風險很高的產業。

3. 供給無法儲存性—航空器的艙位無法儲存，一但起飛，所有剩餘艙位立即不具收益性。換言之，艙位無法儲存，以供擁擠時期使用。因此常造成旺季期間運量供給不足，而淡季期間則又供給過剩，不易經營。

4. 收益變動性—運輸業之營運成本是依服務供量而定，收入則是依使用量而定。不管是空機或滿載，一架航空器起飛後成本就差不多已固定，但收入則取決於乘載率或裝載率，後者變動性非常大。裝載率五成和八成，平均成本差異甚大。這一特性使航空運輸業之財務顯得較爲特殊，客、貨運定價複雜且不易處理。

5. 運具替代性—
   (1) 相同運具例如不同航空公司之間之競爭。
   (2) 不同運具間之競爭，例如航空與公路（公路客運、小客車）及鐵路（傳統鐵路、高速鐵路）間之競爭。也就是說相同運具和不同運具之間具有替代性，因此面臨彼此激烈競爭

6. 管制性—基於投資龐大與沉沒成本特性，政府必須賦予業者相當的經營地位，以維護業者免於過度競爭。又基於民航運輸之公共服務特性，政府亦須採取措施，以保護乘客之安全與服務水準，以及社會大眾之生活品質。

因此在兼顧業者、貨主與社會大眾之立場，政府依法對民航空運輸業實施監理與管制，內容包括：業者之加入、中止營業、退出、營業地區與項目、運價、財務、服務水準、飛安、地安、設備等等，業者必須遵循。

五、航空貨物運輸的效益

再舉國際航空運輸協會所宣導的航空運輸六大項效益，並分別說明如下：

1. 聯繫世界各地人士，分享不同文化（Connecting people, sharing culture）：由於航空的高速運輸，加上運輸費用的降低，世界各國人士可以安全、經濟、便利的世界走透透，無遠弗屆。世界各國無不卯足了勁推動文化及觀光活動，其背後最大的推力即是航空運輸的發達。

2. 結合世界力量，讓地球永續（Connecting the world, sustaining the future）：透國全球共同努力，推動節能減碳，保護我們的地球。

3. 結合商業，促進貿易（Connecting business, building trade）：先進國家的產品可在全球尋找最有利生產基地，降低生產成本，例如世界名牌紛紛在中國大陸生產早已是必然趨勢。產品再透過航空運送，快速行銷全球；新興國家的產品例如鮮花，同樣也可以利用航空運送快速行銷全球，提高商品價值。

4. 聯繫世界各地人士，搶救生命（Connecting people, saving lives）：世界各地天災人禍頻傳，救難物資的運送、災民的搶救；以及器官移植，醫療設備運送等，莫不仰賴航空運輸。

5. 結合創意，共同發展（Connecting ideas, developing together）：好的創意往往可替人類福祉帶來無窮效益，藉由航空運輸的聯繫，可將這些創意推廣到全世界，發揮更大效益。

6. 結合市場，轉移技術（Connecting markets, moving technology）：這是現代物流觀念的實踐，幾乎任何產品都可以在世界尋求最有利生產基地。製成品中固有大量是利用海運，但比較在乎運送時間者，即可使用航空快速運達需要地點。因此技術和市場已無疆界之分，也無必要了。

因此航空運輸可以實現「地球是平的」的理想。

航空運輸對國際貿易更具有多重利益，說明如下：

⑴航空運輸速度較快，買方可迅速補充商品，降低商品安全存量，減少庫存壓力及降低倉儲管理成本。藉由航空運輸的便利，可減少在供銷地租用或建造倉庫的投資，節省成本。

(2)快速的航空運輸，可配合緊急情況的需要及市場需求，及時補充原料、零組件或半成品，避免工廠生產線因原料短缺而停工。

(3)利用航空運輸因運輸與銷售運轉迅速，廠商對生產計畫易於控制，可使工廠維持正常運作。

(4)航空運輸可配合遠距離市場的需求，使季節性、流行性的暢銷產品、或不適合長時間運輸的鮮活易腐貨物、以及限時寄運貨品，如鮮花、菜蔬、水果、水產品、報紙、期刊、商業文件以及快遞貨物等能適時運達，爭取商機，維持市場。

(5)航空運輸航班較密集，離到時間較準確，在瞬息萬變的國際商品市場，利用空運可以把握最佳時機，使產品搶先投入有利的市場。

(6)航空運輸交貨迅速，可建立商譽，爭取客戶認同，從而改進產品在市場上的競爭地位，避免失去既有市場。

(7)使用航空運輸縮短運輸時間，買方可提早提領貨物，賣方亦可提早收回貨款，使交易過程縮短，增加資金周轉速度。

(8)航空貨物運輸的運輸包裝較海上運輸輕便，可以節省包裝費用。

(9)航空運輸速度快，安全性高，商品暴露在運輸風險中的時間短，貨物遭受破損及遺失機率較低，因此貨物經由航空運輸所負擔的保險費用，通常比運輸時間較長、風險較大的海上運輸低廉。

航空運輸具有多方面效益。

第三節　航空貨物種類與運輸方式

一、航空貨物種類

航空運輸無非利用其快速和安全的特性，適合載運許多高價值、生鮮產品、具時效性等等貨品。航空的高速運輸，也幫助了一些開發中國家的生鮮產品，例如：鮮花、水果及活體動物的輸出。茲舉一實例說明之，緊鄰杜拜機場貨運中心處業者和政府合資設立一個花卉中心（Dubai Flower Center）。營運內容為將產自非洲各國的鮮花以航空送到此中心，經整理

包裝後行銷至歐美及日本各國，大獲成功。給業者帶來可觀利潤之外，也替非洲鮮花打開市場，互蒙其利，是個成功的案例。

航空運輸可靠的航班時間對醫療產品、緊急救難設備的運送，發揮重要功能，而其及時送達的特性也提高很多工業產品的價值。因此航空運輸的高速度創造貨物的價值，可以簡單公式速度 = 價值（speed = value）表示。

航空運輸所承運的貨物種類如下：

1. 高價值的貨物：貨物價值高如電腦晶片、化妝品、珠寶、名錶、貨幣等。
2. 生鮮產品：容易腐敗的產品如海鮮、鮮花、水果等。
3. 具時間性的貨物：例如快遞文件、雜誌、時裝等；救災物資、醫療器材等。
4. 降低包裝和保險成本的貨物：由於空運安全性高，因此使用空運時貨品的包裝要求可以放寬，節省包裝成本。
5. 利用空運使延遲減至最低之貨物：有些貨品即使體積龐大，例如船舶俥葉。雖然以航空運輸的話，運費可觀。但其快速運抵則可以迅速安裝，提早完成船舶修理，重返航線服務，因此也都使用航空運輸。
6. 特種貨物
   (1) 危險貨品（dangerous goods）
   (2) 活體動物（live animal）
   (3) 生鮮易腐貨品（perishable）
   (4) 貴重物品（valuable cargo）
   (5) 靈柩與骨灰（human remains）
   (6) 超大或超重貨品（over gauge cargo）

二、航空貨物運送方式

依照貨物對運送速度要求及是否需要特別照料，航空貨物方式可分為六類：

1. 普通運輸：即沒特殊需求，依照一般方式運送，大部分航空運輸屬於這一類。
2. 急件運輸：要求在一定時限內送達的運送，如快遞、高科技產品、生鮮貨品等。
3. 特種貨物運輸：須特殊照料的貨品，如生鮮易腐品、危險品、貴重物品等。
4. 包機運輸：貨量較大而承包整架飛機運送，如整廠輸出、國際會展參展品等。
5. 包艙運輸：包飛機艙位如包盤或包櫃等。
6. 貨主押送運輸：因貨品特殊須貨主自行派員監護運送者。

最後歸納使用航空貨物運輸的考量及貨載如表1-5、1-6：

表1-5　用航空運送的考量因素

使用航空運送的考量	不用航空運送的考量
1. 速度	1. 高昂成本
2. 可靠度	2. 二氧化碳排放
3. 安全與保安	3. 貨物超呎碼

表1-6　常使用航空運輸的貨物

通常使用航空運輸的貨物
1. 電子產品
2. 成衣
3. 醫療用品
4. 商業文件和樣品
5. 生鮮貨品
6. 電商貨品

用表1-5和表1-6來檢視，你的貨品適合使用航空來運輸嗎？

題目研討

1. 航空器的起源為何？
2. 民用航空事業的定義為何？
3. 民用航空事業的發展歷程？
4. 航空運輸有何特點和優缺點？
5. 航空運輸的環保效益如何？
6. 民用航空事業和國際貿易有何關聯性？

第二章
航空貨運市場

本章摘要

本章討論航空市場，分成國際與國內市場探討。2008年是國際航空市場最悲慘的一年，前半年受到國際原油價格飆漲的嚴重打擊，航空運價節節高升，嚇跑了許多原走空運的貨載，使航空公司經營陷於左右為難的窘境。其中預購期貨燃油避險的航空業者，被牢牢套住，以致當年全球航空公司都大幅虧損。2015年國際油價大幅下跌，航空業者開始獲利。但好景不長。2019年第四季爆發的新冠肺炎產生史無前例的影響，客運因國境關閉、禁止群聚等等措施大減班，運能減少從開始時的八成，到後2020年第四季的仍減少七成。客運砍班停航也影響到貨運，因國際航空貨運約有一半使用客運航班，以致貨運亦面臨艙位不足的窘境。2020年受新冠肺炎影響，人類活動封閉，導致旅遊業陷入困境。但個人防護器材及網路購物需求暴增，航空貨運量不減反增，迥異於過去的貨運型態。形成貨運能量供不應求的現象，導致貨運大漲價。至於國內航空貨運市場方面，島內運輸主要靠陸運，利用空運的原本就不多，只有一點本島和離島的貨載，年僅約3萬公噸左右。2020年國際運量含進出口和轉口年約240萬公噸，其中2018、2019年受中美貿易戰影響，有不少貨載回流臺灣，使臺灣位列國際重要航空貨運市場之一。在地球是平的發展下，各國經濟的變化相互影響，牽一髮動全身。本章第三節介紹三家代表性的國籍航空公司：中華航空公司、長榮航空公司和後起之秀星宇航空公司，在臺灣此一小小島嶼能有三家優質航空公司是國人的驕傲。

第一節 國際航空貨運市場

一、世界經濟展望與新冠肺炎前概況

2015年之前，國際油價居高不下。但2015年油價大幅滑落，全球經濟受到鼓勵，景氣看好，航空公司營運終於開始連續幾年獲利。可惜好景不長，2019年11月爆發新冠肺炎，空運市場發生天翻地覆的變化。截至2021年4月1日慘況：全球確診累計1億2903萬2284例、281萬8245死。美國累計3,046萬1312例、55萬2073死，之後仍繼續快速惡化，尤其印度，變種病毒Delta的出現，世界仍生活在水深火熱之中，疫情嚴重性史無前例。儘管如此，根據國際貨幣基金最新資料，對全球經濟展望並不如想像差（如表2-1）。2020年和2019年全球經濟成長率沒掉，2021年和2022年則預期樂觀。雖屬意外，期待這樣的展望能夠實現。

表2-1　世界銀行2021年世界經濟預測

區域	IMF全球經濟成長率								
	2014	2015	2016	2017	2018	2019	2020	2021	2022
全球	3.5	3.4	3.2	3.7	3.7	3.7	3.7	5.8	4.4
美國	2.6	2.9	1.5	2.3	2.9	2.5	1.8	5.1	2.5
歐元區	1.3	2.0	1.8	2.3	2.0	1.9	1.7	4.2	3.6
日本	0.4	1.4	0.9	1.7	1.1	0.9	0.3	3.1	2.4
中國	7.3	6.9	6.7	6.9	6.6	6.2	6.2	8.1	5.6
印度	7.4	8.2	7.1	6.7	7.3	7.4	7.4	11.5	6.8

資料來源：IMF

2008-2021全球航空貨運量以公噸量計[1]如表2-2所示：受全球金融風

---

[1] 貨量統計量除以公噸（metric ton）為單位外，亦常以延噸公里（FTK: freight tonne kilometer）表示。一延噸公里指一噸貨運送一公里，因此一噸貨運送一萬公里即成為一萬延噸公里。延噸公里用於運費制定、計算及貨量統計，有其重要意義，運費收取確實和運送距離等比。不過帶進距離因素後，FTK數字變得太龐大，動輒幾億、幾十億，2020年全球超過2,200億FTK，所能呈現的意義模糊。

暴影響，2008、2009連續兩年全球航空貨運量劇降，但自2010年之後即幾乎連年成長。2019年受中美貿易戰影響稍有減少至6,160萬公噸。若非因爆發新冠肺炎，2020年全球航空貨運量原估可達6,240萬公噸，結果僅達到54.2百萬公噸。不過航空貨運所受到新冠肺炎影響不若客運那麼大，預估2021年可達61.2百萬公噸，較前一年增加12.9%。

表2-2 2008-2021全球航空公司貨運噸量

2008-2021全球航空公司貨運噸量（單位：百萬公噸）													
2008	2009	2010	2011	2012	2013	2014	2015	2016	2017	2018	2019	2020	2021
46.4	42.3	50.5	50.7	50.7	51.7	54	54.8	57	61.5	63.3	61.3	62.4*	61.2
-3.2	-0.9	19.4	2.2	0	2	4	1.5	4	8	2.9	-3.1	1.8	12.9

*62.4百萬公噸為新冠肺炎前預測值，新冠肺炎後實裝為54.2百萬公噸

　　航空運價成長的主因分析如下：

1. 客運停飛導致艙位不足

　　近期全球航空客運還沒有恢復，航空貨運還是高運價，長榮航空在疫情前只有五架B777F全貨機，考量航空貨運需求強勁商機，長榮航空緊急調整飛機訂單：七架波音B787-10中三架改訂B777F，四架改訂B787-9，2021年要交的五架客機再延後交機。且2021年二架和2022年一架共三架全貨機，要求全部提早在2021年底前交，以茲因應。但此時向波音公司提出，仍需要一些時間才能交機。2021年前4月臺灣國籍航空貨運載貨率來到81.4%，其中3月一度來到82.61%，顯示市場對空運需求仍高；在運價上，2021年4、5月臺灣往美西、美東運價約在每公斤425～435臺幣，歐洲運價則在每公斤約臺幣320元左右，呈現數倍上漲。航空客運的復甦因歐美疫苗普及施打而不再遙不可及，航空貨運承攬業者指出如果客運復甦，將帶動相關飛機腹艙返回航空運能當中，屆時或對運價產生壓力。IATA看好今2021年度全球旅客數量應該可以回到疫情前2019年約52%左右的水準，2022年則有望可以回升到相當於2019年88%左右的旅客數量，2023年則有望可以超越2019年。IATA則對航空客運的營收恢復狀況相對

沒有旅客數量成長樂觀，主要係因全球航空旅客數量會受到中國國內高運量的國內航空帶動而快速增加相關人數，但國內航班的票價相對較國際航空低，因此航空客運運輸恢復速度也會較旅客數量較慢。

2. 市場供不應求

海運貨櫃運輸也因塞港、缺櫃、缺卡車司機及海運費暴漲等等問題，急單的海運貨載改走空運，導致航空貨運需求大增。歐美回補需求旺盛遭逢缺船、缺櫃，致使海運運價居高不下。根據最新一期運價資料，遠東到美東、歐洲等地運價再創新高；其中，遠東到美東每FEU已達8554美元，單週上漲79美元。遠東到歐洲航線每FEU至6355美元，上漲468美元，漲幅達7.9%。自2020年底開始，歐美多地經濟逐漸解封，人們報復性購買需求激增，貨櫃嚴重短缺，造成貨物運輸大幅延誤，進而帶動運價上漲。蘇伊士運河長賜輪造成堵塞則是對歐洲的貿易影響更大，因為許多受阻的貨物目的地都是歐洲，所有製造地位於亞洲的商品恐將面臨短缺。中國大陸廣東省疫情升溫，造成港口堵塞，交貨延遲，進一步推升本來已經很高的航運成本。大陸的港口對美國消費者將造成更大的影響，許多受延誤的貨物都將運往北美。供應鏈研究公司表示，許多無法接受貨物被延誤的託運商，將會從海運換成空運，這也將進一步推升航空貨運費率。

3. 緊急醫療物資

在疫情肆虐之下，全球對個人防護設備（PPE：personal protective equipment）如口罩、醫療人員防護衣等等需求大增，國際航空運輸協會估計約150萬公噸，需要4,600架次貨機載運。承攬商與航空業者均有不少醫療物資包機運輸業務，數量龐大，使運價也一度來到每公斤500臺幣的歷史高價，今年航空貨運承攬業者則認為維持在每公斤420臺幣水準會是較為合理水位。DHL Express在疫情爆發後進一步履行企業社會責任，優先派送口罩等醫療物資。由於疫情在全球各地輪流爆發，操作已持續近九個月。

4. 電商貨物

就貨運而言，中菲行表示，今年中國農曆年很特別，疫情下網購等宅

經濟消費力道持續攀升，今年（2021年）大陸官方籲就地過年，不少工廠休假縮短、出貨暢旺，急單大舉出籠，推升航空貨運價格異常走揚。速遞業過去以B2B業務為主，疫情下B2C業務急增，貨物由去年初的口罩、保護衣，到在家工作所需的路由器、手提電腦，直至最近的服裝、健康產品等，網購迅速崛起，為速遞業帶來大量新需求。

5. 航空貨運供給

　　但從航空貨運能量供給面看則恰是相反：航空貨運有一半以上是利用客機腹艙（belly hold）運送，新冠肺炎爆發以來，各國實施檢疫隔離和國境封閉，航空客運需求銳減大受。航空公司紛紛減班或停飛，客機運能減幅達七成。連帶造成航空貨運艙位供應嚴重不足，運費水準呈數倍上漲如表2-3及圖2-1所示。

表2-3　疫情期間臺灣出口運價變動（TWD/kg）

	2019年CV-19前	2020Q2	2020Q4	2021Q1	2021Q2
亞洲－東南亞	40	150	130	120	120
亞洲－東北亞	25	90	80	80	80
美洲－美西	90	180	220	330	320
美洲－美東	95	190	240	350	330
歐洲	70	100	150	220	200

圖2-1　航班取消（圖片出處：Teddy's Private Car Service）

以至美國爲例，西岸從2019年新冠肺炎前的每公斤TWD90漲至每公斤TWD320，至東岸亦從每公斤TWD95漲至每公斤TWD330，上漲超過3倍。其他到歐洲、亞洲東南亞東北亞亦然。中華航空公司有龐大的貨運機隊，2020年尚能維持業績，長榮航空就沒那麼好過了。整個公司營運須靠幾架全貨機及有限的客機維持，要賺錢簡直是不可能的任務，因此2020年虧損臺幣33億元，市場變動始料不及，如圖2-2。全球生產及物流系統均同樣遭遇嚴重挑戰，史無前例。

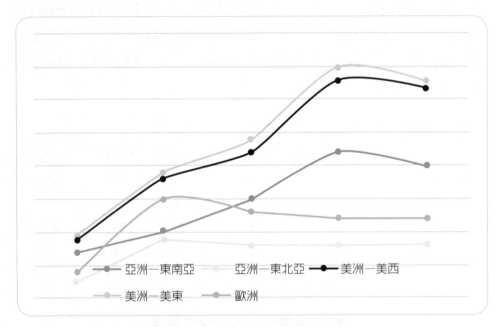

圖2-2　疫情期間臺灣運價變動圖（表格出處：作者整理）

圖2-3所示爲ICAO 2019年報所示2010-2019延噸公里，受中美貿易戰打擊，使從2014年起一路走升的趨勢，到2019年逆轉，下降了2.8%爲約2,200億噸公里。

表2-4所示爲全球航空貨運營收，2020、2021均不減反增，分別爲1,177億及139億美元。以貨運爲主的航空業者包括航空公司、物流業者等均大獲其利，始料不及。

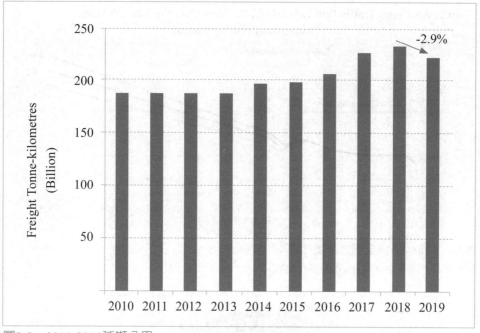

圖2-3　2010-2019延噸公里

Source: ICAO Annual Report 2019

表2-4　2008-2021全球航空公司貨運營收

2008-2021全球航空公司貨運營收（單位：US$ billion）													
2008	2009	2010	2011	2012	2013	2014	2015	2016	2017	2018	2019	2020	2021
87.9	70.6	88.6	96.1	95.1	92.1	92.9	83.8	80.8	95.9	1113	102	101.2*	139
4.5	-197	25.5	8.5	-1	-3.2	0.1	-9.8	-3.6	18.7	15.9	-8.0	-1.2	37.4

*US$101.2 billion為新冠肺炎前預測值，新冠肺炎後為US$117.7 billion

資料來源：Statista 2021

　　圖2-4為美國波音公司所發佈2020年報，2009-2019全球航空貨運需求平均成長4.3%，2019-2039間成長預估介於3.4%～4.5%之間，視高度或低度成長而定，貨運堪稱樂觀。

　　圖2-5為航空貨運量的全球分布圖，其中亞太地區佔近四成，比美洲的23.4%、歐洲的20.5%高出許多。亞太區在全球經濟比重一直佔重要比例，值得注意。

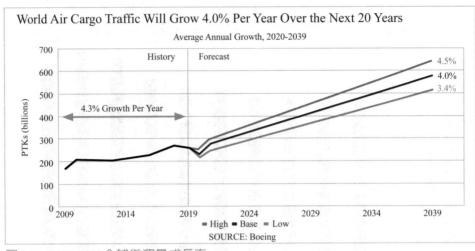

圖2-4　2009-2039全球貨運量成長率

資料來源：波音公司 Annual Report 2020

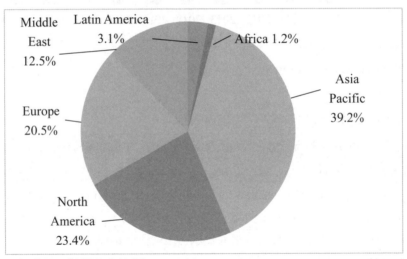

圖2-5　全球各區貨運分布比例

資料來源：IATA

　　最後整理國際航空運輸協會（IATA: International Air Transport Association）資料，說明國際航空貨運的重要貢獻：

1. 國際航空所承運航空貨運噸量每年約6千萬公噸（metric ton），以延噸公里（FTK: freight tonne kilometer）為單位則為2,200億噸，營收金額約1,400億美元。

2. 航空貨運佔全球貨運量（volume）不到百分之一，但貨物價值約7兆美元，則佔國際貿易價值（value）的35%，約為三分之一，航空運輸所承運者多為高單價的貨品。

3. 國際航空產業創造約6千8百萬就業人口。

二、新冠肺炎爆發後情況

2019年底開始的新冠肺炎蔓延，全球經濟和人命同受嚴重打擊。截至2021年4月1日最新情況：全球累計1億2903萬2284例、281萬8245死。美國累計3046萬1312例、55萬2073死。在疫情肆虐之下，全球對個人防護設備（PPE：personal protective equipment）如口罩、醫療人員防護衣等等需求大增，國際航空運輸協會估計約150萬公噸，需要46,000架次貨機載運數量龐大。2020年底各種疫苗陸續研發成功，引發各國熱烈需求，競相搶購，因此2020年航空貨運需求不減反增。其次，由於各國實施邊境管制、禁止聚會等措施，消費需求改用網路線上購物來滿足，對電商網購需求暴增。以2020年雙11全球狂歡季，阿里巴巴集團旗下購物網站「天貓網」即創出總交易額4,986億元人民幣、物流量23.21億單佳績，第二大的「京東」亦交出2,715億元人民幣的成績，這種消費行為被稱為「報復性」。這龐大的訂單，唯有靠航空貨運的快速和安全運輸來完成，致對航空貨運需求大增。近年以航空貨運以利用客機腹艙（belly hold）裝載的為主，但腹艙裝載能量有限，即使將客機該裝貨運，甚至不惜拆掉座椅，仍不敷貨運所需。

以下五個圖片分別顯示德國漢莎航空飛機停飛（圖2-6）、客艙未拆除座椅（圖2-7）、客艙拆除座椅（圖2-8）和座艙拆空座椅（圖2-9）情形。未拆除座椅則座艙空間受限，裝貨量大減。即使拆除座椅仍然無法和全貨機充分使用相比，地上也沒有擋扣系統固定，因此盤櫃的使用還是有問題（圖2-10）。

後五圖足以說明即使部分客機改裝貨物，對貨運能量的幫助有限。因此貨運能量仍供不應求，導致航空貨運運價暴漲已如前面所述。

圖2-6　客運需求銳減停航（圖片出處：聯合新聞網）

圖2-7　客艙不拆座椅改裝貨物（圖片出處：航空資訊站）

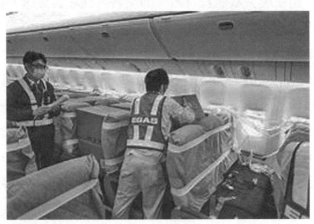

圖2-8　客艙拆除座椅改裝貨（圖片出處：長榮航空）

圖2-9　客艙拆除座椅後（圖片出處：skiesmag.com）

圖2-10　客艙拆除座椅後載貨（圖片出處：Incheon Airport Blog）

總結2020年全球航空公司營運成績如下：

1. 2020年全球航空公司虧損1,185億美元

2. 客運收益下降66.3%、機位下降57.6%

3. 貨運噸公里下降11.5%

4. 各國政府給予航空業紓困支出1,730億美元

5. 資本投資回報率降17.7%

6. 疫情前後航班次變化：2019年3,890萬、2020 1,640萬架次，僅剩不到
   一半（各四月空照比較圖如2-11、2-12）

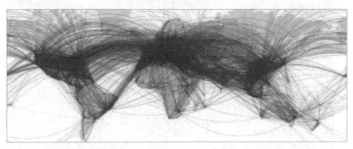

City pair connections in April 2019
Source: IATA Economics, using data under license from Flight Radar 24

圖2-11　2019年4月航空衛星空照圖
資料來源：IATA

City pair connections in April 2020
Source: IATA Economics, using data under license from Flight Radar 24

圖2-12　2020年4月航空衛星空照圖
資料來源：IATA

7. 個人防護器材及醫療器材如疫苗、口罩、防護衣、疫苗等需求大增，
約150萬公噸，需要46,000架次特殊貨機運送

8. 旅運崩潰影響4,600萬個人的生計

　　對比2019年、2020年四月城際起降航班衛星空照如圖2-11、圖2-12
圖即可見新冠肺炎前後變化之大。2019年全球有3,890萬架次，但2020年
僅剩1,640萬架次，不到一半。原本密密麻麻的衛星空照圖（圖2-11），
2020年（圖2-12）變得稀疏多了。若非因為疫情影響，這景象是絕無可能
發生。

圖2-13和圖2-14所示分別為2019年11月疫情剛爆發時和2020年全年變化對照比較，新冠肺炎疫情係2019年11月發生，2019年11月到22020年2月共四個月期間基本上維持原步調，沒太大變化。影響力發威是從2020年3月起，當月掉了15.2%，4月更減了27.7%，不過之後即開始回升，到10月只減少6.2%，11月減幅為-6.6%，增加0.4%，乃因疫情出現變種的緣故。到12月只減0.5%，基本上已經回到疫情爆發前水準。

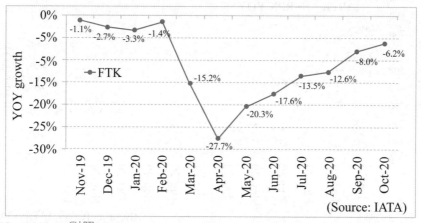

圖2-13　2019.11.對照2020.10.
資料來源：IATA

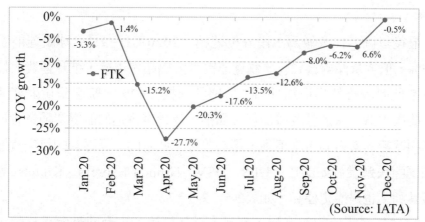

圖2-14　2020.1.對照2020.12.
資料來源：IATA

在此特將客運變化曲線圖列示於圖2-15，以做對比。2020年4月由於疫情越演越烈，各國管制措施陸續出臺，當月客運掉了94.3%，到12月還是減少近70%，沒顯著改善。很大原因來自受邊境封閉及禁止群聚的緣故，客運旅客銳減。希望疫苗陸續研發成功及施打後，人類社交活動緩慢恢復，期望社交及商業活動能盡快回復常軌。

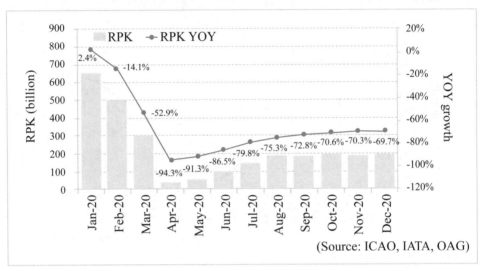

圖2-15　2020.1.客運和2020.12.比較
資料來源：IATA

最後以圖2-16來做為本段分析總結：2020年1～9月全球貨運能量減少25%，但貨量減幅為12%，致貨運需求大幅超過供給，推升運費大幅上漲。因此營收雖然只增加16%，但獲利則提升42%。航空公司因客運緊縮，收入大減，貨運營收增加無法彌補，兼營客貨運的航空運輸業者還多處虧損狀態。看得到，吃不到，還需苦撐一些時間。但專營的航空貨運業者和國際快遞業者如DHL、UPS、DSV、Nippon Express、Kintetsu等均大獲其利，也是歷史僅見，如表2-5、2-6。

2019年底開始的新冠肺炎蔓延，全球經濟和人命同受嚴重打擊。但貨運需求則暴增，推升航空貨運運價暴漲，2020、2021航空貨運收入不減反增的情形如前列表2-4所示。

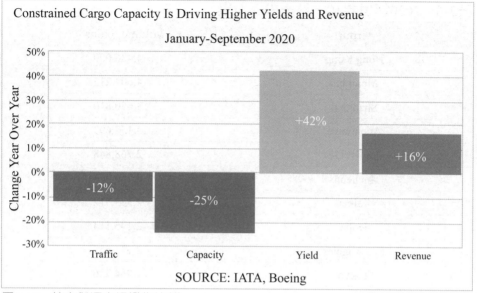

圖2-16　航空貨運市場變化比例

資料來源：波音公司 Annual Report 2020

表2-5　2009-2039全球各區域貨運量成長率

Air Cargo Growth Rate Vary by Regions			
Region	History 2009-2019	2019	Forecast 2019-2039
World	4.3%	-3.0%	4.0%
FarEast-North America	3.1%	-7.5%	4.3%
Europe-East Asia	4.2%	-3.2%	4.4%
Intra-East Asia and Oceania	5.4%	-5.4%	4.9%
North America	3.4%	-4.7%	2.3%
Domestic China	4.9%	3.5%	5.8%
Latin-America-Europe	2.1%	-3.6%	2.6%
Africa-Europe	2.8%	4.0%	3.3%
South Asia - Europe	4.1%	3.7$	4.3%
Middle East - Europe	4.8%	10.6%	2.4%
Intra-Europe	4.8%	6.0%	2.3%

資料來源：波音公司 2020年報

表2-6　2020年世界10大貨運機場貨量

Airport	Volume（tons）
Hong Kong	4,426,000
Memphis	4,604,212
Shanghai	3,650,810
Anchorage	3,157,693
Louisville	2,768,848
Incheon	2,759,473
Taipei	2,323,512
Doha	2,145,114
Los Angeles	2,131,555
Tokyo	1,964,756

第二節　國內航空貨運市場

　　民用航空法第2條第十一項定義：民用航空運輸業：指以航空器直接載運客、貨、郵件，取得報酬之事業。

　　民用航空法第2條第十二項定義：普通航空業：指以航空器經營民用航空運輸業以外之飛航業務而受報酬之事業，包括空中遊覽、勘察、照測、消防、搜尋、救護、拖吊、噴灑、拖靶勤務、商務專機及其他經核准之飛航業務。

　　飛機的材料、設備、儀器、通訊均為現代高度科技結合的產物，造價高昂，一架波音747全貨機約在1億3千萬美元，因此航空公司是高度資本密集、技術密集和勞力密集的產業。在目前油價節節升高及管道易受各意外因素影響的環境下，成高度風險的產業。

　　我國民用航空法稱之為航空運輸業，在早期只有一家國際業者為中華航空公司。在1990年代改採開放天空政策（open sky policy）以後陸續有長榮、立榮、華信、臺灣虎航、遠東及復興等業者投入，但因受政治因素影響，業務開展並不順利，業者慘澹經營。

1989年1月15日修訂民用航空運輸業管理規則第3-13條，開放國內民用航空運輸業，而被譏爲長榮條款。但這是國內開放天空的濫觴，對臺灣民用航空業的發展很重要。

第3條第4款：「經營國際運輸或國際貿易業務5年以上……，每年營收新臺幣60億以上，得申請國際航線定期或不定期貨運業務；其達新臺幣100億以上，申請國際航線定期或不定期航空運輸業務」。

第8條第1款：「以固定翼航空器經營國際航線定期或不定期航空運輸業務者，實收資本額不得低於新臺幣20億元」。

航空運輸業管理規則第3-4、5-8條於2013年7月18日再修訂爲：

3-4條：公司董事長及董事逾半數爲中華民國國民，公司之資本總額或股份總數逾百分之五十爲中華民國之國民、法人所有，屬股份有限公司組織者，其單一外國人持有之股份總數不得逾百分之二十五。公司具新臺幣六十億元以上財力證明者，得申請經營國際航線定期或不定期航空運輸業務。

5-8條：新籌組公司之主要成員名冊及證明文件；其成員應包括曾擔任三年以上民用航空運輸業董事長、總經理、副總經理或協理以上或同等職務者至少三人。

新條款不以營收爲核准標準，讓星宇航空得以順利成立，產生了本土第三家國際航空公司。

一、產業概況（如表2-7、2-8）

表2-7　臺灣民航運輸業者家數

臺灣民航運輸業家數				
年	總數	國籍	外籍	陸籍
2008	35	12	23	
2009	47	12	24	11
2010	51	13	26	12
2011	54	13	28	13

臺灣民航運輸業家數				
年	總數	國籍	外籍	陸籍
2012	65	15	37	13
2013	66	15	36	15
2014	73	18	37	18
2015	76	18	40	18
2016	80	18	44	18
2017	84	15	49	19
2018	85	15	53	17
2019	91	17	56	18

表2-8　臺灣民航業者概況

2019年臺灣民航業者家數	
業別	家數
民用航空運輸業	中華、長榮、立榮、華信、臺灣虎航、德安及凌天等7家航空公司
普通航空業(1)	有長榮、德安、凌天、大鵬、漢翔、群鷹翔國土資源、飛特立、前進、天際、華捷商務及騰達航空11家航空公司。
普通航空業(2)商務專機業務	有長榮、漢翔、飛特立、前進、華捷商務及騰達航空共6家公司
航空貨運承攬業	有1,280家航空貨運承攬業者，其中1,123家（超過8成7）登記於臺北市、新北市及桃園市
航空貨物集散站經營業	航空貨物集散站經營業有華儲、永儲、長榮空運倉儲、遠雄航空自由貿易港區、中科國際物流及華信航空等6家公司經營，另有美商優比速（UPS）及聯邦快遞（FedEx）等2公司自辦。
航空站地勤業	計有桃園航勤公司、臺灣航勤公司、長榮航勤公司及立榮航空公司等4家專業航空站地勤公司。

二、市場規模

　　從下表2-9看出臺灣地區國際航空貨運量年約有240萬公噸，其中國內航空運輸量由於臺灣幅員面積小，加上高鐵競爭，島內航線貨運發展不起來，只離島間還有一點點貨量。但因受機型能量所限，國內航空運輸量年

表2-9　臺灣航空貨物運輸量

單位：公噸

年度	總量	國際	兩岸	轉口
2008	1,550,604	1,033,835	1,617	515,152
2009	1,706,898	866,711	66,274	773,913
2010	2,298,831	1,017,700	146,240	1,134,891
2011	2,141,956	951,820	156,826	1,034,310
2012	2,055,140	930,654	171,423	953,063
2013	2,029,144	905,721	176,789	966,634
2014	2,186,599	943,819	200,816	1,041,964
2015	2,117,387	934,614	201,580	981,193
2016	2,201,204	995,960	218,705	986,539
2017	2,385,697	1,077,520	236,195	1,071,964
2018	2,463,335	1,083,043	233,100	1,117,187
2019	2,314,881	1,050,425	232,466	1,001,554
2020	2,406,577	1,001,723	218,329	1,186,525

資料來源：民航局統計

僅約3萬公噸，本島內貨運以陸運為主。

　　兩岸海空運通航是兩岸間大事，特予記述如下：

　　兩岸談判於2008年獲得重大突破，是年6月由海基會江丙坤先生前往北京和中國大陸海協會陳雲林先生舉行第一次江陳會談，雙方簽署週末包機與大陸居民來臺旅遊兩項協議。當年2008年11月4日再由海基會董事長江丙坤先生和中國大陸海協會會長陳雲林先生在臺北舉行第二次會談，簽署海運、空運、郵政、食品四項協議。其中空運的部份，於2009年4月26日順利達成協議，江陳並簽署《海峽兩岸空運補充協議》。協議中決定兩岸開通定期航班，中國大陸共開放21個航點，每週108個航班。由於兩岸通航後，發展情況超乎想像的好，原定航班及航點已不符兩岸人民需求，兩岸乃進一步在南京舉行第三次會談，含定期航班和包機班次總量並增加到270班，航點方面中國大陸從21個增加到27個，並正式於2009年8月31

日起啟動兩岸定期航班營運，其中上海浦東和廣州白雲機場可經營定期和包機客貨運業務。臺灣則開放桃園、小港機場可經營定期和包機客貨運外，並增加松山、臺中、澎湖、花蓮、金門、臺東六個航點可經營客運包機，貨運航點，如表2-10：

表2-10　兩岸空運直航貨運航點開放情形

項目	我方航點	陸方航點	航班
97年6月13日兩會簽署「海峽兩岸包機會談紀要」	—	—	—
97年11月4日兩會簽署「海峽兩岸空運協議」	我方開放2個航點（桃園、高雄小港）	大陸開放2個航點（上海【浦東】、廣州、廈門）	貨運包機雙方每月共飛60班（每周約15-16班）
98年4月26日兩會簽署「海峽兩岸空運補充協議」	我方維持2個航點	陸方維持2個航點	1. 98年8月31日實施兩岸貨運定期航班 2. 客運班機增為雙方每週共飛28班
99年11月2日兩會以換文方式確認「海峽兩岸空運補充協議修正文件一」	我方維持2個航點	大陸增加4個貨運航點（南京、廈門、福州、重慶）共6個貨運航點	貨運總班次增為雙方每週共飛48班
100年6月21日兩會以換文方式確認「海峽兩岸空運補充協議修正文件三」	我方維持2個航點	陸方維持6個航點	貨運總班次增為雙方每週共飛56班
合計	2個航點	6個航點	雙方每週共飛56班

資料來源：行政院大陸委員會

臺灣擁有良好的地理位置，在貨運方面，兩岸有很大合作空間，中華航空就擁有全球第六大航空貨運機隊，公司全貨機光是北美飛行的航點就有洛杉磯、舊金山、紐約、休士頓、西雅圖、芝加哥、達拉斯、亞特蘭大、那許維爾、邁阿密、安克拉治等11個航點，有利爭取攬運大陸轉口

貨。屆時除航空公司本身，地勤、倉儲業也都將受惠。可惜政治關係一直處於混沌不明狀態，兩岸貨量在年約22萬公噸，成長有限，臺灣航空業者享受不到中國大陸經濟起飛的好處，如圖2-17、表2-11。

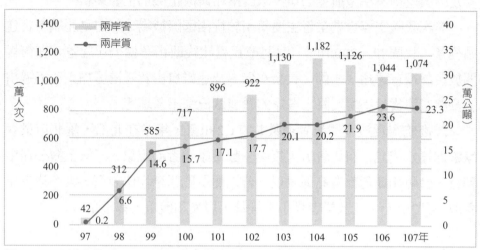

圖2-17　兩岸客貨量

資料來源：交通部民用航空局統計年報。

表2-11　臺灣地區國際航空公司客貨運量統計

航空公司別	109年度					
	客運				貨運	
	飛行班次（次）	座位總數（位）	載客人數（人）	載客率（%）	貨運噸數（噸）	載化率（%）
中華	14,411	4,060,655	2,187,962	53.9	1,023,097	71.2
長榮	15,486	4,467,523	2,301,003	51.5	634,026	87.7
臺灣虎航	3,236	583,610	344,602	59.0	322	64.0
華信	1,354	227,122	125,795	55.4	6,279	23.0
立榮	737	174,867	95,866	54.8	5,097	24.8
星宇	834	156,792	34,985	22.3	1,637	69.2
其他外籍	28,658	6,799,373	3,657,005	53.8	716,612	N/A
總計	64,716	16,469,942	8,747,218	53.1	2,387,070	N/A

資料來源：109年12月民航統計月報（國際及兩岸航線）；其中載客人數含過境旅客。

根據民用航空局統計資料，至2019年止國籍航空公司有17家，外籍航空公司56家，共計91家。中華及長榮航空公司專營國際航線，而華信、復興、遠東及立榮4家航空公司同時經營國內及國際航線，此外有德安及中興航空等小型航空公司，以農業和醫療租機為主要業務。

其次我國空運倉儲業者主要集中於桃園國際機場，原由臺北航空貨運站經營，民國89（2000年）年1月改民營化後改由華儲公司經營。在市場開放後陸續有遠翔、永儲、長榮空儲，及遠雄自由貿易港區加入。不過由於臺灣空運貨量不增反降，各家的營運狀況都不甚理想。

最後航空貨運承攬業者家數共有1,280家，集中在北部，臺北市業者家數即達八成七，有大者恆大集中少數幾家業者的現象。三家上櫃公司中菲行、台驊和捷迅都有亮麗表現。若以簡單數學平均法計算，大多業者年營收不到2億元。多數業者是小本經營，規模和競爭力都不足。

三、我國主要國際民用航空業者簡介

在此簡介中華航空公司、長榮航空公司和後起的星宇航空，其中華航空公司還有華信航空公司和虎航兩家子公司，長榮航空則有立榮航空公司，星宇航空則由原長榮航空董事長張國煒先生創辦。

(一)中華航空公司[2]

成立：1959.12.16.
股票上市：1993.2.26.（股票代號：2610）
資本額：新臺幣542億元
航點：29個國家／地區、159個航點（2021.5.31.）
飛機數量：83架（客62／貨21），平均機齡10年（2021.5.31.）
員工人數（2021.5.31,）：11,111人（國內9,741、國外1,370）

2　民進黨政府上台後曾推動華航改名。航空公司更名，不計內部因素，在外至少要過兩關，其一是需要國際民航組織（ICAO）同意；其二是航權要重新談判、時間帶要重新申請、航約要更改、行政文件更名。」工程浩大。但剛於 2021 年 8 月卸任的前 ICAO 秘書長中國籍的柳芳 (Fang Liu) 說「寸土不讓」。此外華航若是硬要改名，很多航線將不能飛，在國際上將寸步難行，屆時台灣的外交窘境會進一步顯露。華航的 10 億美元招牌價值，如華航改名硬幹到底，那樣的話，華航離倒閉關門恐怕不遠了，改名將變成多此一舉。台灣不是聯合國會員，有很多方面受政治干擾，增加許多經營的不確定性與困難。2021 年 8 月起上任的秘書長為哥倫比亞籍的 Juan Carlos Salazar。

中華航空公司重要事記（資料來源：華航網站）：

1. 1959年「中華航空公司」創立。資本額：新臺幣40萬元。員工26人。C54飛機壹架及PBY型飛機2架。
2. 1966年開闢第一條臺北至西貢（今稱胡志明市）國際航線，正式步上國際航空舞臺。
3. 1970年發展飛越太平洋航線，擴展美國市場。
4. 1983年增闢歐洲航線。
5. 1986年業務處劃分為客運處與貨運處，拓展營運。
6. 1988年27位股東捐出股權，成立「財團法人中華航空事業發展基金會」，將監督管理權交給社會。
7. 2011年正式加入天合聯盟「SkyTeam」，成為臺灣第一個加入國際航空聯盟的業者。
8. 2012年推出SkyPriority天合優享服務。加入天合聯盟貨運。

　　在長榮航空公司於1989年註冊設立之前中華航空公司就是臺灣民用航空運輸的代表，不畏國際激烈競爭及官股公司的受限，交出亮麗的成績，如表2-12、2-13、2-14：

表2-12　中華航空公司機隊

機型	架數	機型	架數
B747-400F	18	B777F	3
A350-900	14	B777-300EF	10
A330-300	23	B737-800	17
總數：85			

表2-13　2008-2020中華航空公司財報

	營業收入	營業成本	營業毛利	營業費用	營業損益	稅後淨利
2008	1,501	1,215	38	142	（104）	（324）
2009	1,028	911	117	134	(17)	（38）
2010	1,381	1,135	245	98	148	106

	營業收入	營業成本	營業毛利	營業費用	營業損益	稅後淨利
2011	1,322	1,250	72	88	(15.6)	(19.5)
2012	1,321	1,240	81	89	(7.8)	(4.2)
2013	1,381	1,249	68	86	(17.7)	(12.7)
2014	1,397	1,283	109	90	19	(7.5)
2015	1,334	1,153	176	97	15.4	58
2016	1,275	1,122	152	103	44.3	5.7
2017	1,398	1,213	180	106	74	22.1
2018	1,502	1,376	126	103	23.2	17.9
2019	1,463	1,350	113	113	0.8	(12)
2020	1,153	1,050	102	80	22	(2.8)

單位：NT$億元

表2-14　2008-2020中華航空公司客貨運佔比

年度	總營收（NT億元）	客運		貨運	
		營收（NT億元）	比例（％）	營收（NT億元）	比例（％）
2008	1,252	713	54	512	39
2009	1,082	613	56	387	35
2010	1,381	757	55	567	41
2011	1,322	808	61	464	35
2012	1,326	866	65	408	32
2013	1,317	870	66	390	30
2014	1,397	910	65	432	31
2015	1 334	879	66	399	30
2016	1,275	863	68	354	28
2017	1,398	906	65	430	31
2018	1,503	942	63	494	33
2019	1,463	962	66	434	30
2020	1,063	205	19	817	78

中華航空公司全貨機隊龐大，有波音B747-400F 18架、B777F 3架，總共21架全貨機，是世界第六大貨運機隊。以往貨運營收維持在三成左右的比例。2019年爆發的新冠肺炎疫情影響，當年客運收入257億元，較2019年銳減77%，貨運收入819億元，劇增87%，客貨營收豬羊變色。幸賴強大的貨運機隊，勉強維持公司營運於不墜。

(二)長榮航空公司

成立：1991.7.1
資本額：新臺幣609億元
航點：68個航點
飛機數量（2021.5.1.）：共87架
員工人數：10,604（2021.4.30.）

為了將長榮海運享譽世界的國際海運服務經驗延伸至天空，長榮集團總裁張榮發先生於1989年3月成立了長榮航空公司，並於同年10月6日向美國波音公司及麥道道格拉斯簽訂購買26架飛機合約總金額達36億美元，引起世界航空市場之矚目。長榮航空公司是張榮發先生從經營長榮海運大獲成功，享譽全球，有感臺灣需要有第二家航空公司。意欲提供乘客更安全舒適的航空服務，並協助政府開拓國際空間而創立。不過提出申請之初即受民用航空運輸業管理規則第3–13條所限，幸本法條經修改為「經營國際運輸或國際貿易業務5年以上……，每年營收新臺幣60億以上，得申請國際航線定期或不定期貨運業務；其達新臺幣100億以上，申請國際航線定期或不定期航空運輸業務」。長榮航空於焉得以順利成立，因此當時該條文被批評為「長榮條款」。不過慶幸有長榮航空挑戰不合時法令，以長榮集團的嚴謹與團隊精神，誕生了一家優質的航空公司。年年得國際服務大獎，改寫臺灣的民航業生態。不僅如此，長榮航空的優質服務觀念，也把航空公司服務品質提升到另一個境界，值得肯定。

長榮航空重要事記（資料來源：榮航網站）：

1. 本公司為張榮發先生於1989年3月8日奉准籌設，同年4月7日正式登記成立，隨即展開各項開航籌備工作，資本總額為新臺幣100億元，實收資本額新臺幣25億元。

2. 1991年7月1日首航後正式開始營運。

3. 長榮航空於2013年6月18日正式加入星空聯盟（Star Alliance），透過星空聯盟會員公司綿密的全球服務網，提供旅客遍及全球195國、將近1,400個航點，以及每天超過21,900個航班的便捷服務。

4. 長榮航空於飛安上的投注與努力，展現出的安全績效屢獲海內外各界肯定。長榮航空自2005年起，連續以「零缺點」的佳績通過每二年一次的IOSA（IATA Operational Safety Audit）查核認證，如表2-15、2-16、2-17。

表2-15　長榮航空公司機隊

機型	架數	機型	架數
B777-300ER	34	B787-9	4(4)
B787-10	6(7)	ATR72-600	2
A330-200	3	A330-300	9
B777F	5(3)	A321-200	24
現有：87		訂造：14	

表2-16　2008-2020長榮航空公司財報

（單位：NT$億）

	營業收入	營業成本暨費用	營業淨利	營業外損益	稅後淨利
2008	931	885	（86）	（87.8）	（169）
2009	733	702	28	（8.8）	（28.4）
2010	1,044	848	120	3.0	120.2
2011	1,022	944	126	（2.1）	2.1
2012	1,202	1,092	24.1	（7.1）	12
2013	1,242	1,112	34.7	（16.3）	12.8

	營業收入	營業成本暨費用	營業淨利	營業外損益	稅後淨利
2014	1,331	1,209	26.3	(26)	（7.9）
2015	1,372	1,170	68.6	（18.4）	68.6
2016	1,447	1,256	39.5	（18.3）	39.3
2017	1,636	1,424	86.9	（7.2）	63.1
2018	1,799	1,578	88.9	2.7	72.1
2019	1,813	1,585	94.4	（33.8）	48.5
2020	890	804	（8.3）	（35）	（33）

表2-17　長榮航空公司客貨運佔比

年度	客運		貨運	
	營收（NT億元）	比例（%）	營收（NT億元）	比例（%）
2008	501	55	353	39
2009	440	60	242	33
2010	564	54	413	40
2011	595	58	365	36
2012	656	55	344	28
2013	711	57	320	26
2014	779	59	313	23
2015	819	60	261	19
2016	858	59	222	15
2017	924	57	248	15
2018	990	78	276	22
2019	1,006	80	254	20
2020	245	33	500	67

　　長榮航空起步雖遠在中華航空之後，不過其營業規模已不亞於中華航空，而獲利則超越了，堪稱後來居上。分析其原因如下：

1. 長榮航空人員平均年齡低，人力亦遠較華航精簡。人員素質高，團隊

精神旺盛。以近年來舉辦之高爾夫球賽爲例，長榮航空員工於比賽現場所展現接待之熱誠，相信每位與賽來賓都留下深刻印象。此外更能體現長榮航空公司團隊精神效率的還在加入星空聯盟事情上。欲加入聯盟所必須調整訂位票務系統，用了20年的系統在公司一聲令下，在很短時間內即完成系統的轉換，確實不易。但此轉換也等於替長榮航空奠下未來二十年的重要基礎工程，這正是長榮航空團隊精神的最佳表現。

2. 長榮集團廣泛涉足國際運輸，服務遍及全球。集團企業資源豐富，國際形象及信用良好。透過集團組織運作，左右逢源，競爭力優於中華航空。

3. 長榮航空屬民營企業，決策效率高。尤其在張總裁四公子張國煒先生掌舵以後，公司決策更加明快。以近年來採用B777-300ER爲主力機隊爲例，張國煒先生本身具有此型飛機的機師駕照，深入了解其優越性能，立即決定採爲長榮航空主力機型，即可見到長榮航空的明快決策。相對的，華航則受到諸多政治因素與包袱的牽制，決策效率及品質均無法和長榮航空相比。尤其最高主管頻頻異動，經營理念不易建立與貫徹。國際航空產業處在高度競爭的狀態，經營環境瞬息萬變。兩公司的組織體制差異，深深影響到其競爭力。

4. 行銷策略創新靈活，如Hello Kitty彩繪機、皇璽桂冠艙的推出，長榮航空音樂會、長榮航空年度高爾夫球賽、羅浮宮畫展國立故宮博物院、龐畢度中心展覽文物運送，澳洲無尾熊等活動，相信這些活動在未來都可以展現其行銷威力。這些在在顯示長榮航空行銷策略的靈活。以「全平躺式座椅」皇璽桂冠艙之推出爲例，這些椅子一張約要新臺幣五百萬元。砸重金創造差異化，就是要讓長榮航空走在市場潮流的前端。

2018年9月1日長榮集團慶祝成立五十週年酒會時，來自全球的代理、高級主管及貴賓逾千人齊聚張榮發基金會大會堂熱烈慶祝，令人不禁爲這臺灣企業在世界發光發熱喝采，同感驕傲。長榮集團董事長張國華致詞時祝願未來二十五年，五十年繼續欣欣向榮，令人爲之動容與期待！

(三)星宇航空公司

期許打造成為「臺灣的阿聯酋航空」。
總部：臺北
公司指標：華麗新生 閃耀如星：Born with luxury. Shining like stars

　　星宇航空是由長榮航空前董事長張國煒於2018年5月2日創辦，於2020年1月23日正式首航，以桃園國際機場做為樞紐。但成立也非一帆風順，而是受到一些波折：

1. 前述民用航空運輸業管理規則第3-13條所謂「長榮條款」─「經營國際運輸或國際貿易業務5年以上……，每年營收新臺幣60億以上，得申請國際航線定期或不定期貨運業務；其達新臺幣100億以上，申請國際航線定期或不定期航空運輸業務」，讓長榮航空得以振翅高飛，於張國煒要自創業成立航空公司時反成障礙。他負責長榮航空時年營業額已超過千億，但他的航空公司係新創，營業額是零，不符設立條件。幸好當時交通部長賀陳旦先生明察，將法令條改為：

3-4條：公司董事長及董事逾半數為中華民國國民，公司之資本總額或股份總數逾百分之五十為中華民國之國民、法人所有，屬股份有限公司組織者，其單一外國人持有之股份總數不得逾百分之二十五。公司具新臺幣六十億元以上財力證明者，得申請經營國際航線定期或不定期航空運輸業務。

5-8條：新籌組公司之主要成員名冊及證明文件；其成員應包括曾擔任三年以上民用航空運輸業董事長、總經理、副總經理或協理以上或同等職務者至少三人。

也就是從財力證明及專業經理人經驗為審查標準，使星宇航空成立申請得以通過。

2. 申請時受國內兩家國際航空公司反對，理由是臺灣民用航空市場已達飽和。不過正好當時復興航空和遠東航空狀況連連，釋出市場。且臺灣若要發展轉運的話，應該採開放態度，航空運力越多越好，不該限

制。張國煒也豪氣的說明「從事航空是興趣，目標是提高優質服務，服務和現有國際航空公司區隔。若虧本是公司的事，不會賴給政府」的承諾。星宇航空誓以期許「打造優質的飛航品質及服務，讓全世界的旅客都能享受安全、高質感的飛行體驗。享受每一次乘行。猶如精品，收藏於心」。以提供更高端的服務為目標，獲得賀陳部長支持過關成立。登記資本額為臺幣300億元，實收臺幣六十億元。

3. 走過種種困難，2020年1月23日起航，這天同時飛三個航點：澳門、峴港、檳城。作者有幸和家人參加首航班機至越南峴港，見證實星宇航空在機場登機服務、座艙、餐飲及服務等方面都明顯提升（圖2-18）。不過非常不幸的，在那之後新冠肺炎日益加劇，全球旅遊業大受影響，全球旅遊業陷於愁雲慘霧中，航空公司也首當其衝。但既已如此，凡事往好方面想。也幸好公司在剛起步階段，資產人力投入還不大。祝福疫情趕快過去，星宇航空展翅高飛（如圖2-19）！

圖2-18　星宇航空座艙與座位（圖片出處：星宇航空網站）

臺灣從此又多了一家優質民用航空公司加入，是進出臺灣乘客的福氣。

以上特地將過程一二簡單記述，以供參考。

星宇航空重要事記（資料來源：星宇網站）：

圖2-19　星宇航空首航典禮2020.1.23.（圖片出處：作者拍攝）

1. 2016.11.創辦人張國煒先生宣佈將籌設「星宇航空公司」
2. 2018.5.取得公司登記核准，正式成立
3. 2019.3.與Airbus、Rolls-Royce共同舉辦17架A350 XWB購機簽約儀式
4. 2019.10.星宇航空首架A321neo交機
5. 2019.12.正式取得交通部民航局核發「民用航空運輸業許可證（AOC）」及「航線證書」
6. 2020.1.正式啓航
7. 2020.2.飛機修護棚廠動土典禮

　　星宇航空分別簽訂了10 架A321neo、9架A350-900及8架A350-1000，交機時程受新冠肺炎影響而有延後。祝福星宇航空在疫情之後，鴻圖大展！

題目研討

1. 國際航空市場現況與展望如何？
2. 國際航空營運規模爲何？
3. 全球貨運量及各區分布比例如何？

4. 燃油價格變動和航空業者成本變化分析

5. 歷年臺灣地區航空貨運量起伏如何？

6. 我國國內航空市場概況？

7. 比較臺灣三家主要航空公司經營效益？

第三章
航空貨運載具

本章摘要

　　本章討論民用航空的載具即飛機和盤櫃，可謂是最重要的航空運輸因素。第一節討論飛機，從不同面向討論飛機，例如廣體機、窄體機，全貨機、客貨機和客機的腹艙裝載，自有機、租機等，藉以了解「飛機」。繼而討論各種廠牌的飛機，波音和空中巴士是個中最重要的，但不是爲唯二，本章還介紹其他廠牌的。第二節討論裝貨的設備貨櫃和貨盤，同時介紹盤櫃編號。由於飛機體是圓柱形，因此配合不同機型的不同裝載位置及貨物尺寸大小，以及不同貨型，盤櫃有多種型式，本節均予詳細介紹。

　　本章討論載運航空貨物運輸設備：航空器（aircrafts）及單位載具貨櫃（container）和貨盤（pallet），飛機和裝貨設備盤櫃都需航空公司龐大投資，從事航空運輸確實不易。門檻甚高，進入和退出不易。投資具有沉沒成本的特性，即投資下去後，面對市場激烈競爭和變化，只有勇往直前，風險和挑戰都很大。

　　以下先從航空器談起，次及盤櫃：

第一節　航空器

　　民用航空法第2條第一項航空器「指任何藉空氣之反作用力，而非藉空氣對地球表面之反作用力，得以飛航於大氣中之器物」。至於飛機則依同條第二十四項指「以動力推動較空氣爲重之航空器，其飛航升力之產生主要藉空氣動力反作用於航空器之表面」。飛機是航空器之一，本書只討

論飛機，不及其他航空器如直升機、氫氣球等。中華人民共和國民用航空法第五條亦有同樣定義：「本法所稱民用航空器，是指除用於執行軍事、海關、警察飛行任務外的航空器」。

以表3-1說明我國民用航空法（以下簡稱本法）關於航空器相關規定：

表3-1　民用航空法航空器條文

第2條第二十四項定義	飛機指以動力推動較空氣為重之航空器，其飛航升力之產生主要藉空氣動力反作用於航空器之表面。
第7條	中華民國國民、法人及政府各級機關，均得依本法及其他有關法令享有自備航空器之權利。但如空域或航空站設施不足時，交通部對自備非公共運輸用航空器之權利得限制之。
第8條（航空器之登記）	航空器應由所有人或使用人向民航局申請中華民國國籍登記，經審查合格後發給登記證書。
第9條（適航證書之發給）	航空產品與其各項裝備及零組件之設計、製造，應向民航局申請檢定，檢定合格者，發給相關證書；非經民航局檢定合格發給相關證書，不得製造、銷售或使用。

凡中華民國國民、法人及政府各級機關，均得依本法及其他有關法令享有自備航空器之權利。但如空域或航空站設施不足時，交通部對自備非公共運輸用航空器之權利得限制之。事實上因受空域所限及國防安全，自備航空器之權利常常受限，但也逐步開放中。不過近年來無人機的使用越來越普遍，將之使用做為物流運送工具，衍生的飛航安全及隱私等問題很多，也很很複雜。制定規範，已到刻不容緩。而為維飛航安全航空器必須辦理登記，使用之航空產品與其各項裝備及零組件之設計、製造，均須向民航局申請檢定，檢定合格者，發給相關證書，才得製造、銷售與使用。

以下從不同分類角度來討論「飛機」：

一、依飛機機體大小分類

可分為廣體飛機（wide-body aircrafts）和窄體飛機（narrow-body

aircrafts）兩種，廣體飛機顧名思義係指飛機機體較大，直徑（fuselage diameter）在5到6公尺或16到20呎的大型飛機；若是客機的話為雙走道（twin aisles），每排座椅可乘坐7到10名旅客，如圖3-1所示。至於窄體飛機則為直徑3到4公尺或10到13呎，單走道（single aisle），每排乘坐2至6名旅客。至於貨機則以酬載量（payload）為準，大型機為載量80公噸以上、中型機40-80公噸，40噸以下為小型機。

　　1950年代末期受到波音707及道格拉斯DC-8型飛機營運成功之鼓舞，航空公司開始要求承載更多旅客、更長程並操作成本更經濟的機型，國際航空界開始著手研發更大更舒適的飛機。努力的結果，終於在1970年有了成果。波音公司在這一年啟用了4引擎的波音747型廣體飛機，主艙有雙走道，可並排坐10位乘客。比較特別的是設計了上層艙，隆起的座位區為單走道，設6排座位。隨著波音747型飛機的成功，麥道公司隨後啟用DC-10型機，洛克希德公司也發表超級三星L-1011型機，兩者都是三引擎廣體飛機。空中巴士則於1974年啟用A300雙引擎廣體飛機（圖3-1所示即為A300的座艙和下層貨艙），上層艙配置為2 + 4 + 2 = 8個座位，下層腹艙裝載貨櫃，航空業正式邁向廣體飛機的新紀元。圖3-2所示則為B747的下層艙、主艙和上層甲板的配置：

圖3-1　典型廣體飛機座位及腹艙（主艙和下層艙配置）（圖片出處：Aviation Stack Exchange）

圖3-2　B747飛機三層艙座位配置

　　廣體飛機的設計原本是為讓旅客享受更大的空間，提高其乘坐舒適。但最後航空公司還是為了營收考量，而安排更多的座位。最明顯的是廉價航空公司的飛機，為達到多載運旅客數的目標，前後排座位的間距（pitch）一般都縮短。因此廣體飛機設計原意是擴大座位空間，但旅客要享受擴大的好處，必須付出代價，不過廣體飛機整體的舒適度還是值得肯定。

二、依航空貨物的裝運方式分類

(一)機腹裝運（belly-hold loading）

　　即利用客機的機腹空間裝運貨物的方式，客機上層艙載運旅客，下層艙即所謂腹艙則用於裝運旅客行李和部分貨物。如圖3-2所示，優點是客運航次密集，出貨方便。很多貨量不足以用全貨機的航線，客機可以提供很好的選擇。由於客機航班大量增長，利用客機腹艙載貨的比例已超過全貨機。不過客機是以載運旅客為主，載貨能量以旅客行李優先，載運貨物能量的乘客多時寡而起伏。其次客機上層艙為讓旅客舒適，會縮減下層艙高度，能量受限，例如A330-300的酬載（pay-load）只約18公噸。

(二)全貨機（air freighter）

全機的設計配置（configuration） 只針對裝載貨運而設計，因此貨運裝載效率較佳，可靠度和安全性高。以B747-400F為例，酬載約102公噸；MD-11型飛機也可以載運到93公噸左右，能量和客機兼載或客貨兩用機比是小巫見大巫。但全貨機載運量大，只使用於一些主要航線如遠東／歐洲、遠東／北美之間或整廠輸出、大量貨載的包機。

(三)客貨兩用機（combi aircraft）

將飛機艙的中段隔開，前面空間用於載客，後面空間用於載貨的混合機型。B747-200Combi的酬載約20公噸、B747-300Combi約30公噸。

航空貨運的建立開始於1950年，原為航空公司旅客作業上的副產品，貨物裝載於客機的腹艙（belly hold），1975年後才逐漸發展成為獨立與營利性的全貨機（freighter）服務，以定期班機或包機方式來運輸。腹艙裝載雖然裝量較小，但因客運航班密集，航點廣佈，故航空貨運利用定期客運班機的腹艙裝運的占了多數，如桃園機場客機腹艙貨與全貨機貨比例為55%：45%，高雄小港機場則為90%：10%，未來還是腹艙裝載當道的趨勢。這載貨方式在新冠肺炎爆發以來顯現問題：客運航班因隔離檢疫或國境關閉停航或減班約七成，連帶使貨運艙位嚴重不足。即使後來客機投入載運貨物，直接在旅客座位上裝載或將座椅拆除改裝貨物，依然無法滿足暴增的貨運需求。導致貨物運價成數倍的上漲，以前一公斤不到臺幣不到百元的運價，上漲到每公斤數百元，艙位依然無法滿足貨主所需，叫苦連天。

三、從營運貨機的所有權（ownership）分類

(一)自有飛機（own aircrafts）

即航空公司所營運的飛機為自有。即自已擁有飛機所有權，可望降低營運成本。但近年來航空市場艱苦，且飛機造價昂貴。基於財務槓桿原理考量，採租機營運者大有人在。2012年5月8日長榮航空向波音公司增

購7架B777型飛機，其中4架即向美國奇異公司旗下的飛機租賃公司（GE Capital Aviation Services Limited）租用。2014年6月開始交機，2016年6月已全數交付。

(二)租機（lease aircrafts）

即向租機公司租用飛機營運。租機方式依其租約內容，一般可分為濕租（wet lease）及乾租（dry lease）兩種。濕租是出租方提供飛機、飛行組員及薪資、飛機維修及保險（aircraft, crew, maintenance, insurance）等所謂ACMI費用。租用方負擔飛機營運費用如燃油、飛機的機場使用費、旅客和行李貨物保險費等。簡單區分即出租方負擔固定成本，租用方負擔營運成本。濕租一般使用於短期租賃，例如三個月，屬於短期調度。

至於乾租則出租方只提供飛機（A），其他費用如組員薪資、飛機維修及保險等，即前述之CMI均由承租方負責。專營租機的業者或銀行通常採用乾租，用於較長期租賃。他們只將飛機出租與租方，其他和飛機飛航及營運有關的費用及責任概由承租方負責。事實上銀行或財務公司一般並沒有經營航空運輸能力，採乾租方式出租飛機，不難理解。租用飛機有財務調度考量，很多有實力的航空公司，也會租用飛機營運，其他中小型航空公司租機更屬普遍。

四、從營運方式分類

1. 定期班機（scheduled flight）：民用航空法第50條規定：「民用航空運輸業應取得國際航權及時間帶，並持有航線證書後，方得在指定航線上經營國際定期航空運輸業務」。民用航空運輸業管理規則第2條定義：「定期航空運輸業務指以排定規則性日期及時間，沿核定之航線，在兩地間以航空器經營運輸之業務」。定期航線的經營考量因素較多，包括航權取得、時間帶（time slot）、地勤服務和當地代理指定等，必須符合各種法定條件要求和營運計畫才可以營運定期班機。就貨機而言，固定時間飛航例如每天午班或晚班，或每星期二、五的晚

班等，可以方便貨主的進出貨之規劃；但對航空公司而言，定期班機則意味著定時的營運壓力，幾乎沒有喘息的時間。

2. 不定期班機：同樣依照民用航空運輸業管理規則第2條：「不定期航空運輸業務：指定期航空運輸業務以外之加班機、包機及其他非定期性運輸之業務」。即指臨時性的加班機或比較常見的包機（charter flight），有異於定時和固定航線營運方式。再依照前述同一條文：「包機：指民用航空運輸業以航空器按時間、里程或架次爲收費基準，而運輸客、貨、郵件之不定期航空運輸業務」。包機是出租飛機的一種形式，有如出租車，主要分爲指定行程、目的地和時間等三種。包機不是定期班機，而是按照租方與機主訂立的出租合約要求飛航，貨主則爲租方的顧客，由租方負責業務招攬。我國業者也常於定期航權未取得前以包機營運。包機沒有對外公布的定期飛航時間表，飛往的一般是定期班機不飛或臨時性的需求的目的地，例如往年各航空公司至大陸的「春節包機」等，皆非定期飛航。貨運則於有大宗貨、整廠輸出、海空聯運等時，臨時租機飛航。特殊包機。政府爲撤退遭遇緊急危難時的海外僑民所租用的民間包機，或者元首出訪他國時向民間航空公司租用飛機等。

3. 包機的經營者有專門經營包機的包機航空公司（charter airlines），一般經營定期航線的航空公司也可調整貨機航班，接受包機業務（charter flights）。於有臨時性大量貨或緊急性貨物，或載運大量渡假旅客及臨時性撤僑時，即可以整機包租的型態經營。舉例而言早期長榮航空即曾積極推廣馬爾地夫渡假行程，將全部機位包給某幾家旅行社，由這幾家旅行社招攬旅遊客人。此外2004年台積電整廠輸出至上海時，也因爲需要大量機位而包機運送。在2019年新冠肺炎肆虐期間，大量的防護器材及大量急單等都接洽包機運送。對包機的審批一般比較寬鬆，因此我國航空業者在未取得定期航線之前，也常先申請經營包機業務。俟客貨源穩定，航權問題也解決之後，再適時改爲定期班機方式。

五、從航空貨運業者分類

(一)航空快遞業者（express carrier）

所謂航空快遞是指具有獨立法人資格的企業將進出境的貨物或物品從發件人所在地通過自身或代理的網路運達收件人的一種快速運輸方式。國際級的航空快遞業者如DHL、UPS、FedEx、中國大陸的順豐快運等。1969年3月的一天，一位美國青年在一家海運公司內等朋友，偶然得知當時正有一艘德國船停泊在夏威夷港等待正在三藩市繕制的提單。如果通過正常的途徑，提單需要一個星期才能到達那裏。這個年輕人提出他願意搭乘飛機將單證親送（hand carry）到夏威夷，船公司管理人員通過比較發現此舉可以節約昂貴的港口使用費和滯期費用，於是將單證交給了這個年輕人。這位年輕人完成任務後立即聯絡朋友創立了世界上第一家快遞公司，專門從事銀行、航運文件的傳送工作，後來又將業務擴大到樣品等小包裹服務。由於強調快速、準確的服務，從一出現，快遞業就深受從事跨國經營的貿易、金融各界的熱烈歡迎，行業發展非常迅速（資料來源：B2Bers網站）。其特色如下：

1. 一般航空貨運業以貿易貨物為主，郵政通過國際郵盟以私人信函商業文件為主，但國際航空快遞則以商業文件和包裹為主。其競爭利器在於交寄及收件手續相對簡單user friendly，及快速送達。文件和包裹可直接送達收件人，達到桌對桌（desk to desk）的服務。

2. 航空貨運使用空運提單，郵政使用包裹單，航空快遞則使用交付憑證（proof of delivery: POD）。

3. 為達快速運送目標，各國海關多開特別通道，免審免驗，立即放行。一般洲際快件運送在1-5天內完成；地區內部只要1-3天。這樣的傳送速度無論是傳統的航空貨運業還是郵政運輸都是很難達到的。

4. 業者掌控所有運輸工具，包括飛機，因此能夠全程掌控，保證交件時間。

5. 業者廣佈國際網絡，掌控服務品質。

在新冠肺炎影響之下，2020前九個月航空快遞業的營運成長14%（如圖3-3），是最大贏家。

(二)全貨運業者（all cargo carrier）

此類業者專營航空貨運如盧森堡航空、中國貨運航空公司、長青國際航空（Evergreen International Airlines），後者於1975年設於美國奧勒岡州McMinveille，經營定期貨運班機、貨運包機及貨機濕租業務。2020前九個月全貨運航空業的營運成長6%（如圖3-3）。

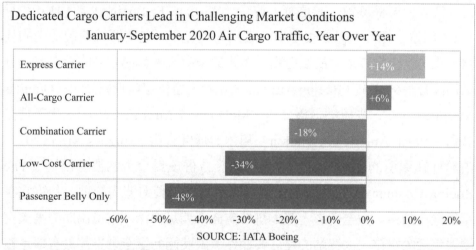

圖3-3　各類航空貨運業者受新冠肺炎影響消長
（資料來源：波音公司World Air Cargo Forecast 2020-2039）

(三)混合型業者（combination carrier）

即貨運客運都兼營者，大多航空公司屬於這一類。視個別航空公司客貨運機隊組成而定，所受新冠肺炎影響亦有差別，2020年-18%。

(四)廉價航空業者（low-cost carrier）

廉價航空以客運的差別定價為主要競爭策略，所受新冠肺炎影響也大，為負34%。

(五)專營客機腹艙（passenger belly only carrier）

　　只經營客運，以腹艙收取貨運，這類業者所受影響最大，爲負48%

六、主要飛機製造商

　　從事飛機製造的門檻極高，因此集中在少數幾家。主要分爲美國系統的波音公司和歐洲系統的空中巴士公司；此外全球最大的商用貨機則爲烏克蘭的安托諾夫公司所製造，其他亦有表現亮眼的中小型機製造商，以下一一介紹。

(一)波音公司（The Boeing Co.）

　　波音公司係威廉‧愛德華‧波音（William E. Boeing）於1916年7月1日所創辦，總公司設於美國伊利諾州的芝加哥，是美國飛機製造商的代表，也是當今世界最大的製造商。美國原來有五家赫赫有名的製造商，分別爲波音飛機公司（Boeing Airplane Co.）、道格拉斯飛機公司（Douglas Aircraft Co.）、麥唐納飛機公司（McDonnell Aircraft Co.）[1]、北美飛機公司（North American Aviation）和休斯飛機公司（Hughes Aircraft）。由於外在環境的變化，這五家公司最後合併成爲今天的波音公司（The Boeing Company）。波音公司雖以商用飛機的製造聞名於世，其實它在軍用機、飛彈、太空衛星、航太科技方面都涉足很深。它也協助美國太空總署包括太空梭、太空站的建立與操作，對美國乃至全世界都具有舉足輕重的重要性。

　　波音公司所製造的飛機以舒適安全見稱，目前商用機型系列有B737、B767、B777、B787、B747，至於以前的DC、MD及B707、B717、B727、B757等型都陸續停產。現役的幾種機型如表3-2並簡單介紹：

---

[1] 道格拉斯和麥唐納合併成爲麥克道格拉斯飛機公司 (McDonnell-Douglas Aircraft)，簡稱麥道公司。

表3-2 波音公司主力機型

客機	貨機	
B747-8	B747-8F	133.2公噸
B777X	B777F	102公噸
B777	B767-300F	52公噸
B787	B767-300BCF	51.6公噸
B767	B737-800BCF	22.7公噸
B737MAX		
B737Next G.		

1. 波音B737

波音B737（如圖3-4）是窄體飛機，設有2個貨艙（holds），每貨艙各有2個隔間（compartments），只可載運約4公噸散裝貨物。737不能載運單位裝載運具（ULD），貨物是直接散裝在艙間。B737客機可搭載約150客人，是區域短程市場很有經濟效益的機型，受市場廣泛青睞。

圖3-4　B737（資料來源：波音公司）

主要規格：

航程：5,970公里

翼展：34.3米

長度：31.2米

引擎數：2

巡航空速：0.785馬赫

酬載量：約4公噸

貨艙容量：20.4立方米

2. 波音B747

　　波音B747型飛機可謂是史上最成功的機型，載運量大，故障率低。B747為廣體長程飛機，其外觀最容易辨認的特徵就是上層艙的隆起（slump）設計。就貨運載量而言，依其機型系列之不同，客貨機約可載運20公噸（B747-300 Combi）至36公噸（B747-400 Combi）；全貨機則達102公噸（B747-400F）。據報導說，發展中的B747-8F（如圖3-5）可裝到134公噸。不過在目前油價高漲及環保意識抬頭之下，B747四顆引擎的耗油量比新B777型高出25-30%，是致命傷，以致B747-8F的接單很不理想，B747（如圖3-6）面臨汰舊換新的命運。

747-8 Intercontinental

圖3-5　B747-8（資料來源：波音公司）

主要規格：

航程：8,130公里

翼展：68.5米

長度：76.3米

Boeing 747-400F & 747-400ERF

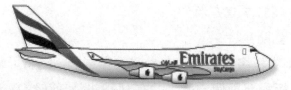

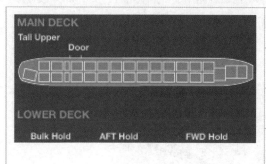

	STANDARD ULD CONFIGURATION
	MAIN DECK: 6 Q6 (96"), 1Q6 (62"), 23 Q7 (118") and 02 PYB
	LOWER DECK: 9 LD 36 or PMC & 2 AKE
	ULD COMBINATIONS ARE PERMITTED
	BULK HOLD: 15 cubic meters
	DOOR SIZES: MAIN DECK NOSE: 104" x 98" MAIN DECK SIDE DOOR: 134" x 122" LOWER DECK: FORWARD & AFT HOLD: 104" x 66" BULK HOLD: 44" x 47"
	CARGO TONNAGE: 117,000 kgs
	CARGO VOLUME: 625 cubic meters
	MAXIMUM PERMITTED HEIGHT: Height on lower deck units are restricted to 62" / 158cms to make it compatible with passenger aircraft

圖3-6　波音747F全貨機規格[2]（資料來源：本圖獲阿聯酋航空貨運公司授權使用）

引擎數：4

巡航空速：0.845馬赫

---

[2]　本圖獲得阿聯酋航空貨運公司授權使用

酬載量：約112.76公噸

貨艙容量：857.7 立方米

3. 波音B767（如圖3-7）

波音767屬中程廣體飛機，在滿載乘客之下，腹艙可載9公噸貨物。在飛機下層甲板設有兩個貨艙，共有5個隔間。前艙的1、2號及後艙的3、4號隔間可裝ULD，第5號隔間只容散貨。B767-300F全貨機則可裝載約53公噸貨物。

圖3-7　B767（資料來源：波音公司）

主要規格（B767-300F）：

航程：6,025公里

翼展：47.6米

長度：54.9米

引擎數：2

巡航空速：0.8馬赫

酬載量：約52.7公噸

貨艙容量：438.2 立方米

4. 波音B777F

波音777（如圖3-8、3-9）為長程廣體飛機，在雙引擎中為承載量最大的飛機，可裝103公噸貨物。此型飛機有5個貨艙和3個隔間，1-4艙可

裝共37個單位裝載運具（ULD），第5艙17立方米裝散貨。長榮航空政策決定以此型機爲長程主力機隊，因其具有每個座位可減少約22%燃油消耗與二氧化碳排放量，並可節省20%的營運成本。波音777的B777-300ER（延伸航程型）是當今全球最大型的長程雙引擎發動機民航噴射機，此型是777家族的功能之延伸。由於其續航力達近1萬5千公里，可提供世界各航點直飛，滿足顧客需求。若和空中巴士的A340-500及A340-600比較，B777-300ER的座位哩程成本減少18-20%，耗油量減少21-22%。且因B777採用先進科技，降低維修成本，也使維修更有效率。

圖3-8　B777（資料來源：波音公司）[3]

主要規格（B777F）：

航程：14,685公里（7,930海里）

翼展：64.8米

長度：63.7米

引擎數：2

巡航空速：0.84馬赫

酬載量：約102.8公噸

貨艙容量：652.7立方米

---

[3]　本圖獲得阿聯酋航空貨運公司授權使用

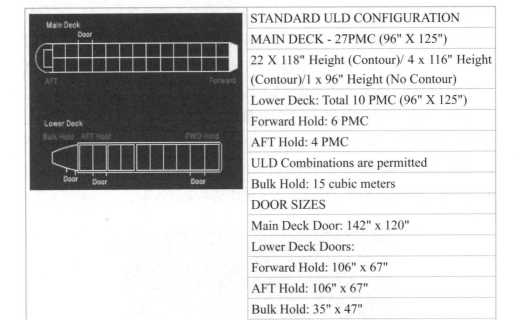

STANDARD ULD CONFIGURATION
MAIN DECK - 27PMC (96" X 125")
22 X 118" Height (Contour)/ 4 x 116" Height (Contour)/1 x 96" Height (No Contour)
Lower Deck: Total 10 PMC (96" X 125")
Forward Hold: 6 PMC
AFT Hold: 4 PMC
ULD Combinations are permitted
Bulk Hold: 15 cubic meters
DOOR SIZES
Main Deck Door: 142" x 120"
Lower Deck Doors:
Forward Hold: 106" x 67"
AFT Hold: 106" x 67"
Bulk Hold: 35" x 47"
Cargo Tonnage: 103,000 KGS
Cargo Volume: 550 cubic meters

圖3-9　波音777F全貨機規格表[4]（資料來源：本圖獲阿聯酋航空貨運公司授權使用）

5. 波音B787 Dreamliner

　　波音B787（如圖3-10）亦稱夢幻客機（英文：Dreamliner），是波音公司最新型號的廣體中型客機，於2011年投入商業服務。B787可載210至330人，視乎座位編排而定。燃料消耗方面，B787比以往的產品省油，效益更高。此外在用料方面，B787是首款主要使用複合材料建造的主流客機。2013年1月15日一架全日空787 從Yamaguchi Ube（山口宇部）飛東京，起飛爬升到33000呎，因電池故障的警告出現，且有煙霧進入駕駛艙，客艙則有電器焦味，航機緊急轉降Takamatsu（高松）。2013年1月16日，FAA發布緊急適航指令（Emergency Airworthiness Director），停飛Boeing 787，使推出時間延後幾年。

4　本圖獲得阿聯酋航空貨運公司授權使用

圖3-10　波音787（資料來源：波音公司）

(二)空中巴士飛機公司（Airbus S.A.S.）

　　空中巴士（Airbus）是歐洲民航飛機製造巨擘，在1970年由德國、法國、西班牙以及英國共同創立，總部設於法國杜勒斯（Toulouse）。空中巴士目前由歐洲最大的軍火供應製造商歐洲宇航防務集團（EADS: European Aeronautic Defence and Space Co.）所擁有。

　　空中巴士工業公司為美國波音公司（Boeing）的主要競爭對手。相較於波音目前僅限於在美國地區設有飛機裝配廠，空中巴士則積極拓展歐洲地區外的市場，於2008年9月29日首度在大陸天津設置歐洲以外的裝配廠，看好大陸未來龐大的航空市場。1967年9月，英國、法國和德國政府簽署一個備忘錄（MOU），開始進行空中巴士A300的研製工作。這是繼協和飛機之後歐洲的第2個主要的聯合研製飛機計劃。

　　空中巴士的生產線是從A300型號開始的，它是世界上第一個雙通道、雙引擎的飛機，比A300更短的變型被稱為A310。空中巴士在A320型號上應用了創新的電控飛行操作（fly-by-wire）控制系統，A320獲得了巨大的商業成功。目前員工人數約52,000。空中巴士的主要商用飛機有：A320、A330、A340、A350及最新的A380等機型，茲簡單說明如表3-3：

表3-3　空巴公司主力機型

客機	貨機	
A380	A330-200F	65公噸
A350XWB	A330-200P2F	60公噸
A330	Beluga	155公噸
A320 family 319、320、321		23公噸

1. A320系列

空中巴士A320（Airbus A320）（如表3-4）是法國空中巴士公司製造的一款中短程窄體商用客機，成員系列包括A318（如圖3-11）、A319、A320、A321以及商務客機ACJ，是空巴公司家族中的小型機。機身直徑3.96公尺，屬窄體短程飛機。滿載乘客時，約可承載2噸貨物。腹艙設有3個艙，2個可載ULD，後艙裝散貨。

表3-4　A320系列主要規格

	A318-100	A319-200	A320-200	A321-200
航程	5,950公里	6,800公里	5,700公里	5,600公里
翼展	34.1米	34.1米	34.1米	34.1米
長度	31.45米	33.84米	37.57米	44.51米
巡航空速	0.78馬赫	0.78馬赫	0.78馬赫	0.78馬赫
酬載量	14公噸	17公噸	23公噸	28公噸
貨艙容量	21.23立方米	27.62立方米	167立方米	167立方米

2. A330系列（如表3-5）

本系列含A330-200（如圖3-12、3-13）、A330-300，貨載能量8公噸或45立方公尺。前艙可裝8個LD3貨櫃，或3個貨盤，或者LD7貨櫃和AMF貨櫃。後艙則裝6個LD3貨櫃。另有一散貨艙可裝散貨。

圖3-11　A318（資料來源：空中巴士公司）

表3-5　A330系列主要規格

	A330-200	A330-300	A330-200F
航程	12,500公里	10,500公里	7,400公里
翼展	60.3米	60.3米	60.3米
長度	58.8米	63.6米	58.8米
巡航空速	0.82馬赫	0.82馬赫	0.82馬赫
酬載量	36.4公噸	45.9公噸	69公噸
貨艙容量	19.7立方米	19.7立方米	475立方米

圖3-12　A330-200（資料來源：空中巴士公司）

A330-200 Combi
在滿載乘客下A330-200Combi可搭載
17公噸貨物

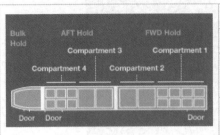

STANDARD ULD CONFIGURATION
Combination of 4 LD 36 or PM & 14 AKE
FORWARD HOLD: Combination of 2 LD 36 or PM and 8 AKE
AFT HOLD: Combination of 2 LD 36 or PM & 6 AKE
BULK HOLD: Cargo volume 19 cubic meters
ULD COMBINATIONS ARE PERMITTED
DOOR SIZES: FORWARD HOLD: 1 & 2; 106"x 67" AFT HOLD: 3 & 4; 107.5"x 66" BULK HOLD: 5; 37"x 25"
CARGO TONNAGE: (HD) Approx: 13,600 kgs, (LD) 17,000 kgs
CARGO VOLUME: (HD) Approx: 70 cubic meters, (LD) 76 cubic meters
MAXIMUM PERMITTED HEIGHT: 62"

圖3-13　空巴A330-200客貨機規格[5]（資料來源：本圖獲阿聯酋航空貨運公司授權使用）

3. A340系列（如表3-6）

　　含貨載A340-300（如圖3-14），A340-500（如圖3-15）、A340-600能量：12.1公噸或141立方公尺。前艙可裝14個LD3貨櫃，或5個貨盤及LD7貨櫃和AMF貨櫃。後艙則裝12個LD3貨櫃，4個貨盤及LD7貨櫃和AMF貨櫃。另有一散貨艙可裝散貨。

[5]　本圖獲得阿聯酋航空貨運公司授權使用

表3-6 A340系列主要規格

	A340-500	A340-600	A340-700
航程	13,700公里	16,670公里	14,600公里
翼展	60.3米	63.45米	63.45米
長度	63.69米	67.93米	75.36米
巡航空速	0.86馬赫	0.86馬赫	0.86馬赫
巡航空速	0.86馬赫	0.86馬赫	0.86馬赫
貨艙容量	162.8立方米	162.8立方米	207.6立方米

圖3-14 A340-300（資料來源：空中巴士公司）

A340-500 Combi
在滿載乘客下A340-500可搭載15公噸
貨物

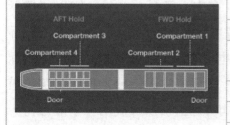

STANDARD ULD CONFIGURATION
Combination of 6 LD 36 or PM & 12 AKE
FORWARD HOLD: Combination of 6 LD 36 or PM
AFT HOLD: 12 AKE
BULK HOLD: Cargo volume ...NIL....
ULD COMBINATIONS ARE PERMITTED

| DOOR SIZES: |
| FORWARD HOLD: 106.34" x 66.85" |
| AFT HOLD: 107.13" x 66.22" |
| CARGO TONNAGE: 15,000 kgs |
| CARGO VOLUME: 90 cubic meters |
| MAXIMUM PERMITTED HEIGHT: 62" |

圖3-15　空巴A340-500客貨機規格（資料來源：本圖獲阿聯酋航空貨運公司授權使用）

4. A350系列（如表3-7、圖3-16）

　　空中巴士A350為空中巴士目前研發中的最新世代中大型廣體客機，未來將取代空中巴士A330及A340系列機種。空中巴士稱之為XWB＝Extra Wide Body，它的競爭對手為波音的B777及B787。此系列含A350-800、A350-900（如圖3-17）、A350-1000。

表3-7　A350系列主要規格

	A350-800	A350-900	A350-1000
航程	15,400公里	15,000公里	14,800公里
翼展	64米	64米	64米
長度	60.5米	66.8米	73.8米
巡航空速	0.85馬赫	0.85馬赫	0.85馬赫
酬載量	26 LD3	36 LD3	44 LD3

5. A380

　　空中巴士A380（如圖3-18）是法國空中巴士公司所研發的巨型客機，也是全球載客量最高的客機，有「空中巨無霸」之稱。A380為雙層四發動機客機，採最高密度座位安排時可承載853名乘客，在典型三艙等配置（頭等艙－商務艙－經濟艙）下也可承載555名乘客。該型號的原型機於2004年中首次亮相，2005年1月18日空中巴士於土魯斯廠房為首架A380客機舉行出廠典禮，並於2005年4月27日試飛成功。事隔數月，於2005年11月11日，首次跨洲試飛抵達亞洲的新加坡。空中巴士公司於

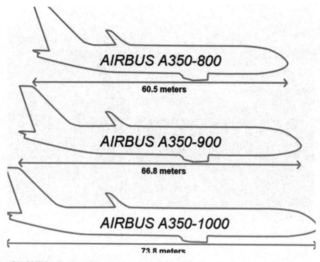

圖3-16　A350系列規格（資料來源：空中巴士公司）

圖3-17　A350-900（資料來源：空中巴士公司）

2007年10月15日交付A380客機給新加坡航空公司，並於2007年10月25日首次載客從新加坡樟宜機場成功飛抵澳大利亞雪梨國際機場。A380客機打破波音747統領35年的紀錄，成為世界上載客量最大的民用飛機。不過2019年空中巴士卻宣布，A380將在2021年之後停止生產。A380體積大，許多機場無法容納，還得重建跑道，配合起降。四顆引擎的耗油量驚人，

圖3-18　A380（資料來源：空中巴士公司）

因此A380的需求一直無法提升。過去14年來，都是靠阿聯酋航空的123架訂單在苦撐。但阿聯酋2019年取消了39架A380的預訂，終於吹響了的熄燈號。目前全球仍有14家航空公司使用A380，超過200架的巨無霸客機，預在未來二十到三年，A380依舊會翱翔天際，之後就將慢慢退場。

　　從親自搭乘的經驗覺得這型飛機確實太大，搭載太多乘客。在抵達某一機場時，通關大排長龍，是一大致命傷。其次這是遠程飛機，但兩地機場間要經常性達到這麼多乘客，並不容易。因此為讓A380飛機增加使用率，即使中短程距離航點也勉強飛行，並不符經濟。例如在一次從阿聯杜拜至沙烏地阿拉伯利雅德僅2小時的程意外搭到A380，顯然不符經濟。在小型機和廉價航空當道的市場中，A380顯得大而無當，致無法逃避被淘汰的命運。

6. Beluga A300-600ST

　　Beluga A300-600ST暱稱「大白鯨」，超級運輸機（Super Transporter "Beluga"）。這是空中巴士集團用來運送新造飛機半成品的特殊用途貨機，是以該集團的A300-600R型客機作為基礎進一步開發，經過大幅度的修改而成，因此可說是A300-600R的衍生機型之一。由於巨大的機身上半部與造型獨特的機首駕駛艙，A300-600ST的外觀非常像是一隻鯨豚類的動物，因而得到「大白鯨」這般的暱稱（如圖3-19），空中巴士集團總共

圖3-19　「大白鯨」超級運輸機（資料來源：空中巴士公司）

只生產過5架此型貨機。A300-600ST大約155噸的最大離陸重量。雖然不是世界第一，但它高達1,400立方公尺的貨艙容積，僅次於波音747 LCF的1,840立方公尺，仍輕鬆打敗了第三名的An-124（1,160立方公尺）。

　　空中巴士工業公司自1970年成立以來，逐步發展成為波音公司的主要競爭對手。波音公司在民用運輸機的市場額份不斷被空中巴士公司蠶食，雙方幾乎在全球範圍內展開面對面的訂單爭奪戰。雙方在激烈競爭的同時，還不斷的指控對方搞「不正當」競爭。波音指控四個國家的政府為空中巴士公司提供了大量的補貼，以及為購買空中巴士公司飛機的航空公司提供低息貸款，違反了世界貿易組織的有關規則。而空中巴士公司反過來指責波音及其承包商也獲得巨額政府補貼。從而引發了美國與歐盟政府之間貿易爭端。雙方高層管理人員也常利用各種場合進行口舌之戰，競爭手段可用無所不用其極來形容。

㈢安托諾夫飛機公司（Antonov ASTC: Antonov Aeronacutical Scientic/Technical Complex）

　　安托諾夫飛機公司的前身是安托諾夫設計局（Antonov Design Bureau），後者成立於1946年5月31日，於1952始改組為目前企業體制的

公司，但仍爲烏克蘭共和國國營企業，總部位於該國首都基輔（Keiv）。該公司以製造大型飛機見長，其所生產之AN-225飛機是目前世界最大型貨機，堪稱是航空界的巨無霸，酬載可達250公噸。適合載運超大及超重的貨物，例如美國太空梭即曾使用這型飛機載運。不過這型飛機迄今只有一架做商業使用，一般看到的還是這型飛機的前身AN-124（如圖3-20）。

圖3-20　AN-124貨機（資料來源：安托諾夫飛機公司）

安托諾夫An-124「魯斯蘭」式（Antonov An-124 "Ruslan"，北約代號爲「禿鷹」（Condor））爲一種由前蘇聯的安托諾夫設計局研製的遠程戰略運輸機，主要用於運輸坦克及戰機。它於1982年首飛，並於1986年開始裝備部隊，面世時爲當時全世界最大的飛機。至1995年爲止，共生產了56架此類型飛機。

An-124原本名爲AN-400，計劃名稱爲AN-40，研發目的是生產一款比An-22更大的運輸機。首架原型機在1982年12月26日首飛，第二架原型機名爲「Ruslan」，並首次向西方國家亮相，出現在1985年的巴黎航空展，而飛機名稱同時改爲An-124。

安托諾夫An-225「夢想式」運輸機（Antonov An-225 "Mriya"），北約代號「哥薩克」（Cossack），是一架離陸重量超過600噸的超大型軍用運輸機，也是迄今爲止，全世界承載重量最大的運輸機與飛機。

An-225（如圖3-21）的一號原型機是在1988年11月30日完工出廠，並於12月21日在基輔進行第一次試飛，1989年5月12日時它首次完成暴風

圖3-21　AN-225貨機（資料來源：安托諾夫飛機公司）

雪號的背負飛行。但很可惜的是，由於當時蘇聯的經濟已經惡化到不足以支持昂貴的太空計劃，因此暴風雪計劃在實際發射成功一次之後就被迫中止，而專門為了太空計劃而設計建造的An-225自然失去了存在的意義，連正在建造中的二號機也在半途叫停，使得只真正背負暴風雪號飛行了一次的一號機，成為碩果僅存的一架An-225實機。

　　AN225主要規格：

　　乘員：6

　　酬載重量：250,000公斤

　　長度：84公尺

　　翼展：84.4公尺

　　高度：18.1公尺

　　最高速度：每小時850公里

　　巡航速度：每小時750公里

　　除以上三大飛機製造公司以外，還有幾個有名的製造公司，簡單列舉說明如下：

1. 加拿大龐巴迪宇航公司（Bombardier Aerospace）：龐巴迪航太是加拿大運輸設備業者龐巴迪的子公司。以員工人數計它是世界上第三大的

飛機製造商，及以年度付運量計全球第四大商業飛機製造商。DASH C、CRJ series。

2. 灣流航空（Gulfstream Aerospace Corporation）：灣流航太公司是製造商務噴射機的飛機製造廠，總生產廠為於美國喬治亞州沙瓦納市，為通用動力的子公司，G450（如圖3-22）、550、650。

圖3-22　GULF450（圖片出處：Gulfstream網站）

3. 巴西航空工業（Embraer S.A.）：現為全球最大的120座級以下商用噴射飛機製造商，占世界支線飛機市場約45%市占率。Embraer E175（如圖3-23）、E190（如圖3-24）。

圖3-23　E175（圖片出處：Embraer網站）

圖3-24　E190（圖片出處：Embraer網站）

㈣三菱飛機股份有限公司

　　三菱SpaceJet（日語：三菱スペースジェット、英語：Mitsubishi SpaceJet）是2003年一款由日本三菱飛機股份公司（日語：三菱航空機株式会社）開發研製的新世代區域型用噴射客機，機上座位訂定在70至90人之間，計劃舊稱「三菱區域型噴射客機」（Mitsubishi Regional Jet），自2019年6月13日改為現名（如圖3-25）。不過開發過程並不順利。受

圖3-25　MRJ（圖片出處：Mitsubishi Regional Jet網站）

2019冠狀病毒病日本疫情影響，三菱重工決定於2020年5月尾，削減SpaceJet項目的一半經費。及後，更於2020年10月宣布暫時擱置此項目至不早於2023年，以節省更多預算。可謂困難重重，充滿挑戰。

㈤中國商用飛機有限責任公司

中國商飛C919（如圖3-26）是由中國商用飛機有限責任公司研製的一款168-190座級窄體幹線客機，專為短程到中程的航線設計，屬於單通道150座級，標配168個座位，最多可容納190個座位。C919型飛機於2017年11月19日完成上海到西安長距離轉降測試，據媒體報導，一切順利，之後等國際民航組織驗證。若順利通過有可能成為波音和空中巴士公司之後的第三家競爭對手。

圖3-26　C919（圖片出處：Now新聞）

七、螺旋槳動力飛機製造商

1. Avions de Transport Régional（ATR）：為法國與義大利合資的飛機製造商ATR製造的雙螺旋槳民航機，ATR72-600、ATR72-800（如圖3-27）。

圖3-27　ATR72（圖片出處：Fokker網站）

2. 荷蘭福克公司（Fokker, Netherland）：Fokker 50（如圖3-28、圖3-29）

圖3-28　Fokker 50（圖片出處：Fokker網站）

圖3-29　Fokker 50（圖片出處：ATR網站）

第二節 航空貨運裝載設備

在航空貨物的裝載實務中，在貨物裝機之前，均會將各式貨物依貨主（託運人）要求或貨品體積形狀裝入貨櫃或貨盤（containers or pallets），以便在飛機到達時能快速的卸載進口貨和裝載出口貨。並使貨物在飛機起降和飛行時，不致發生移位，確保航行安全。這種裝貨設備即稱為單位載具（unit load device：簡稱ULD），大陸稱之為「集裝器」。單位載具有貨盤（pallet）與貨櫃（container）兩種：貨櫃有邊板的保護，在航空貨運中發展迅速，特別是在廣體機和全貨機上，使用貨櫃運輸占大部分。各型航空貨盤、貨櫃之使用，不僅減少飛機在地面停留裝卸貨物之時間，增加飛機使用率，使貨物化零為整，充分利用貨艙內的空間，貨物不受雨淋碰撞、減少破損失竊，且使陸、海、空聯運轉運更為方便。由於飛機機體係圓筒型，不同飛機之機艙大小不一，內部形狀也各異，又有上層艙（upper deck）和主艙（main deck）之分，至於貨物則形狀、包裝、體積尺碼大小、重量都不同。為配合不同機型的不同載貨空間，因此有不同形式的裝運容器。貨物裝載於貨運容器內，再以容器為單位，以盤櫃車來往機邊，裝卸飛機。達到最經濟有效的裝載，提高作業效率，並維持飛航安全。為求充分運用機艙容積，須依飛機個別狀況需求設計運用不同類型之貨櫃，難如海陸貨櫃之具有交換彈性，成本當會更加增高。但是為降低運輸成本，設計標準之單位裝載運具，國際空運協會（IATA）於1967年在波多黎哥山袞恩（San Juan）召開貨運會議，決定空運貨物十七種標準類型之貨櫃，期使不同型式之飛機間，可以適用。IATA對盤櫃的使用有以下原則性要求：

⑴ULD是飛機的一部分，要做到安全並符合航空運輸要求

⑵正確的ULD作業有助於航空運輸安全。

⑶和ULD作業所有相關人員都要具有航空安全責任的意識，接受ULD安全作業教育訓練。

⑷正確的ULD操作可提高作業效率，降低作業成本。

(5)建立IATA的ULD作業規則（ULDR）為業界共遵方案，大家一起遵循。

為求航空貨運使用之便利，單位裝載運具的設計必須考慮下述各點：

(1)空運貨櫃，必須能夠適用於各型飛機，且視同飛機機艙之延伸。

(2)託運人與航空基地間之公路運輸，或航空基地與受貨人間之公路運輸，須能配合飛機時效要求。

(3)航空基地必須提供確切與迅速之貨物接收、送達、儲存、分類等工作。

(4) 驗關完稅，手續上須更便捷。

航空單位裝載運具有貨櫃、貨盤和貨棚。目前普遍使用之貨盤（及貨櫃）之底盤有88"×108"，88"×125"，96"×125"三種普遍尺碼，另為因應特大貨物則有96"×235"之20英呎貨盤，至於高度及斜切角端視各型飛機之尺寸而定。貨櫃按國家有關部門的規定生產製造，註冊生產的稱為註冊貨櫃，它和飛機的貨艙配套。飛機貨艙內有專門固定貨櫃的設備，在尺寸上分為：下貨艙用的貨櫃型號前有M，如M1，長、寬、高為318厘米、244厘米、244厘米。此外還有非註冊貨櫃，這種貨櫃一般不許裝入貨艙，只是作為地面操作或特定的飛機貨艙使用。

至於實務使用的ULD之所有權歸屬有三類：航空公司、託運人和第三方的出租公司。如盤櫃為貨主或出租公司提供者，必須符合國際航空運輸協會（IATA）之規格，標準化，如圖3-30所示。

(1)航空公司：最普遍，例如長榮航空、中華航空、國泰航空、星宇航空等。

(2)租賃公司：常見的租賃公司，例如ACL AIRSHOP、jettainer、unilode、Environtainer等，特殊用途的ULD向租賃公司租用，相當方便。

(3)貨主和航空貨運承攬業的貨櫃等。

LD-1
IATA ULD Code: AKC Contoured Container
Also known as: AVC, AVD, AVK, AVJ
Forkable: AVY
Classification: LD-1
Rate Class: Type 8
Suitable for: B747, B767, B777, MD-11
Internal volume: 4.8 cu.m (169.5 cu. ft)
Maximum gross weight: 1588 kg (3501 lb)

LD-2
IATA ULD Code: DPE Contoured Container
Also known as: APA, DPA
Forkable: DPN
Classification: LD-2
Rate Class: Type 8D
Suitable for: B767
Internal volume: 3.4 cu.m (120 cu. ft)
Maximum gross weight: 1225 kg (2700 lb)

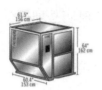

LD-3
IATA ULD Code: AKE Contoured Container
Also known as: AKE, AVA, AVB, AVC, AVK,
DVA, DVE, DVP, XKS, XKG
Forkable: AKN, AVN, DKN, DVN, XKN
Classification: LD-3
Rate Class: Type 8
Suitable for: A300, A310, A330, A340, B747,
B767, B777, DC-10, MD-11, L1011
Internal volume: 4.3 cu. m (152 cu. ft)
Maximum gross weight: 1588 kg (3500 lb)

Insulated LD-3
IATA ULD Code: RKN
Classification: LD-3
Rate Class: Type 8
Suitable for: A300, A310, A330, A340,
B747, B767, B777, DC-10, MD11, L1011
Internal volume: 3.0 cu.m (109 cu. ft)
Maximum gross weight: 1588 kg (3500 lb)
Temperature Control Range: -20C to +20C

LD-4
IATA ULD Code: ALP Rectangular Container
Also known as: ALD, AWD, AWZ, DLP
Forkable: ALB, ALC, AWB, AWC
Classification: LD-4
Rate Class: Type 8
Suitable for: B767, B777
Internal volume: 5.7cu. m (201 cu. ft)
Maximum gross weight: 2449 kg (5399 lb)

LD-6
IATA ULD Code: ALF Contoured Container
Also known as: AWD, AWF
Forkable: AWC
Classification: LD-6
Rate Class: Type 6W
Suitable for: A300, A310, A330, A340,
B747, B777, DC-10, MD-11, L1011
Internal volume: 8.9 cu. m (314 cu. ft)
Maximum gross weight: 3175 kg (7000 lb)

LD-7
IATA ULD Code: XAW P1P Pallet with
fixed angle wings and net
Classification: LD-7
Rate Class: Type 5
Suitable for: Wide body: All aircraft
Maximum volume with overhang:
14.0 cu. m (494 cu. ft)
Maximum gross weight: 5000 kg (11023 lb)

LD-8
IATA ULD Code: DQF
Also known as: ALE, ALN, DLE, DLF,
DQP, MQP
Classification: LD-8
Rate Class: Type 6A
Suitable for: B767
Internal volume: 6.85 cu. m (242 cu. ft)
Maximum gross weight: 2450 kg (5401 lb)

LD-9
IATA ULD Code: AAP Enclosed Pallet on P1P base
Also known as: AA2, XAG, XAV
Classification: LD-9
Rate Class: Type 5
Suitable for: A300, A310, A330, A340,
B747, B767, DC-10, MD-11, L1011
Internal volume: 9.1 cu. m (321 cu. ft)
Maximum gross weight:
4624 kg (10194 lb) lower deck
6000 kg (13227 lb) main deck

LD-11
IATA ULD Code: ALP Rectangular Container
Also known as: ALD, AW2, AWB, AWD,
AWZ, DLP, DWB, MWB
Refrigerated version: RWB, RWD, RWZ
Classification: LD-11
Rate Class: Type 6
Suitable for: A300, A310, A330, A340, B747,
B777, DC-10, MD-11, L1011
Internal volume: 7.2 cu. m (253 cu. ft)
Maximum gross weight: 3176 kg (7002 lb)

A-2
IATA ULD Code: DAA
Classification: A-2
Suitable for: B747, B747F, DC8, DC10, A300/F
Internal volume: 12.6 cu. m (444 cu. ft)
Maximum gross weight: 6033 kg (13300 lb)

圖3-30　單位裝載運具（ULD: Unit Load Devices）
資料來源：國際航空運輸協會

(一) 使用ULD效益

(1)提高飛機航行安全：配合機艙底板的固定設備，使盤與櫃在飛航期
間不會產生移位，以提高飛航安全。

(2)更佳的酬載及燃油效率：利用盤與櫃將貨物裝載事先規劃，使重量
在機艙內平均分布，可以裝載更多貨物，並且提高燃油效率。

(3)降低作業成本：減少貨物搬運次數，降低貨損機率，同時提高裝卸
作業效率，降低作業成本。

(4)ULD提供貨物多一層保護，可以節省貨物包裝費用，減少因氣候變
化的損害、降低被偷竊的機率，以及減少作業失誤的機率等。

(5)增加航班的準確率：加速作業效率，可以縮短裝卸時間，提高航班
到離時間準確。

(6)降低零件及維修成本：利用盤與櫃，使裝卸時的事故及錯誤大幅減
少，可降低維修成本，以及零件損耗。

㈡航空ULD裝載方式

因為飛機機身是圓筒形的，因此配合不同機型、不同裝載位置及上層
艙（upper deck）和下層艙（lower deck）之設計，ULD有不同之規格尺
寸。以達到最佳的裝載，並維持飛航安全。裝載方式如下圖3-31～3-33所示。

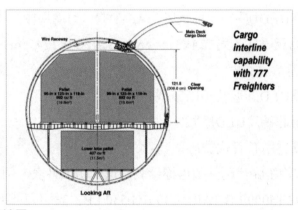

圖3-31　盤櫃配艙圖

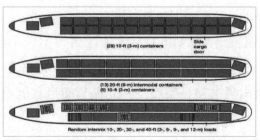

圖3-32　盤櫃配艙圖

圖3-33　盤櫃機艙裝載（圖片出處：jettainer網站）

　　由圖3-33可以看得出來，在不同的機艙位置，所裝載之盤櫃規格有所不同。並且飛機上下層艙設計時，也應有不同配置。

㈢ ULD編號

　　ULD編號共九碼，例如PAP5001FM，說明如下：

⑴第一碼為ULD種類，P為貨盤、A為貨櫃、H為馬棚⋯⋯等

⑵第二碼為尺寸，A為224x318 cm、B為224x274 cm、K為153x156 cm⋯⋯等

⑶第三碼為ULD外型及不同機型的可容性

⑷第四至第七碼為ULD序號

⑸最後兩碼為所有者代號

　　IATA要求除辨識代碼外須再標示載重量於ULD外表，例如PAP5001FM MGW 6804 KG 15000 LB TARE 240 KG 530 LB，說明如下：

⑴MGW 6804 KG 15000 LB為最大承載量

⑵TARE 240 KG 530 LB為ULD空重

　　圖3-34所示櫃號為AMA06028BR依序為：第一A為貨櫃，M尺寸為229x305x229cm，容積17立方公尺，第三A適裝74E/74Y 主艙main deck，0628為櫃號，BR指櫃主為長榮航空。此種貨櫃可載總重6,803公斤，空櫃重量300公斤。

圖3-34　櫃號

　　圖3-35所示櫃號為ALF60084BR依序為：第一A為貨櫃，L尺寸頂部為140x396cm、底部140x310cm，容積9立方公尺，第三F適裝744/74E/74Y/M11/M1F下層艙（Lower Deck），60084為櫃號，BR指櫃主為長榮航空。此種貨櫃可載總重3,175公斤，空櫃重量159公斤。

圖3-35　櫃號

一、航空貨櫃（container）（如圖3-36～3-38）

　　為箱型的設備，中國大陸稱為集裝箱，適合裝載紙箱包裝或體積較小、形狀規則的貨品。以下所舉為阿聯酋航空貨運公司所使用的LD-36（如圖3-39）、LD-3（如圖3-40）、LD-6（如圖3-41）和M1（如圖3-42）四種航空貨櫃規格，均經該公司授權使用。

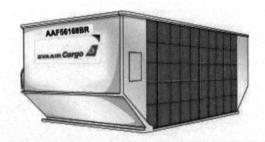

AAF=U.S. Domestic Code LD-26

Aircraft Type:744/74E/74Y/M11/M1F Lower Deck

Internal Volume: 13.1 cum (461cuft)

Internal Dimensions :Top 205X401cm (81X158in)

Base205X302cm (81X119in)

Height 152cm (60in)

Max Gross Weight: 6032kg (13300 lbs)

Tare Weight: 246kg (542 lbs)

Door Clearance: 293X147cm (115X58in)

圖3-36　長榮航空AAF貨櫃（圖片出處：長榮航空網站）

AKE = U.S.Domestic Code: LD-26

Aircraft Type:744/74E/74Y/M11/M1F Lower Deck

Internal Volume: 13.1 cum (461cuft)

Internal Dimensions :Top 205X401cm (81X158in)

Base205X302cm (81X119in)

Height 152cm (60in)

Max Gross Weight: 6032kg (13300 lbs)

Tare Weight: 246kg (542 lbs)

Door Clearance: 293X147cm (115X58in)

圖3-37　長榮航空AKE貨櫃（圖片出處：長榮航空網站）

AMJ = U.S. Domestic Code M1

Aircraft Type: 77X Main Deck

Internal Volume: 16.5 cum (583 cuft)

Internal Dimensions: Top 178X308 cm (70X121 in)

Base 228X301 cm (90X119 in)

Height 233cm (92in)

Max Gross Weigh: 6804 kg (15000 lbs)

Tare Weight: 260 kg (573 lbs)

Door Clearance: 233X292 cm (92X115 in)

圖3-38　長榮航空AMJ貨櫃（圖片出處：長榮航空網站）

1. LD36 (AMF Contoured Container)

Full length lower deck container.

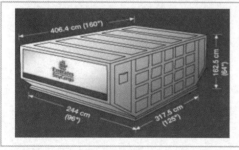

| VOLUME: 14.5 cubic meters |
| STANDARD TARE WEIGHT: 275 kgs. |
| MAX GROSS WEIGHT:5,000 kgs. |

圖3-39　阿聯酋航空貨運公司LD36規格[6]（資料來源：本圖獲阿聯酋航空貨運公司授權使用）

---

[6]　本圖獲得阿聯酋航空貨運公司授權使用

2. LD3 (AKE Contoured Container)

Half length lower deck container.

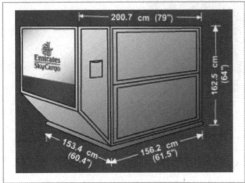

VOLUME: 4.3 cubic meters	
STANDARD TARE WEIGHT: 80 kgs.	
MAX GROSS WEIGHT: 1,587 kgs.	

圖3-40　阿聯酋航空貨運公司LD3規格[7]（資料來源：本圖獲阿聯酋航空貨運公司授權使用）

3. LD6 (ALF Contoured Container)

Full length lower deck container.

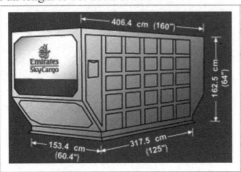

VOLUME: 8.7 cubic meters	
STANDARD TARE WEIGHT: 160 kgs.	
MAX GROSS WEIGHT: 3,174 kgs.	

圖3-41　阿聯酋航空貨運公司LD6規格（資料來源：本圖獲阿聯酋航空貨運公司授權使用）

---

[7]　本圖獲得阿聯酋航空貨運公司授權使用

4. M1 (AMA Rectangular Container)

Full length main deck container.

VOLUME: 17.5 cubic meters	
STANDARD TARE WEIGHT: 280 kgs	
MAX GROSS WEIGHT: 6,804 kgs	

圖3-42　阿聯酋航空貨運公司M1規格[8]（資料來源：本圖獲阿聯酋航空貨運公司授權使用）

　　航空貨櫃除以上所述的一般櫃之外，還有針對裝載特殊貨物的特殊櫃，例如溫控貨櫃（insulated container），可用於裝運須設定溫度的貨物，圖3-43～3-48所示即爲載運新冠肺炎疫苗所用的超低溫櫃Environtainer。活體動物櫃（livestock container）裝運活體動物，馬棚櫃使用於裝運馬匹，及吊衣櫃（garment container）等，可配合各種貨載的需求。

二、航空貨盤（pallet）

　　貨盤（如圖3-49）中國大陸稱爲集裝板，爲平板的設備，適合大件或形狀不規則的貨物。在裝載時，將貨物裝疊在貨盤上，此項作業實務上稱打盤。完成打盤後，須再以PE塑膠布將整個貨盤包裝起來，避免平地和高空溫差結水氣造成貨損。外面再罩以尼龍盤網（net），牢牢將貨物網住。於裝上飛機貨艙後，底部再以擋扣扣住，以免運送途中發生移位的問題，影響飛航安全。

8　本圖獲得阿聯酋航空貨運公司授權使用

101

圖3-43　超低溫櫃Environtainer（圖片出處：台灣新生報記者提供）

圖3-44　超低溫櫃Environtainer（圖片出處：台灣新生報記者提供）

圖3-45　吊衣櫃（圖片出處：作者自拍）

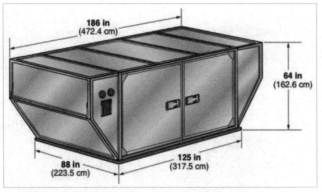

圖3-46　LD29 reefer冷凍櫃（圖片出處：Sea Rates by DP World）

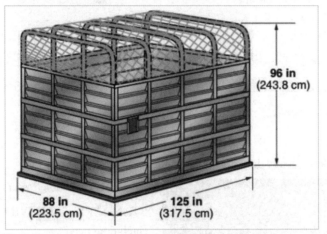

圖3-47　牲口櫃（KMA livestock container）（圖片出處：Sea Rates by DP World）

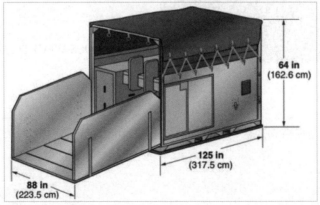

圖3-48　馬棚（HMA horse stall）（圖片出處：Sea Rates by DP World）

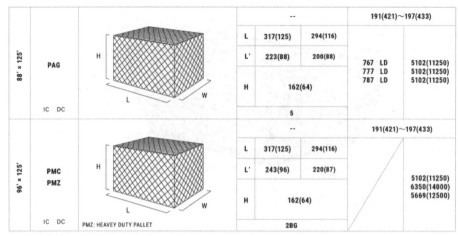

								191(421)～197(433)	
88' × 125'	PAG	H	L	317(125)	294(116)		767 LD	5102(11250)	
			L'	223(88)	200(88)		777 LD	5102(11250)	
			H	162(64)			787 LD	5102(11250)	
	IC DC				5				
								191(421)～197(433)	
96' × 125'	PMC PMZ	H	L	317(125)	294(116)			5102(11250)	
			L'	243(96)	220(87)			6350(14000)	
			H	162(64)				5669(12500)	
	IC DC	PMZ: HEAVEY DUTY PALLET			2BG				

圖3-49 貨盤（圖片出處：國泰航空網站）

　　貨盤同樣有不同規格尺寸，以下所舉為阿聯酋航空貨運公司所使用的PLA、PMC及PYB三種及長榮航空二種貨盤規格（如圖3-50～3-56）。

1. PLA Passenger & Freighter

LD6 base pallet（heavy duty）contoured for lower deck.

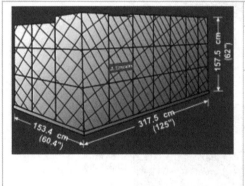

	VOLUME:6.9 cubic meters
	STANDARD TARE WEIGHT: 91 kgs. (including net)
	MAX GROSS WEIGHT: 3175 kgs.

圖3-50　阿聯酋航空貨運公司PLA規格[9]（資料來源：本圖獲阿聯酋航空貨運公司授權使用）

---

[9] 本圖獲得阿聯酋航空貨運公司授權使用

2. PMC Passenger & Freighter

10 ft. pallet contoured for lower deck.

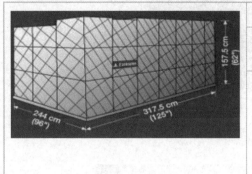

VOLUME: 10.9 cubic metres	
STANDARD TARE WEIGHT: 110 kgs (including net)	
MAX GROSS WEIGHT: 6,804 kgs (Restricted to permitted weight per bay/ position on Aircraft)	

圖3-51　阿聯酋航空貨運公司PMC規格（資料來源：本圖獲阿聯酋航空貨運公司授權使用）

3. PYB (Freighter Only)

Suitable for main deck only at QL and QR positions of B747F.

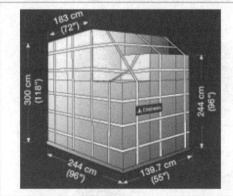

VOLUME: 7.3 cubic meters	
STANDARD TARE WEIGHT: 60 kgs.	
MAX GROSS WEIGHT: 2120 kgs.	

圖3-52　阿聯酋航空貨運公司PYB規格[10]（資料來源：本圖獲阿聯酋航空貨運公司授權使用）

---

[10] 本圖獲得阿聯酋航空貨運公司授權使用

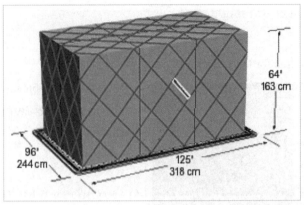

圖3-53　國泰航空貨盤PMC（圖片出處：國泰航空網站）

圖3-54　長榮航空貨盤PMC（圖片出處：現場人員協助拍攝）

圖3-55　長榮航空貨盤PGA（圖片出處：現場人員協助拍攝）

國際航空貨運實務

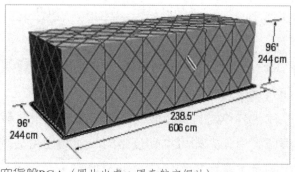

圖3-56　國泰航空貨盤PGA（圖片出處：國泰航空網站）

盤號於盤之邊緣，並說明如下：

PMC第一個P即指貨盤（pallet），M尺寸:318x244X163cm，適合機型74E/74Y/M1F 主艙（main deck）或763/744/74Y/74E/M11/M1F 下層艙（lower deck），載重量6,804公斤（MD）、5,035公斤（LD）空盤重120公斤。

PGA第一個P即指貨盤（pallet），G尺寸606X244X244cm，適合機型74E/74Y/M1F 主艙（main deck），載重量13,608公斤，空盤重565公斤。

最後討論貨艙底板載重問題：

國際航空經常使用的飛機為波音（Boeing）與空中巴士（Airbus）兩種系列的機型，其承載力詳如表3-8如下：

表3-8　貨艙底板載重表

	艙位	承載力kg/m^2
Boeing	下貨艙	732/m2
	下貨艙貨櫃／盤艙	976/m2
	主貨艙貨櫃／盤艙	1952/m2
Airbus	下貨艙	732/m2
	下貨艙貨櫃／盤艙	1050/m2

案例：某單位貨物的數據為：重量：900公斤；尺寸：150cm×60cm×50cm，
　　　裝載B747下貨艙貨櫃／盤艙

$$地板單位承載力 = \frac{900公斤}{150cm \times 60cm \times 50cm} = \frac{900}{0.9m^2} = 1000kg/m^2$$

$1000kg/m^2$大於該飛機的單位承載力,因此裝載人員為了飛機的安全須使用墊板,加大貨物的底面接觸面積。

最後以圖3-57~3-59說明裝卸機及貨艙作業。貨上貨艙後,因機艙地板裝置靈便的滾珠,用人力即可推動及轉向,無須使用機械。當盤櫃到定點後,即以擋扣固定,避免貨物移位,影響飛安。

圖3-57　飛機主艙及擋扣(圖片出處:現場人員協助拍攝)

圖3-58　貨盤裝至機艙(圖片出處:現場人員協助拍攝)

圖3-59　飛機主艙及擋扣（圖片出處：Nippon Cargo Airlines Main Deck www.nca.aero）

題目研討

1. 主要商用貨機製造商為何？各有何主力機型？
2. 何為廣體飛機？何為窄體飛機？
3. 何為belley hold loading？何為全貨機freighter？何為Combi？
4. 何謂濕租？何謂乾租？
5. 使用貨櫃與貨盤載貨的目的為何？各有何主要型式？
6. 貨櫃與貨盤的編號規則為何？
7. 盤櫃由誰提供？
8. 盤櫃在機艙如何推動作業？如何固定？

第四章

航空企業

本章摘要

　　本章討論航空企業：民用航空運輸業、航空貨運承攬業、航空站、航空站地勤業，他們在民用航空的運作佔有重要地位。民用航空運輸業是主要運輸工具的提供者，具最重要的地位。其次航空貨運承攬業則是航空運輸服務的提供者，國際物流運輸已發展到全方案或中國大陸稱為一條龍的服務，航空貨運承攬業將物流服務整合起來，提供給貨主，因此在航空貨運服務佔有舉足輕重的地位，在供應鏈直接接觸貨主，和貨主關係密切。貨主使用航空貨運服務是找航空貨運承攬業不是找航空公司。至於航空站是提供飛機安全起降及貨載進出通關的場域，一併簡單探討，最後討論地勤業，他們是在機場提供地面作業服務的企業。

第一節　民用航空運輸業

一、民用航空運輸業概說

　　民用航空運輸業依我國民用航空法之定義：「指以航空器直接載運客、貨、郵件，取得報酬之事業」，也就是商業航空公司，一般稱為航空公司。是以自有或租賃之航空器，提供航空運輸服務而受報酬之事業。國際主要貨運航空公司有：美商優比速國際股份有限公司（UPS）、敦豪通運（DHL）、聯邦快遞（FedEx）、國泰航空（Cathay Pacific）、韓國航空（Korean Airlines）、德國漢莎航空（Lufthansa Airways）、中華航空

（China Airlines）、長榮航空（EVA Air）、泰國航空（Thai Airways）等等。

　　由於科技產業發展及外包生產模式盛行，國際貨運量快速成長，航空貨運佔航空公司營收量逐年成長，因此航空公司紛紛提升貨運部門的重要性。從過去只是公司的貨運部或貨運處一個部門，例如長榮航空即為貨運本部，獨立成立貨運子公司，獨立利潤中心發展，例如阿聯酋航空的Emirates Sky Cargo、韓國航空的Korean Air Cargo、德國漢莎航空的Lufthansa Cargo、英航的British Airways World Cargo等等。均擴大貨運部門組織，積極發展貨運業務。表4-1所示為2019年排名前15大的國際航空貨運公司：

表4-1　2019年全球前15大定期航空貨運公司

排名	航空公司	百萬延噸公里
1	聯邦快遞（FedEx Corporation）	17,503
2	卡達航空（Qatar Airways）	13,024
3	優比速（United Parcel Services）	12,842
4	阿聯酋航空（Emirates）	12,052
5	國泰航空（Cathay Pacific）	10,930
6	韓國航空（Korean Air）	7, 412
7	德國漢沙航空（Lufthansa）	7,226
8	盧森堡航空（Cargolux）	7,180
9	土耳其航空（Turkish Airlines）	7,029
10	中國南方航空公司（China Southern Airlines）	6,825
11	中國國際航空（Air China）	6,767
12	新加坡航空（Singapore Airlines）	6,146
13	中華航空（China Airlines）	5,334
14	空橋貨運航空（AirBridgeCargoAirlines）	5,168
15	聯合航空（United Airlines）	4,852

資料來源：IATA WATS

2019年新冠肺炎影響，客運業務緊縮，航班減少，間亦影響到貨運的能量。但因為貨運量不減反增，需求超過供給，推升航空運費上漲。但除非專營貨機及國際快遞業者外，航空貨運公司營運還是沒有改善。

按照國際航空運輸協會及國際民航組織統一規範，航空公司國際代碼有三項阿拉伯數字、兩英文字母和三位英文字母3種形式（如表4-2）。

表4-2　航空公司代號

航空公司	3位數字代號	2字母代碼	3字母代碼
長榮航空	695	BR	EVA
中華航空	297	CI	CAL
新加坡航空	618	SQ	SIA
阿聯酋航空	176	EK	UAE
荷蘭皇家航空	074	KL	KLM
瑞士航空	724	LX	SWC

IATA分三種：代碼用於各種商業用途的航空公司識別。兩個字母的航空公司代碼是IATA按照762號決議的規定指定的。

1. 三位阿拉伯數字：如長榮航空為695，華航為297，新航為618，三碼數字代號通常用在空運提單和機票上。

2. 二個英文字母：IATA航空公司代碼是國際航空運輸協會（IATA）為全球各航空公司指定的兩個字母的代碼，它是由航班代碼的兩個首字母組成。兩字母的航空公司代碼表用於預約、時刻表、票務、徵稅、航空提單、公開發布的日程表和航空公司間的無線電通訊，同時也用於航線申請。這通常用在航班號碼、預定機位、航班表、文件製作等，例如長榮為BR，華航為CI，國泰為CX，新航為SQ等。

3. 三個英文字母：ICAO航空公司代碼是國際民用航空組織（ICAO）為全球各航空公司指定的三個字母的代碼。它是由航班代碼的三個首字母組成。這些代碼從1987年開始發布。IATA現也採用國際民用航空組織的三字母代碼，作為航空公司代號，例如長榮為EVA，華航為

CAL，新航為SIA等。

欲知各航空公司代碼者可查國際航空運輸協會（IATA: International Air Transport Association）的TACT（The Air Cargo Tariff）第1.4節或TACT手冊（TACT Manuals）。

全球有約290家佔全球百分之八十二的航空公司加入國際航空運輸協會，遵循國際航協所訂定之作業規範。沒有加入國際航協的航空公司也須依照IATA規範，使整體作業符合國際標準及飛航安全之要求，才能和國際作業一致。

國際航空運輸協會會員公司和非會員公司也可透過雙邊協定（Interline Agreement）的方式，進行合作。不過由於沒有單一航空公司服務網能覆蓋全球航點，為提高服務水準，提升競爭力，全球航空公司組成三個聯盟（alliances）即星空聯盟（Star Alliance）、環宇一家聯盟（One World Alliance）和天合聯盟（Skyteam Alliance），會員相互合作，共用營運資源，如表4-3。

1. 會員公司之間航空公司間旅客和貨物互轉的作業固可依雙邊協定進行，但帳戶的清算則更是大工程，這是透過國際航協的清帳系統（ICH：IATA Clearing House）處理。這套系統使航空公司之間客貨運互轉的應收和應付帳款得以快速且準確的結算，依國際航協統計平均12天即可完成。經相互對帳後，彼此僅就收支差額結算即可，避免大筆資金的移轉，這實在是國際航協對國際航空運輸業最偉大的貢獻之一。貨運的清算系統為IATA Cargo Account Settlement Systems簡稱CASS，據IATA統計，2019年CASS替航空公司處理了約327 億美元的往來帳，結帳準時率達到99.9%。

2. 繼華航加入天合聯盟（Sky Team Alliance）之後，長榮航空亦於2012年3月與星空聯盟（Star Alliance）共同舉行未來成員簽約儀式，預計在2013年6月18日正式成為星空聯盟第28個成員。星空聯盟是航空三大聯盟中最大的，共有一千三百多航點，飛航一百九十多個國家，每天飛航約2萬2千架次。透過聯盟的集體運作，包括訂位票務、航班、

哩程累計及共用貴賓室等，長榮航空公司將邁向更國際化、更具競爭力。據時任長榮航空總經理鄭傳義接受今週刊訪問時所形容：「加入聯盟前是單打獨鬥，入盟以後則有點像打團體戰，會更有力道。」

表4-3　航空三大聯盟比較

	星空聯盟（Star Alliance）	天合聯盟（Sky Team Alliance）	寰宇一家聯盟（Oneworld Alliance）
創立年分	1997	2000	1999
會員	長榮航空、聯合航空、漢莎航空、北歐航空、加拿大航空、衣索比亞航空、愛琴海航空、中國國際航空、北歐航空、深圳航空、土耳其航空、泰國航空、波蘭航空、葡萄牙航空、瑞士航空、新加坡航空、南非航空、奧地利航空、印度航空、紐西蘭航空、全日空航空、布魯塞爾航空、韓亞航空、哥倫比亞航空、巴拿馬航空、埃及航空、克羅埃西亞航空	墨西哥航空、法國航空、達美航空、大韓航空、中華航空、阿根廷航空、中國東方、越南航空、俄羅斯航空、捷克航空、荷蘭皇家航空、羅馬尼亞航空、沙烏地航空、廈門航空、義大利航空、印尼航空、歐洲航空、肯亞航空	美國航空、英國航空、阿拉斯加航空、芬蘭航空、西班牙航空、國泰航空、澳洲航空、西伯利亞航空、摩洛哥皇家航空、日本航空、馬來西亞航空、卡達航空、皇家約旦航空、斯里蘭卡航空、斐濟航空
會員家數	28	19	14
航點／國家	1328／195	1036／170	841／197
全球使用貴賓室		790	
年載客量	7.2億人次	6.76億人次	3.4億人次
臺灣會員	長榮航空	中華航空	無

資料來源：作者整理

航空聯盟的優點在客運方面發揮的很好，成為行銷的一大利器，例如：

(1)聯盟會員公司之間分享資源，航班相互串連，使一票到底成為可能。因此即使很多航點沒有直飛，透過聯盟會員公司即可環遊世界，增加約30%，以美國市場最多，其次為歐洲和東南亞。

(2)旅客可以使用聯盟會員公司機場貴賓室及機場服務，有助於抓住商務客層貴賓客人，高端客人增加15%。

(3)友航間貴賓哩程互換機制，方便旅客累積和兌換哩程。

(4)透過聯盟企業戶行銷機制，開發企業商旅市場。

(5)航空系統共用，聯合採購燃油等。

以長榮航空於2013年6月18日加入星空聯盟為例，增加很多聯盟會員的轉乘旅客，例如美國乘客到臺灣轉至曼谷、峇里島、馬尼拉和越南胡志明、河內等目的地。據時任長榮航空董事長、主導加入聯盟的張國煒先生估算，協助長榮航空增加三成載客率，相當可觀。

但三大聯盟只有天合聯盟有包含航空貨運的合作，其利益：

(1)共用貨倉，縮短航班互轉時間。

(2)擴大聯盟間機隊及載具設備，操作更靈活，節省時間。

(3)利用電子貨運（e-Freight）線上作業，節約作業時間、成本及無紙化。提高作業效率和正確率。

第二節　航空貨運承攬業

"With shippers '/consignees' requirements becoming increasingly global and more sophisticated in nature, and with the growing need for these supply chains to be more robust and secure, the advise and expertise that 3PLs offer will become more important."

— John Fossey, editorial director,
Containerisation International

以上是國際貨櫃運輸雜誌總編Mr. John Fossey在幾年前針對第三方物流業者角色的詮釋，他說「在貨主需求日益全球化和複雜化的趨下，一個健全和安全的物流體系日益重要，第三方物流業者的專業服務和建議正符時代需求」。斯哉此言，此地所指第三方物流業者就是本章主題的「航空貨運承攬業」。

　　航空貨運承攬業（air freight forwarders）已受普遍肯定是國際運輸中的主角，不再是配角。貨運承攬業的起源可以追溯到十九世紀，當時一方面因為國際運輸專業知識不足所限，另一方面也缺乏國際服務網絡，因此當時的貨運承攬業只能在一國之內，從事替貨主安排貨物運輸的簡單服務，本身並無承擔運送責任的能力。遇有貨損情事發生時，貨主只能向實際運送人尋求賠償。因此這時的貨運承攬業只扮演貨主代理人的角色，並無運送人的功能。之後為配合貨主日益多樣化的需求，業務範圍逐漸擴大，資本投入也隨之增加。業者乃逐步介入運送人性質的業務，漸漸具有運送人的服務功能。近年來隨廠商全球委外加工佈局，貨主對國際運輸的需求內容也變得更全球化、多樣化與複雜化。航空貨運承攬業做為第三方物流業者，也須配合貨主要求，提供多樣化及全球化的服務。因此角色功能擴大，具備全能或中國大陸稱「一條龍」服務的能力。和從前相比，貨運承攬業者重要性已不可同日而語。相對的，凡無此能力的業者，在目前激烈競爭的環境中，生存空間也將受到壓縮。航空貨運承攬業者是以更佳、更廣及更具彈性的服務內容，和航空公司的服務有所區隔，但兩者又相輔相成。在舉世重視現代物流對一國經濟發展的重要性之下，航空貨運承攬業也是國際物流的最佳執行者，扮演積極的角色。由此可以看出承攬運送業在國際運輸鏈中的重要性。國外一些國際級的航空貨運承攬業者，經由運輸資源的整合，提供的服務之深度和廣度，其規模與實力甚至於超過航空公司。以下茲從各個面向來討論航空貨運承攬業。

一、航空貨運承攬業的名稱與定義

　　航空貨運承攬業將貨物國際運輸有關的航空運輸、內陸運輸、報關、

倉儲、保險、轉運等各種業務加以整合，以提供貨主全套服務。從另一角度言之，即航空貨運承攬業攬到業務之後，實際服務可自行爲之或委外執行。一方面替貨主完成全程運輸任務，另一方面又協調航空運送人及相關業者承運貨物，爲貨物運輸的中間人（intermediary）業者，如圖4-1。

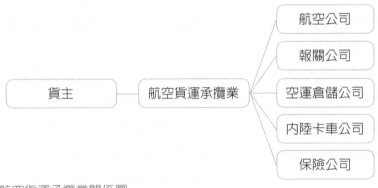

圖4-1　航空貨運承攬業關係圖

　　從4-1圖說明航空貨運承攬業是介在左邊的貨主和右邊的實際營運人（actual operator）之間的角色，此處所謂實際營運人是廣義的說法，泛指所有和國際航空運輸有關的服務實際提供者（physical service provider）。航空貨運承攬業乃將各相關運輸服務加以整合（integrate）起來，整包（whole package）地提供給貨主，幫其解決國際航空運輸的各式各樣需求。航空貨運承攬業所提供的是全方位的服務，相較於其他實際運送人只提供自己部分的服務大有不同。在全球化趨勢之下，現今貨主的需求已變得全球性與複雜化，也就是本章開頭所引述："shippers'/consignees' requirements becoming increasingly global and more sophisticated in nature"，國際運輸提供者也必須跟上時代腳步。現代物流的重要要求之一就是物流鏈無縫隙（seamless）的結合，才能降低物流成本，創造經濟效益。航空貨運承攬業正是扮演這個整合的角色，故他們是國際航空運輸服務主角。航空貨運承攬業可以接觸到貨主，居於物流鏈的上游，實體服務提供者反而位在下游，是以航空貨運承攬業者和貨主關係更直接密切。至於行業名稱，我國民用航空法稱爲航空貨運承攬業，民

法、航業法都稱爲承攬運送業。中國大陸稱之爲國際貨運代理業，國際則多以國際物流業（international logistics operator）爲名，我們越來越多業者公司名稱都冠上「物流或國際物流」之名。

歸納而言，航空運輸業提供運輸工具飛機和盤櫃等實體資產服務，而航空貨運承攬業者雖未提供資產性服務，但他們整合運輸資源，提供統合服務。航空貨運承攬業的業務範圍可說無所不包，包括進口貨運、出口貨運、轉口貨運，亦有同時兼營報關業務、貨物保險、倉儲及內陸卡車貨運服務者。換言之，航空貨運承攬業係整合航空運輸服務資源，提供貨主全方位服務如下，茲列舉服務內容如下：

1. 出口貨運處理（Export cargo processing）
2. 進口貨運處理（Import cargo processing）
3. 服務行銷（Marketing）
4. 貨物集併（Cargo consolidation）
5. 貨物拆卸（Break-bulk）
6. 貨物提交（Trucking）
7. 報關（Customs Clearance）
8. 代辦保險（Insurance）

再將上述服務內容以流程圖表示如圖4-2：

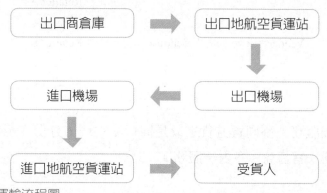

圖4-2　航空運輸流程圖

從4-2圖可知航空貨運承攬業與航空運輸業合作，執行陸側（land side）的服務，為居於貨主和航空運輸業者中間之角色；替託運人向運送人代訂艙位，準備出口報關及空運提單，取得領事文件，安排保險，準備並送交裝運通知及文件，提供出口事務的一般諮詢等。國際整合型航空貨運業者（integrated carrier）更整合航空貨運承攬業、報關業、倉儲業、民用航空運輸業、地面鐵公路運輸業等角色及功能，提供從發貨到收貨全球性戶到戶（door to door）全程服務，有別於航空貨輸業的空港至空港的服務（airport to airport service）。在當前國際貿易多為ex-work及DDP條件之下，貨主需要全程服務。航空貨運承攬人便以更佳且更廣的服務，在現代國際運輸服務中扮演著重要的角色，其重要性絕不亞於提供運輸工具的民用航空運輸業及實體運輸業者。

　　至於所謂航空貨運的集併（Cargo Consolidation），即將不同託運人交運之貨物合併，一次交付航空公司承運（出口），或將航空公司運達之貨物拆解（break bulk），分別送交不同的貨主（進口）。集併有以下三種操作模式：

(1)一對多服務：賣方貨主以整裝交至倉庫拆解後送交不同零售商A、B、C，一對多。

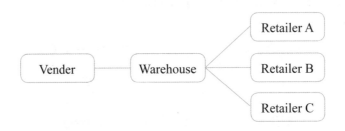

(2)多對一服務：不同賣方貨主或是同行A、B、C分批交至倉庫集併後送交同一零售商。多對一服務。

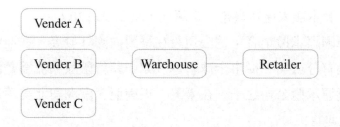

(3)多對多服務：不同賣方貨主A、B、C以分批交至倉庫拆解整理後送交不同零售商A、B、C，多對多服務。

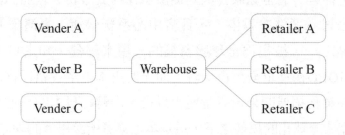

承攬業為因應時勢變遷與客觀環境的需求，不但提供整體的運輸服務，也以自己名義簽發分提單（House Airway Bill），以自己作為運送人，期能有效控制整體運輸每一環。航空貨運承攬業於是從傳統的貨主代理人角色進而成為整體運輸服務的設計者、管理者與執行者，成為國際航空貨運業務的主角。

依我國「民用航空法」第2條第13款之定義：「航空貨運承攬業：指以自己名義，為他人計算，使民用航空運輸業運送航空貨物及非具有通信性質之國際貿易商業文件而受報酬之事業」。但到1974年公布實施「航空貨運承攬業管理規則」後，此一行業才正式有法可管。航空貨運承攬業原分為甲、乙兩種，於1997年5月21日修正「航空貨運承攬業管理規則」後，甲、乙兩種已合併為一。

目前臺灣市場上有1千2百多家航空貨運承攬業者，可將其分為三類：

(1)本土小型承攬業者：是典型的臺灣貨運承攬公司，經營規模大多不

大，資本額未達新臺幣一千萬元，員工少於20人。

(2)臺灣國際承攬業者：總公司設在臺灣向國外發展，在亞洲或世界各地設有分公司，從事全球營運。如中菲行國際物流為臺灣前十大航空貨運承攬公司之一，在臺灣、東南亞、歐洲與北美等地都佔有一席之地。

(3)世界性物流公司：例如欣榮（Expeditors）、近鐵國際貨運（Kintetsu World Express）、日通（Nippon Express）、丹麥DSV等，都有一個全球服務網，提供多種物流服務。在亞洲設一個區域分公司（通常在香港），負責中心系統營運。臺灣為其全球布局據點之一，被視為全球服務網的一環來經營。知名日本服裝業者UNIQLO初進軍臺灣市場時，即先使用本土業者執行物流服務。後來在業務拓展開來，貨量變大以後，即轉給日本的日通公司。因此在產業全球化的趨勢之下，這是本土業者所該思考的課題。

航空公司鼓勵航空貨運承攬業者包盤或包櫃（buying ULDs），以穩定貨量與營運。後者亦藉此掌握艙位，增加獲利空間。但包盤櫃亦要冒較大風險，於淡季時期，貨量即使不足，也往往要照付包盤櫃費用，這樣的業者稱master co-loader。未達包盤櫃實力的小業者則拋貨（co-load）給他們或拋給航空公司，賺取有限差價，稱為co-loader。由於業者家數太多，競爭激烈。

我國民法第660條規定：「稱承攬運送人者，謂以自己之名義，為他人之計算[1]，使運送人運送物品而受報酬為營業之人」。我國民用航空法第2條第13項依照民法定義將航空貨運承攬業做相同定義為：「指以自己之名義，為他人之計算，使民用航空運輸業運送航空貨物及非具有通信性質之國際貿易商業文件而受報酬之事業」；至於航空貨運承攬業管理規則第2條亦作相同定義。但此定義從字面並不是那麼容易了解，須加以說

---

[1] 英文表達，這句話可以說為 "who would act in his own name but for the account of his principal."

明。

　　本定義是指航空貨運承攬人在行使關於安排使航空運輸業運送貨物之行為時，是以自己名義為之。但於有發生與貨物利益有關事情如貨損理賠時，其利害關係則回歸到委託人本人也就是貨主（此即「為他人之計算」之義），這和民法所謂代理人之行為及於本人的精神一樣。再依本定義，航空貨運承攬業的營業內容只限於「使航空運輸業運送航空貨物」，並因此得到報酬一項。本條賦予航空貨運承攬業的營業內容相當狹窄，只限前述一項，亦即僅有「承攬人」角色。是左手攬貨進來，右手交貨給實際運送人承運，自己並不承擔運送責任的行業。因此本條定義只承認其「承攬人」角色，並不具有「運送人」功能。和此一功能相似的行業有很多，例如旅行社及房屋仲介業即是。旅行社和「航空貨運承攬業」功能非常相似，只是前者以旅客為服務對象，後者則是以貨物運輸為服務標的。房屋仲介業則係介於房東和房客之間，協助促成雙方房屋的買賣交易。買賣的房子既非仲介業者所有，其所產生之買賣糾紛，除非係仲介業的故意或過失行為所造成者，否則應由買賣兩造自行處理。不過我們將航空貨運承攬業的功能僅限於此，和國際實務有很大出入。

　　我國民法第660條僅規定到「承攬運送人」中之「承攬人」甚明，他們具有「仲介業」的功能。當其只承擔「承攬人」時，所負擔責任較輕，其所得到的報酬為委託人所支付的業務服務佣金（commission）。但對承攬運送人具有「運送人」之功能，我國民法另於第663條及664條加以定義如下：

　　第663條：「承攬運送人除契約另有訂定外，得自行運送物品。如自行運送，其權利義務與運送人同。」─介入權

　　第664條：「就全部約定價額或承攬運送人填發提單於託運人者，視為承攬人自己運送，不得另行請求報酬。」─介入權之擬制

　　這兩個條文若和第660條比較的話，我們可以很清楚地看出我國民法是將「承攬運送人」的「承攬人」與「運送人」分別做規定的。第663條規定「承攬運送人」得自行運送，換言之，如果承攬運送人認為「運送

人」符合自己的經營能力與營運目標時，得自行購置或租賃運送工具來「自行運送」，例如購買卡車執行陸上運輸、申請報關執照辦理報關業務及經營倉庫等，這時他當然具有真正「運送人」的地位。至於是否得「自行運送」，其他相關法令要求須辦理註冊登記始可營業者，則依其規定。至於者是否要「自行運送」，則依其經濟盤算。民法第664條則更加直接明瞭，業者只要「就全部約定價額或承攬運送人填發提單於託運人者」，即「視為承攬人自己運送」。換句話說業者只要簽發提單，表明其為「運送人」為已足，連前面所說「自行運送」也免了。所以航空貨運承攬人得向民用航空運輸業取得機位，委其執行運送。但於貨物裝機以後填發自己的提單給託運人，他便成為「運送人」，不僅僅是「承攬人」了。如果他成為運送人，就必須承擔運送人的責任。此時得到的報酬是運費而非業務代理費或佣金，已不是「為他人之計算」，而是「為自己之計算」了。因此可以瞭解在我國民法規定對「承攬運送人」角色的定位其實是相當清楚的。不過在民用航空法的規定則不明確，不過在實際運作上則較寬廣與有彈性得多，似乎實務和理論並無衝突[2]。

歸納之，航空貨運承攬業可以扮演以下三種角色：

1. 為託運人之代理人

做為航空貨運承攬人，他乃是託運人與實際運送人的中間人（intermediary or middleman）。他可以代表客戶和運送人訂約及處理運輸有關事宜，提供運送路線及進出口資訊外，並準備各項文件，以利貨物順利運達目的地。因此當航空貨運承攬人單純為託運人安排運送服務時，其代託運人與運送人訂定契約及填寫相關之運輸文件，都是以託運人之代理人身分為之。運送契約既由航空貨運承攬人以託運人代理人之身分締結，則法律上運送契約之關係存在於託運人與實際運送人之間。依民法第103條之規定，代理人於代理權限內，以本人名義所為之意思表示，直接

---

[2] 這在海運承攬運送業可就沒這麼幸運了，海攬業者營運受到海關諸多限制。業者多只好向外發展，影響臺灣欲發展為轉運中心的政策。

對本人產生效力。這樣的航空貨運承攬人對託運人而言，並不負擔實際運送之責任。

2. 爲託運人之本人

在大陸法系，貨運承攬人係介乎實際運送人與託運人間獨立之法律主體，即所謂「以自己之名義，爲他人之計算，使運送人運送貨品，而受報酬爲營業之人」。故當其以自己之名義和運送人訂定運送契約時，契約當事人便爲航空貨運承攬業與航空運輸業，他就居於託運人之地位。凡由運送契約所生之權利與義務，即由航空貨運承攬人享有及負擔之。（民法第660條準用同法第587條規定）。故當貨運承攬人居託運人本人之地位時，貨運承攬契約即爲託運人與貨運承攬人間之契約。貨運承攬人再基於此契約，與運送人訂立運送契約。此兩契約雖不無關係，但係爲兩個獨立契約，不應視爲相同之運送契約。

3. 爲運送人之本人

當託運人直接向承攬運送人託運貨物時，雖然承攬運送人並未擁有個人或租賃而來之運送工具，但是在貨物裝運以後，由承攬人簽發自己的提單給託運人。此時依據我國民法第664條，航空貨運承攬業人已不再僅僅是貨主代理人，而是已經轉變成運送人之地位了，並由其向貨主承擔運送責任。但就其法律地位而言，航空貨運承攬人之運送責任係採推定過失責任制。遇運送物有毀損、滅失或遲到之情事，經託運人或受貨人證明屬實，而運送人未能證明運送物之喪失、毀損或遲到，係因不可抗力或因運送物之性質，或因託運人或受貨人之故意或過失行爲所致者，則不問其喪失、毀損或遲到原因是否爲可歸責於運送人之事由，運送人均應負法律上或契約上之責任。

中國大陸的定義較臺灣寬廣甚多，留待本章第四節討論。

二、航空貨運承攬業組織和服務網絡

1. 組織

表4-4是臺北市航空貨運承攬公會將會員公司人員組織就工作功能所

做的分類，可分成外勤和內勤，前者包括外務、業務、機場現場作業人員，其餘為內勤。非正式統計含北臺高約在5萬人左右。

表4-4　航空貨運承攬者人員組成

類別	業務類型
1	櫃台領單、外務、業務、機場現場作業人員
2	客服人員、繕打報單人員
3	會計、總務、IT、管理

2. 服務網絡

　　服務網絡是航空貨運承攬業得以提供全程服務的關鍵，因此服務網絡對業者十分重要。網絡的構成可分成以下三類：

　⑴臺灣本土公司往外發展，設立海外分公司。例如中菲行國際物流公司是本土非常傑出的業者，在國外遍設自己的分公司。

　⑵自屬海外分公司以外，和外國同業建立代理關係。外國國際物流業者在未達到自設分公司之前，可和本土業者建立互為代理的合作關係，相反的，本土業者也可到國外找尋好的代理，建立合作關係，互惠互利。

　⑶外籍國際物流業來臺設立分公司，不少排名前茅的global logistics operators重視臺灣市場來臺灣設立分公司如DSV、Nippon Express、Kintetsu、DHL、順豐等等全球性的業者，紛紛來臺設立分公司。

　　拜開放型經濟及強大製造業之利，臺灣雖為彈丸之地，但本土業者早就建立強大服務網，成為貿易商和製造業者的後盾。

三、航空貨運承攬業和航空公司關係

　　航空公司和航空貨運承攬業之間存在著類似上下游廠商的關係，前者提供運輸工具與設備，而後者提供運輸服務，兩者相輔相成。航空貨運承攬業因提供航空貨運服務給客戶，直接接觸貨主，可以說幫航空公司打前哨戰，因而是航空公司最重要的商業夥伴（business partner）。不過

因爲臺灣的航空貨運承攬業者家數太多，航空公司不可能一一和各家業者往來，也不符經濟。因此爲業務操作和帳務管理方便起見，航空公司一般會選定某幾家航空貨運承攬業者所謂主代理（key agents），做較緊密配合。除將每航班艙位分配給他們經售之外，更重要的是授權他們製作及簽發空運主提單（MAWB: master air waybill）。空運提單都是逕行簽發，隨機送達目的地後逕行放貨，每15天再結算一次運費。因此爲確保運費如期收到，避免產生倒帳的風險，航空公司均會要求主代理提供保證金（bond），才授權簽發主提單。保證金額視業務量多寡而定，業者保證金多以銀行擔保（bank guarantee）取代現金擔保。簽發單量如有增加時，航空公司會要求提高擔保額度。實力不足以成爲航空公司主代理的業者，則將貨拋（co-load）給主代理，間接使用航空公司，構成如圖4-3所示的上下游關係：

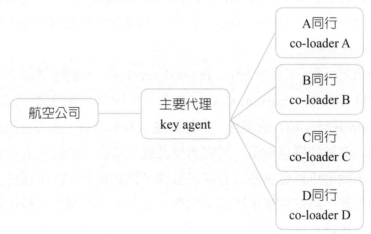

圖4-3　航空公司和主代理關係圖

　　除少數特殊貨載係自己承接外，航空公司百分之九十以上艙位是透過航空貨運承攬業銷售。航空公司等於提供運輸工具和設備，而由航空貨運承攬業者提供運輸服務，這和旅客運輸的旅行社之性質完全一樣。實務之所以如此，其背後原因是貨主所需的國際運輸服務並不以航空運輸爲限。依貨主需求之不同，還會有市區提貨、交貨、報關、代辦保險等等服務。

這些附加服務有賴航空貨運承攬業整合，提供給貨主。因此從對貨主需求角度而言，航空貨運承攬業更具有重要性。主代理因手中握有航空公司的艙位，因此在市場暢旺時期，光靠轉賣艙位就可獲得不錯的利潤；不過在市場慘澹時期，則要面臨填補航空公司艙位的壓力。於沒裝滿時可能須支付空艙費（dead freight），甚至被取消key agent資格，也有風險。而次級代理的運費條件雖然沒主代理的好，但他可自由游走於各主代理之間，也不必背負填艙的壓力，亦有其好處。總之，天下沒有白吃的午餐的道理也適用在國際航空貨運界。以下說明航空公司和航空貨運承攬業服務的差別：

1. 航空公司是實體工具提供者，銷售艙位，做最佳收益管理（yield management）。航空貨運承攬業則將取得的艙位賣給貨主，創造最佳營收。

2. 航空公司服務以空港到空港（airport to airport）為主，航空貨運承攬業則以戶到戶（door to door）為主。為達到全程服務目標，過程中的相關亦在提供之列。

3. 航空公司提供一般性服務（general service），航空貨運承攬業則提供個別性服務（individual service），又稱為量身訂做（tailor made customize service）的服務。好比你進入餐廳用餐，先要挑選菜單上的料理。俾廚師據以做菜，用完餐後並據以結帳，道理完全一樣。航空貨運承攬業可以提供各式各樣的服務，例如提貨、內陸運輸、倉儲、保險等等，航空貨運承攬業者均樂以為貨主一一提供，最後依提供項目逐一計費。

　　是以航空貨運承攬業在航空貨物運輸佔有重要地位，是服務之主角。

四、航空貨運承攬業和貨主關係

(一)航空貨物託運

　　航空貨運服務絕大部分都經航空貨運承攬人之手，由他們和客戶連絡，提供運輸和相關服務。航空貨運承攬人再向航空公司訂艙，茲圖解作業流程如圖4-4。

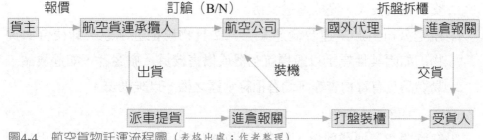

圖4-4　航空貨物託運流程圖（表格出處：作者整理）

1. 出口作業流程

　　航空貨運的需求始自貨主訂立買賣契約，達成買賣交易之後，即生貨運的需求。依上4-4圖說明如下：

⑴航空貨運承攬人的業務人員對客戶保持積極聯繫拜訪，承攬其貨載。於貨主有運輸需求時，即進行報價及相關條件之洽談（參考格式如附錄一、附錄二）。報價一般依其貨量可分好幾級，如minimum、-45KG、+45KG、+100KG、+300KG、+500KG、+1000KG，計價重量則以毛重及材積重取大者，實際重量以機場所磅為標準，材積重量則以外包裝長×寬×高×箱數÷6000（長度單位：cm）計算之。由於飛機航速極快，空運提單AWB均隨機而行。飛機抵達目的地時，可直接交貨給指定之受貨人。因此航空貨運承攬人多可自辦報關、代辦貨物保險等相關服務。如果貨主貿易條件為DDU或DDP者，亦可洽談目的地代繳關稅。雙方談妥運送條件之後，即可進行出貨之託運程序。

⑵出貨時，貨主應向運送人出具託運單（稱SLI: shipper's loading instruction或booking note），此為航空貨運承攬人訂艙及事後製作空運提單之根據。現因為通訊系統便利，多以booking note替代。

⑶訂艙辦妥之後，有須提貨報關者，航空貨運承攬人即開始派車收貨，送貨至機場空運倉儲公司，俟驗關完成之後，便將同一地點但不同收貨人之數件貨物，打盤或裝櫃成一單位，裝機時正本提單之一隨機國外代理人或分公司。貨抵達目的地後，進行拆盤或櫃後，

交予各收貨人，完成運送服務。

(4)航空公司對於禁運及偷運等不合法貨物應拒絕承運。即使合法貨物，如因其性質足以毀損航空器或傷害機員、旅客者，如危險品、易燃品及有毒物資等，均有拒絕承運之權，以維飛安。

2. 出口作業應注意事項

(1)在詢問空運運費部份，通常希望能夠提供較為完整的件數和重量以及相關的尺寸，以便詢到最有利和具有競爭性的價錢。若是沒有較為詳細的資料，就只有以一般表定報價。

(2)再者，若是客戶拿到更具有競爭力的價格時，業務人員應於第一時間做反應，了解客戶拿到的是哪一家航空公司報價，報價是多少，以利跟同行爭取相同或者更好的底價。

(3)貨若是從臺灣出，直接由文件OP同事製作空運提單。

(4)確定出貨時應注意事項：

①請以當初的報價函回覆出貨通知。

②請向客戶詢問發貨人的資料（公司？電話？聯絡窗口？），貨大約何時完成？

③提供臺灣客戶資料。

④確認是什麼貿易條件？貨進口到臺灣後，是否由我司代處理清關？

⑤提供報價單及填寫出貨單。

3. 進口作業應注意事項

(1)於航班抵達機場之後，依一般貨物、機放貨物或快遞貨物，作業稍有不同。屬一般貨物的話，盤櫃自機上卸下後即進一般倉區，進行拆盤拆櫃，以待海關查驗（C1、C2、C3）。完成海關放行手續後，貨物即可提領。若屬機放貨物，卸機後即進入機放倉，以待海關或商檢局查驗，放行之後立即提貨。快遞貨則直接經海關條碼掃描，經確認可放行者，即予提領。若有須送客戶處所者，即再派車送貨。

(2)進口詢價應注意事項

①某些國家進口時，需要「正本文件」才能做清關，所以若是三角貿易出口的貨，須請客人直接再寄一份「正本文件」給他們國外當地的客人，以利清關之用。所謂的正本文件，是需在隨機的文件上，蓋上客戶公司的大小章並加上簽名，才有效用。

②若是要詢問DDU（door to door）的價錢時，須提供：詳細國外客人的地址，若是沒有地址，也請跟客戶要到Zip Code，方可向國外代理詢問較正確的To Door Rate。若是要詢問DDP，則須告知品名和invoice value。

③進口詢價應查詢資料（進口詢價如附錄二）：

從XXX進口到臺北

FOB OR EXW TERM（EXW需詢問當地的提貨地址？）

品名？（確認是不是危險品？MSDS？或是大陸物品是否開放？）

件數？公斤數？尺寸？

以上詢價最好以電子郵件（e-mail）為之，以避免發生錯誤及日後釐清責任之困擾。

(二)航空貨物包裝

由於空運特重運送的安全性，託運人對於託運貨物的包裝材料及包裝方法。必須嚴加注意包裝材料的使用，基本上必須保證貨物在正常或一般的航空運送過程中，能完好安全地運抵目的地機場或目的地。同時也不會損毀其他貨物以及裝卸、搬運、儲存等的裝備與設施。至於包裝方法，除一般紙箱外，特殊貨品應注意如下：

1. 液態貨品的容器須留10%空間，外包裝再加墊襯及吸濕物資等。
2. 精密儀器或易碎品應使用多層包裝並加墊襯物等，並注意清楚標示。
3. 水產品要包裝妥當，避免滲漏，污染其他貨品。
4. 木質包裝必須特別注意入口國家的檢疫規定。

5. 裸裝貨品要注意外包裝的處理，避免損及飛機設備、操作人員及貨品本體。

6. 特種貨品如危險品等，尤其必須注意其包裝必須依照危險品運送之規定。

(三)航空貨運報關[3]

　　貨運報關和貨主作業有關，爰特在本節簡單說明航空貨運通關。航空貨運通關可分為出口、進口和轉口，在此僅說明出口和進口報關。

　　依照貨物種類，進出口貨物通關方式可分為C1、C2及C3三種，依序為免審文件，免驗貨物，應審文件、免驗貨物和應審文件，應審貨物。

1. 出口報關

(1) 出口空運貨物流程

　①貨物進棧：出口人將貨物運入航空貨棧，倉儲業者將進倉資料傳輸海關。

　②裝機：倉儲業者俟海關放行通知訊息後，打盤打櫃裝機出口。

　③科學園區、加工區、臺中關稅局等空運出口貨物，經向當地海關出口放行後，將貨物送至機場打盤打櫃裝機出口。

(2) 出口報單流程

　①報關：由報關人連線申報。

　②通關方式：按C1、C2、C3通關方式，辦理貨物通關。

　③放行：海關放行訊息傳遞報關人及倉儲業者。

(3) 空運出口貨物報關及放行時限

　臺北關稅局（桃園國際機場）時限：

　①週一至週五：08:30至18:30所收報單，當日放行；18:30以後所收報單未完成通關者，延至次一工作日完成。

　②週六：08:30至12:00所收報單，當日放行；13:00以後所收之報

---

[3] 本節摘述自林政雄先生進出口暨轉口通關作業。

單，延至次一工作日完成。

③特別驗貨費：週一至週五19:30至21:00及週六13:00以後所收報
單，經核列按C3通關須逾時加班者，應另徵特別驗貨費。

2. 進口報關

(1)進口報關流程

報關業者傳輸報關文件→海關接收報單資料、核定通關方式→查驗
貨物→稅則分類→核定貨物完稅價格→核驗簽審文件→核發稅款繳
納證→完稅放行

(2)進口報關應申報文件

①空運提單

②發票或商業發票

③裝箱單

④輸入許可證

四、我國對航空貨運承攬業的管理

對航空貨運承攬業的管理，我國母法為《民用航空法》，施行細則為
《航空貨運承攬業管理規則》，為政府管理本行業的依據。本業屬於特許
行業，公司最低資本額新臺幣5百萬元（管理規則第6條），以民用航空
局為主管機關。茲分別說明如下：

㈠民用航空法

在此只介紹和航空貨運承攬業有關的條文，詳細內容則留待第六章再
加說明。民用航空法相關條文茲列簡表如表4-5：

表4-5　民用航空法有關條文簡表

條次	條次內容
第2條第13項	定義：指以自己之名義，為他人之計算，使民用航空運輸業運輸航空貨物及非具有通信性質之國際貿易商業文件而受報酬之事業

條次	條次內容
第66條	係有關申請設立航空貨運承攬業程序。本條規定擬設立者須先向民航局核轉交通部申請許可籌設，再依公司法辦理公司登記。於交通部核發許可證後，始可營業。顯示這是一個特許行業，必須具備許可證才可營業，也必須接受主管機關之管理。
第66條之1	規定航空貨運承攬業必須為公司組織，排除其他如獨資或合夥組織等形式。
第67條	為對外籍公司之管理，分為辦理設立登記分公司及委託營運兩部份。前者和國內業者的程序並無差異，即一樣須經申請籌設、辦理公司設立登記及核發許可證後，始得營業。對未設立分公司者，則須委託國內業者代為執行或處理航空貨運承攬業務，始得營運。
第69條	為接受民航局得派員檢查之規定，即須接受主管機關之管理。
第70條	為關於公司經理人及董事監察人資格負面禁止之規定，不得有公司法第30條各款情事及經營航空貨運承攬業被撤銷許可證未滿5年者。前者是一般規定，後者則限制有被撤銷許可證情事者，5年之內不得擔任航空貨運承攬業之經理人、董事及監察人。
第70之1條	為授權交通部訂定施行細則之規定，是交通部訂定航空貨運承攬業管理規則之依據。民用航空法僅做原則性規定，施行細則授權交通部訂定。

說明如下：

第2條第13項為對航空貨運承攬業之定義：「指以自己之名義，為他人之計算，使民用航空運輸業運輸航空貨物及非具有通信性質之國際貿易商業文件而受報酬之事業」。此條和民法承攬運送章第660條相同已如前面所述。其他有關本業規定則見於民用航空法第三節航空貨運承攬業篇，條次第66至第70之1條。

第66條係有關申請設立航空貨運承攬業程序。本條規定擬設立者須先向民航局申請，核轉交通部許可籌設，再依公司法辦妥公司登記。在經交通部核發許可證後，始可營業。程序如圖4-5：

籌設許可 ➡ 公司登記 ➡ 核發許可證 ➡ 開始營業

圖4-5

航空貨運承攬業這是一個特許行業，必須具備許可證才可辦理公司登記和營業，並接受主管機關之管理。

第66條之1規定航空貨運承攬業必須是公司組織型態，排除其他如獨資或合夥組織型態。

第67條則為對外籍公司之管理，分為辦理設立登記分公司及委託營運兩部分。前者和國內業者的程序並無差異，即一樣須經申請籌設、辦理公司設立登記及核發許可證後，始得營業。對未設立分公司者，則須委託國內業者代為執行或處理航空貨運承攬業務，始得營運。

第69條為接受民航局得派員檢查之規定，即須接受主管機關之管理。

第70條為關於公司經理人及董事監察人資格負面禁止之規定，不得有公司法第30條各款情事[4]及經營航空貨運承攬業被撤銷許可證未滿5年者。前者是一般規定，後者則限制有被撤銷許可證情事者，其被撤銷5年之內不得擔任航空貨運承攬業之經理人、董事及監察人。

第70之1條為授權交通部訂定施行細則之規定，這是交通部訂定航空貨運承攬業管理規則之依據。民用航空法僅做原則性規定，施行細則權由交通部制定，接著討論航空貨運承攬業管理規則。

(二)航空貨運承攬業管理規則

我國《航空貨運承攬業管理規則》（以下簡稱管理規則）公佈實施於民國63（1974年）年9月2日，之後歷經多次部分條文修訂，目前施行者

---

[4] 有下列情事之一者，不得充經理人，其已充任者，當然解任：

一、曾犯組織犯罪防制條例規定之罪，經有罪判決確定，服刑期滿尚未逾五年者。

二、曾犯詐欺、背信、侵占罪經受有期徒刑一年以上宣告，服刑期滿尚未逾二年者。

三、曾服公務虧空公款，經判決確定，服刑期滿尚未逾二年者。

四、受破產之宣告，尚未復權者。

五、使用票據經拒絕往來尚未期滿者。

六、無行為能力或限制行為能力者。

為民國109（2020年）年5月27日交通部發布修正之版本。全文共有5章31條。茲擇要列表並綜合說明如表4-6：

表4-6　航空貨運承攬業管理規則簡表

章次	章名	條次內容
第一章	總則	第1條　立法依據 第2條　定義 第3條　公司名稱
第二章	設立許可與登記	第4條　申請設立應檢附下列文件 第5條　申請設立審查標準 第6條　實收資本額不得低於新臺幣五百萬元 第7條　辦理相關登記及核發許可證 第8條　核發及換發許可證費 第9條　名稱及登記事項變更登記 第10條　許可證遺失、滅失或損毀時申請補發或換發 第11條　結束營業繳回許可證或註銷
第三章	管理	第12條　懸掛許可證於營業場所 第13條　民用航空局之檢查 第14條　（刪除） 第15條　簽發分提單應列印內容並送請民用航空局備查 第16條　填發分提單須詳實、不得變造 第17條　印製分提單標籤內容規定 第18條　分提單或分提單標籤，不得借與他人使用 第19條　有關帳冊原始資料，應保存二年 第20條　（刪除） 第21條　接受相關訓練 第22條　遞送快遞貨物應符規定 第23條　經營國際貿易商業文件遞送須辦妥登記 第24條　遞送國際貿易商業文件，以本規則所訂為限，文件不得固封
第四章	外籍航空貨運承攬業	略
第五章	附則	略

1. 第一章總則，共有三個條文（1-3條）。分別爲立法依據（第1條）、定義（第2條）及公司名稱（第3條）之規定。本規則立法依據是依照《民用航空法》第70之1條授權而制定，至於定義已在本章前面有所討論，於此不再贅述。第3條規定航空貨運承攬業不得使用相同英文名稱，但如二公司英文名稱有標明不同業務種類或可資區別之文字者，視爲不同名稱。公司名稱是該公司的重要資產，從法令上予以保護，確有防範別有居心的業者之作用。由於公司法對公司名稱規定之改變，近年有幾起因公司名稱混淆而產生糾紛的例子，造成不少困擾，因此業者宜多加注意。

2. 第二章設立許可及登記，共10條（第7～11-2條）。本章爲關於業者申請註冊登記之相關規定。我國《民用航空法》將航空貨運承攬業的設立分成申請籌設→公司登記→核發許可證三個步驟已於前一單元說明。《管理規則》第4條即規定申請籌設須具備之文件，爲申請書、公司章程草案、營運計畫、全體股東或發起人戶籍謄本及公司設立登記預查名稱申請表影本等，報請民航局核轉交通部核准籌設。經核准籌設後6個月內須辦妥公司登記，並檢附公司登記證明文件、公司章程影本、股東名簿及董事監察人名冊、加入公會會員證影本及分提單樣本等，向民航局申請核轉交通部核准，由民航局核發航空貨運承攬業許可證後，始得營業（第7條）。至於航空貨運承攬業的最低實收資本額依照《管理規則》第6條，不得少於新臺幣5百萬元。明文規定最低資本額顯示航空貨運承攬業爲特許行業，但資本額偏低對確保業者責任賠償能力實質效果不大，反而誤導民眾輕易投入，以致臺灣業者已達1200多家。家數過多的結果，業者實力單薄，國際網絡和競爭力不足，形成多以價格取勝的惡性競爭。第11條爲關於結束營業之規定，11-1及11-2則爲關於所謂兩照合一，即同時經營海運及航空貨運承攬業的規定。在許多國家都採海空運執照合一的制度，唯我國例外，是因海空運分屬不同法規之故。將之合而爲一，較爲合理，也增強業者體質，是乃善舉。

3. 第三章管理，條次為第12至第24條，為關於主管機關施行管理之規定。第12條要求業者須將許可證懸掛於營業場所，昭示其合法營運之身分。第13條明定民航局為促進航空貨運之發展、維護飛航安全或公共利益之需要，得派員檢查航空貨運承攬業之各項設備及業務，業者不得拒絕、規避或妨礙。有上述情節者，得暫停其營業。情節重大者，並可廢止其許可。第14條則要求業者於每年年度終了後6個月內須將各種財務報表報請民航局備查。至於有關簽發提單及分提單之相關規定則在條文第14-19共6條，提單和分提單是最重要的國際貿易文件，因此在《管理規則》做了較詳盡的規定。要求提單格式須報請民航局備查，簽發時內容必須詳實填寫。第17-18兩個條文為關於分提單標籤的印製和使用之規定，前者訂定標籤內容須含公司名稱、起運地、目的地、總件數及分提單號碼等，後者規定分提單或分提單標籤不得借與他人使用。本章第20及21兩條文為關於危險品的運送規定，前者要求危險品的運送必須依照國際航空運輸協會編訂之危險物品處理規則辦理，業者並須每2年接受危險品運輸之訓練，始可操作危險品。第22-24這3個條文係關於快遞貨及國際貿易商業文件的規定。

4. 第四章外籍航空貨運承攬業，為就外籍航空貨運承攬業來臺設立分公司及管理之規定。前者和國內業者的程序並無差異，即一樣須經申請籌設、辦理公司設立登記及核發許可證後，始得營業。對未設立分公司者，則須委託國內業者代為執行或處理航空貨運承攬業務，始得營運。

5. 第五章附則，共有兩個條文（第30、31條）。前者關於原分甲乙種航空貨運承攬業證照的換證規定，後者為生效日之規定，自發布日起施行。

　　《航空貨運承攬業管理規則》內容從公司設立申請到營運期間的管理均有明文規定，對航空貨運承攬業設立與經營有了依循依據。因此從1974年公布實施以來，本業蓬勃發展。

五、中國大陸對國際貨運代理業的管理

　　由於兩岸往來密切，臺灣廠商轉移大陸發展者，絡繹不絕。航空貨運承攬業順理成章隨廠商前往中國大陸發展，提供國際物流服務。此外中國大陸自從1978年改革開放以來，經濟蓬勃發展，成為世界加工廠，如今已成為僅次於美國的第二大經濟體，外匯存底超過兩兆美元。再加上其法制日漸與國際接軌，因此中國大陸已成為我業者不可也不必迴避的市場。在此介紹中國大陸的管理制度，對臺灣業者必然甚有參考價值。他們的管理制度，分為兩個層次：

1. 中國大陸和臺灣航空貨運承攬業相似的行業為國際貨運運輸代理業（International freight forwarding agent），主管機關現為商務部，前身為對外經濟貿易合作部，簡稱外經貿部，法令依據母法為《中華人民共和國國際貨物運輸代理業管理規定》，施行細則為《中華人民共和國國際貨物運輸代理業管理規定實施細則》。

2. 欲從事航空運輸銷售者須再向中國航空運輸協會（CATA）申請《中國民用航空運輸銷售代理業務資格認可證書》，即俗稱的航空銅牌。

　　分別說明如下：

㈠國際貨運運輸代理業

1. 《中華人民共和國國際貨物運輸代理業管理規定》（以下簡稱本規定）

　　本《規定》係於1995年6月29日由對外貿易經濟合作部第5號令實施，共28條，重點列表說明如4-7：

表4-7　中華人民共和國國際貨物運輸代理業管理規定

章次	章名	主要條文簡介
第一章	總則	本章共6條，就本《規定》制定目的、行業定義，及主管機關和監督管理原則做規定。國際貨物運輸代理業的定義（第2條）：指接受進出口貨物收貨人、發貨人的委託，以委託人的名義或者以自己的名義，為委託人辦理國際貨物運輸及相關業務並收取服務報酬的行業。在第17條並列舉業務項目，比臺灣定義寬廣甚多。

章次	章名	主要條文簡介
第二章	設立條件	本章共2條，都相當重要，全部引述如下： 第7條設立國際貨物運輸代理企業，根據其行業特點，應當具備下列條件： ㈠有與其從事的國際貨物運輸代理業務相適應的專業人員； ㈡有固定的營業場所和必要的營業設施； ㈢有穩定的進出口貨源市場。 第8條國際貨物運輸代理企業的註冊資本最低限額應當符合下列要求： ㈠經營海上國際貨物運輸代理業務的，註冊資本最低限額為500萬元人民幣； ㈡經營航空國際貨物運輸代理業務的，註冊資本最低限額為300萬元人民幣； ㈢經營陸路國際貨物運輸代理業務或者國際快遞業務的，註冊資本最低限額為200萬元人民幣。 經營前款兩項以上業務的，註冊資本最低限額為其中最高一項的限額。 國際貨物運輸代理企業每設立一個從事國際貨物運輸代理業務的分支機搆，應當增加註冊資本50萬元。
第三章	審批程序	共9條，為有關於遞送申請之單位、申請人應備資料、審查期間為45天、及執照有效期限為3年；核准後須於180天內開始營運，及撤銷及繳銷核准之證書等。
第四章	業務	本章共6條，都相當重要，全部引述如下： 第17條國際貨物運輸代理企業可以接受委託，代為辦理下列部分或者全部業務： ㈠訂艙、倉儲； ㈡貨物的監裝、監卸，集裝箱拼裝拆箱； ㈢國際多式聯運； ㈣國際快遞，私人信函除外； ㈤報關、報檢、報驗、保險； ㈥繕制有關單證，交付運費，結算、交付雜費； ㈦其他國際貨物運輸代理業務。 國際貨物運輸代理企業應當在批准的業務經營範圍內，從事經營活動。從事前款有關業務，依照有關法律、行政法規的規定，需經有關主管機關註冊的，還應當向有關主管機關註冊。

章次	章名	主要條文簡介
		國際貨物運輸代理企業之間也可以相互委託辦理本條第一款規定的業務。 第18條國際貨物運輸代理企業應當遵循安全、迅速、準確、節省、方便的經營方針，為進出口貨物的收貨人、發貨人提供服務。 第19條國際貨物運輸代理企業，必須依照國家有關規定確定收費標準，並在其營業地點予以公佈。 第20條國際貨物運輸代理企業從事國際貨物運輸代理業務，必須使用經稅務機關核准的發票。 第21條國際貨物運輸代理企業應當於每年3月底前，向其所在地的地方對外貿易主管部門報送上一年度的經營情況資料。 第22條國際貨物運輸代理企業不得有下列行為： ㈠以不正當競爭手段從事經營活動； ㈡出借、出租或者轉讓批准證書和有關國際貨物運輸代理業務單證。
第五章	罰則	共4條，為關於違反本《規定》的處罰。
第六章	附則	共2條，為設立國際貨物運輸代理業協會和本《規定》的生效日為發布日。

2. 兩岸管理規則綜合比較

臺海兩岸對航空貨運承攬業（大陸稱國際貨物運輸代理業）管理思維有頗大差異，導致立法方向也不同，茲列表比較如表4-8：

表4-8　兩岸管理規則綜合比較

	中華民國	中華人民共和國
行業名稱	航空貨運承攬業。	國際貨物運輸代理業。
規則名稱	航空貨運承攬業管理規則。	中華人民共和國國際貨物運輸代理業管理規定實施細則。
立法思維	從業者做為承攬運送人之運輸功能角度制定管理規則。	從業者做為貨主代理人角度制定管理規定。
主管機關	交通部。	商務部。

行業定義	定義狹窄，指以自己之名義，為他人之計算，使民用航空運輸業運送航空貨物及非具有通信性質之國際貿易商業文件而受報酬之事業。	指接受進出口貨物收貨人、發貨人的委託，以委託人的名義或者以自己的名義，為委託人辦理國際貨物運輸及相關業務並收取服務報酬的行業。比臺灣定義寬廣甚多。
審查期間	無此規定	審查期間為45天
執照效期	無此規定	執照有效期限為3年

　　臺灣方面從運輸功能的角度著眼，將航空貨運承攬業劃歸交通部主管。雖然如此，不過業者在法規上又不具「運送人」的明確地位，幸而實務運作在航空貨運尚無重大困擾，但海運則問題重重。中國大陸則從其為貨主「國際運輸代理人」的角度，將本業歸商務部主管，相當於臺灣的經濟部。後者既為貨主「國際運輸代理」，因此凡是貨主所委託的國際貨物運輸及相關業務均可為之。經營範圍之廣，令臺灣業者羨慕。至於中國大陸對資本額雖有人民幣三百萬元的要求，不過以大陸的土地幅員及業務範圍廣大而言，此金額並不為多。不過如下4.單元所述，中國大陸對航空運輸銷售代理人尚有航空銅牌的要求，申請不易，此要求則為臺灣所無。

3. 國際貨運代理的概述

　　在進出口業務中，托運、提貨、存倉、報關和保險等環節的手續相當複雜，要求經辦者充分熟悉業務，並不容易。尤其牽涉國際運輸時，實非一般貨主所能應付。國際貨運代理的出現，為進出口商解決了這方面的困難。國際貨運代理（International Freight Forwarder）的主要工作是接受委託人的委託或授權，代辦國際貿易後續各種國際貨物運輸的需求。這也是國際貨運代理名稱之由來，及置於商務部管制的原因。

4. 國際貨運代理業的性質

　　《中華人民共和國國際貨運代理業管理規定》明確了國際貨運代理業的定義，即：「是指接受進出口貨收貨人、發貨人的委託，以委託人的名義或者以自己的名義，為委託人辦理國際貨物運輸及相關業務並收取服務報酬的行業。」在第17條更列舉本業服務項目如下：

「國際貨物運輸代理企業可以接受委託，代爲辦理下列部分或者全部業務：

  ⑴訂艙、倉儲；

  ⑵貨物的監裝、監卸，集裝箱拼裝拆箱；

  ⑶國際多式聯運；

  ⑷國際快遞，私人信函除外；

  ⑸報關、報檢、報驗、保險；

  ⑹繕製有關單證，交付運費，結算、交付雜費；

  ⑺其他國際貨物運輸代理業務。」

　　隨著國際貿易、運輸方式的發展，國際貨運代理已延進入國際貿易的每一領域，爲國際貿易中不可缺少的重要組成部分。市場經濟的迅速發展，使社會分工越加趨於明顯，單一的貿易經營者或者單一的運輸經營者都沒有足夠的力量獨自經營處理每項具體業務，他們需要委託代理人爲其辦理一系列商務手續，從而展現各自的強項，互相合作。國際貨運代理的基本特點是受委託人委託或授權，代辦各種國際貿易、運輸所需要服務的業務，並收取一定報酬，或作爲獨立的經營人完成並組織貨物運輸、保管等業務，因而被認爲是國際運輸的組織者，也被譽爲國際貿易的橋梁和國際貨物運輸的設計師。

5. 國際貨運代理的服務內容

　　國際貨運代理通常是接受客戶的委託完成貨物運輸的某一個環節或與此有關的各個環節，可直接通過貨運代理或雇佣的其它代理機構爲客戶服務，也可以利用他的海外代理人提供服務。其主要服務內容包括：

  ⑴代表發貨人（出口商）：

    ①選擇運輸路線、運輸方式和適當的承運人；

    ②向選定的承運人提供攬貨、訂艙；

    ③提取貨物並簽發有關單證；

    ④研究信用證條款和所有政府的規定；

    ⑤包裝；

⑥儲存；

⑦稱重和量尺碼；

⑧安排保險；

⑨將貨物的港口後辦理報關及單證手續，並將貨物交給運送人；

⑩做外匯交易；

⑪支付運費及其它費用；

⑫收取已簽發的正本提單，並付發貨人；

⑬安排貨物轉運；

⑭通知收貨人貨物動態；

⑮記錄貨物滅失情況；

⑯協助收貨人向有關責任方進行索賠。

(2)代表收貨人（進口商）：

①報告貨物動態；

②接收和審核所有與運輸有關的單據；

③提貨和付運費；

④安排報關和付稅及其它費用；

⑤安排運輸過程中的存倉；

⑥向收貨人交付已結關的貨物；

⑦協助收貨人儲存或分撥貨物。

(3)作為多式聯運經營人，它收取貨物並簽發多式聯運提單，承擔運送人的風險責任，對貨主提供全面的運輸服務。在經濟發達國家，由於貨運代理業發揮運輸組織者的作用巨大，故有不少貨運代理主要從事國際多式聯運業務。而在發展中國家，由於交通基礎設施較差，有關法規不健全以及貨運代理業的素質普遍不高，國際貨運代理業素質普遍不高，國際貨運代理業在作為多式聯運經營人方面發揮的作用較小。

(4)其它服務，如根據客戶的特殊需要進行監裝、監卸、貨物混裝和貨櫃拼拆裝運輸咨詢服務等。

⑸特種貨物如危險品、專案貨物的運輸服務及海外展覽運輸服務等。

6. 國際貨運代理的權利

國際貨運代理業因提供國際運輸及相關服務而受報酬，因此接受客戶的支付因貨物的運送、保管、投保、報關、簽證、辦理匯票的承兌和其它服務所發生的一切費用，同時還接受客戶支付因國際貨運代理不能控制的原因致使合同無法履行而產生的其它費用等，例如果客戶拒付，國際貨運代理人對貨物享有留置權，有權以某種適當的方式將貨物出售，以此來補償所應收取的費用。國際貨運代理人也接受運送人支付的訂艙佣金。

7. 國際貨運代理的作用

依照國際貨運代理協會聯合會（FIATA）的資料介紹，國際貨運代理業的作用在於：

⑴運用專門知識，以最安全、最迅速、最經濟的方式組織運輸。

⑵在世界各貿易中心建立客戶網和自己的分支機構，以控制全部運輸過程。

⑶在運費、包裝、單證、結關、領事要求及金融等方面向企業提供咨詢。

⑷把小批量的貨物集中為成組貨物，使客戶從中受益。

貨運代理業不僅組織和協調運輸，而且影響到新運輸方式的創新和新運輸路線的開發。

8. 航空銅牌

⑴航空銅牌是由中國航空運輸協會（CATA）頒發給航空運輸銷售代理人的資格證書，全名為《中國民用航空運輸銷售代理業務資格認可證》。

⑵功能：（有航空銅牌才可以）

①去航空公司直接訂艙。

②簽發航空貨運主提單。

③可接受貨運代理同行委託的貨單。

④增強企業市場競爭力。

⑶資格要求：

　　①註冊資本額：不得低於三百萬元人民幣。

　　②經理人：至少3位具民用航空運輸銷售代理資格證書。

　　③擔保：要求有一家具備資格的公司擔保。

⑷申請航空銅牌應備材料：

　　①《航空運輸銷售代理開辦申請登記表》一式兩份及申請書。

　　②企業法人營業執照正本及影印副本。

　　③企業股東投資協議及股東身分證明影本，如股東為企業法人則須
　　　提供公司執照正本和影印本。

　　④至少3位具民用航空運輸銷售代理經理人資格證書。

　　⑤公司章程影本。

　　⑥企業法定代表人和主要負責人身分證明或身分證影本及個人簡
　　　歷。

六、航空貨運承攬業與貨主關係

　　航空貨運的需求始自貨主訂立買賣契約達成買賣交易之後。航空貨運承攬人以靈活廣泛的服務內容，替貨主執行所有國際運輸需求，此從中國大陸對此行業的定義「指接受進出口貨物收貨人、發貨人的委託，以委託人的名義或者以自己的名義，為委託人辦理國際貨物運輸及相關業務並收取服務報酬的行業」即可證實。雖然我國《民用航空法》給本業定義過於狹窄，但業者也能發揮創意，整合運輸服務資源，提供全套運輸服務給貨主，因此他們和貨主關係的密切程度遠勝於航空公司，百分之九十以上的航空貨物是經由航空貨運承攬人安排。

　　航空貨運承攬人從航空公司或同行取得艙位和報價後，公司業務人員對客戶保持積極聯繫。根據貨主之運輸需求，進行報價（進出口報價單請參閱附錄一、二）及相關條件之洽談。除貨物運輸之外，貨主可能需要其他如提貨、報關、保險及DDP貿易條件國外倉儲運輸及代付關稅等服務，基本上航空貨運承攬人都可提供。雙方同意運送條件之後，即可進行

出貨之託運程序。

出貨時，貨主應向運送人出具託運單（稱SLI: shipper's loading instruction或booking note），航空貨物託運申請書內容如下：
1. 託運人（Shipper）包括住址及電話。
2. 收貨人（Consignee）包括住址及電話。或同時通知代收入。
3. 起運機場（Airport of Departure）到達機場（Airport of Destination）。
4. 運輸路線（Method of Routing）：由（From）至（To）。
5. 嘜頭與號數（Marks and Numbers）。件數及包裝方式（No. of pcs & method of Packing）。
6. 貨物名稱（Description of the Goods），毛重（Gross Weight）。體積（Measurement）。
7. 運費（Air Freight Charges）。分為預付（Prepaid）與到付（Collect）二種，前者由託運人付款；後者由收貨人付款。
8. 起運站其他費用（Other Charges at Origin）由託運人付款（Prepaid）或收貨人付款（Collect）。
9. 託運人申報價值（Declared Value）對航空公司申報價值（For Carriage），對海關報關價值（For Customs）。
10. 囑咐事項及備註（Handling Information and Remarks）。
11. 保險（Insurance）及保險金額（Amount Requested）。
12. 託運人託收貨款（Shipper's COD）。

航空貨物託運單為事後製作空運提單之依據，但為方便貨主起見，如今託運多簡化為傳真貨運相關資料取代之。

對於小量包裝貨物之託運，為免被偷竊、中途處理繁瑣及能確保最低運費收入，航空公司多採併裝服務（consolidation service）。將同一地點但不同收貨人之數件貨物，打盤或打櫃成一大件，並以一份提單運送國外代理人或分公司，抵達拆裝後分交各收貨人。

航空公司對於禁運及偷運等不合法貨物應拒絕承運，以維護飛行安全。即使合法貨物，如因其性質足以毀損航空器或傷害機員、旅客者，如

危險品、易燃品及有毒物資等，亦有拒絕承運之權。

臺灣航空貨運市場不大，業者家數達1千2百多家。除少數大型業者外，多數為小型業者，陷於苦戰。

第三節　航空站（Airport）

民用航空法第2條第2項定義：航空站指具備供航空器載卸客貨之設施與裝備及用於航空器起降活動之區域。

同法第28條規定：國營航空站之籌設、興建、營運，應由民航局報經交通部核准後，始得為之。直轄市、縣（市）營航空站之籌設、興建、營運，應由直轄市、縣（市）政府申請民航局核轉交通部核准後，始得為之。

又同法第37條為有關使用航空站、飛行場、助航設備及相關設施者，應依規定繳納使用費、服務費或噪音防制費；其收費標準，由交通部定之。

至於為維護航空站周邊飛航安全，民用航空法有以下相關管制規定：

第32條：航空站周邊建築物、障礙物高度及燈光角度等，得予限制。第33條則規定有礙飛航安全之建築物、障礙物高度及燈光等物體得強制拆遷；而週邊牲畜、飛鴿、鳥類有侵入致顯有危害飛行安全者，得予補殺或驅離。

機場泛指供飛機起飛和降落的整體設施。機場起降設施含：塔臺、起降地帶、跑道、滑行道及停機坪等。塔臺是飛機起降的控管中心，塔臺的位置應在機場的幾何中心，高度要能綜觀全機場，以便監視航機起降、滑行及地面作業等，如圖4-5、4-6。

「起降地帶」是指含跑道在內的長方形地帶，是跑道範圍內的安全區域。「跑道」則是供飛機起降滑行之用，一般是以柏油或水泥鋪設。在飛機大型化的趨勢下，機場跑道也跟著加長到4千公尺以上。「停機坪」是停放飛機，供客貨上下及加油、維修的地方。此外機場設施還有航站、貨

圖4-5　長榮航空全貨機在桃園機場停機坪（圖片出處：長榮航空網站）

圖4-6　中華航空747全貨機在桃園機場停機坪（圖片出處：中華航空網站）

運站及供油設施等。航站指機場大廈，包含服務作業區、辦公作業區及候機室等。用以提供舒適與安全的空間，供出入境旅客辦理登機手續、證照查驗、海關查驗及行李提領等。「貨運站」是處理航空貨物提交、理貨、通關、存儲、轉運等作業的倉儲區域。

　　機場可分為國際機場和國內機場兩種。後者供國內航班起降及服務，因供一國境內之服務，除安檢外無須進行國際航線的所謂四檢：安檢、檢驗、檢疫及輸出入許可檢查〔客運為出入境檢查〕。因此國際機場和國內機場的分界不在地理位置，而在前述四檢的差別。大多數都是國際、國內在同一機場，但通道分開，這樣也有便於國際線和國內線之間客貨的轉乘和轉運。而貨運機場一般都緊鄰貨運站（cargo terminal），方便作業。

表4-9所示為2020年世界貨運量排前10名的機場，而桃園機場在全球機場國際貨運量從2019年的排第6名進步到第4名，在新冠肺炎疫情衝擊下，表現亮眼。

表4-9　2020年全球前10大貨運機場　　　　　　　　　　　　　　單位：公噸

2020排名	2019排名	機場別	2020貨運量（公噸）	2019貨運量（公噸）	增減%
1	1	香港機場（HKG）	4,420,312	4,703,589	-6
2	2	上海浦東機場（PVG）	2,952,602	2,825,009	4.5
3	3	仁川機場（ICN）	2,759,467	2,664,005	3.6
4	6	桃園機場（TPE）	2,323,412	2,165,216	7.3
5	10	安克拉治機場（ANC）	2221804	1,942,554	14.4
6	5	杜哈機場（DOH）	2145076	2,173,371	-1.3
7	7	東京成田機場（NRT）	1958505	2039905	-4.0
8	4	杜拜機場（DXB）	1,932,022	2,514,918	-23.2
9	9	法蘭克福機場（FRA）	1,818,748	1,961,460	-7.3
10	12	邁阿密機場（MIA）	1,730,859	1,706,064	1.5

資料來源：桃園機場公司

國際機場代碼分國際航空運輸協會機場代碼和國際民航組織機場代碼兩種，茲分別說明如下：

1. 國際航空運輸協會機場代碼：這些代碼的分配由國際航空運輸協會第763號決議決定，並且由在蒙特婁的IATA總部管理。這些代碼每半年一次出版在IATA的機場編碼目錄裡，係以3位英文字母代表，例如以上前10大中的：香港赤臘角（HKG），美國阿拉斯加安克拉治（ANC），韓國仁川（ICN），上海浦東（PVG），東京成田（NRT），德國法蘭克福（FRA），美國陸易斯維爾史丹佛（SDF），美國邁阿密（MIA）等。機場所屬國家代碼再以2位英文字母代表：Singapore-SG，Malaysia-MY，Taiwan-TW，China-CN，Japan-JP，United States-US，Korea-KR，France-FR，Germany-DE

等。並最常見在登機證及行李牌上，我們一般民眾和旅行社所用的代碼是國際航空運輸協會的代碼。

　　國際民航組織機場代碼：是國際民航組織為世界上所有機場所訂定的識別代碼，由4個英文字母組成。通常首字母代表所屬大洲，第二個字母則代表國家，剩餘的兩個字母則用於分辨城市。部份幅員廣大的國家，則以首字母代表國家，其餘三個字母用於分辨城市。ICAO機場代碼通常用於空中交通管理及飛行策劃等。但在大多數國家的正式航空刊物裡，她們都使用國際民航組織機場代碼（ICAO airport code），與一般公眾及旅行社所使用的IATA機場代碼並不相同。

　　根據國際航空運輸協會等所發布資料，全球航空企業規模如下：

1. 依ICAO航空公司登記代碼統計全球有5,000 家商業航空公司
2. 2019年止全球有25,900 架商用飛機，2039年成長至48,400架
3. 全球有43,982座機場
4. 到2019年全球全年有3,890萬架次，2020年減為1,690萬架次
5. 全球航空公司營收2020年約6,860億美元

　　由以上數字可以呈現國際航空市場的規模概況。以下先就民用航空運輸業和航空站地勤業加以說明，至於同屬航空企業的航空貨運承攬業和航空貨物集散站經營業則分別於第四章和第五章詳加說明。

第四節　航空站地勤業（GHA: ground handling agents）

　　依我國民用航空法定義：「航空站地勤業是指於機坪內從事航空器拖曳、導引、行李、貨物、餐點裝卸、機艙清潔及其有關勞務之事業」。換言之，是有關飛機地面服務的業者。依據我國「航空站地勤業管理規則」之規定，民用航空運輸業為自己業務需要，得報請民航局核轉交通部許可後，自辦航空站地勤業務（第3條第1項）。航空站地勤業實收資本額不得低於新臺幣2千萬元（第5條）。因航空站地勤業務通常具有當地特性，因此航空公司之間在異地時，也常相互使用對方的地勤公司。

依民用航空法第二條第十四款之定義：於機坪內從事航空器拖曳、導引、行李、貨物、餐點裝卸、機艙清潔及其他有關勞務之事業。」地勤作業為機場整體作業中重要的一環，與貨物運輸相關的主要工作項目包括：

1. 機坪作業：導引、拖曳航機到離機場等。

2. 裝卸服務：對行李、貨物、餐點及郵件的拖運、上下機裝卸及機邊打盤、裝櫃等。

   依據航空站地勤業管理規則第三條規定，民用航空運輸業為自己業務需要，得報請民航局核轉交通部核可後，自辦航空站地勤業務。目前計有臺灣航勤股份有限公司、桃園航勤股份有限公司、長榮航勤股份有限公司、立榮航空公司、復興航空公司等5家專業地勤公司，如表4-10。

表4-10　臺灣地區航空站地勤業

廠商名稱	成立時間	營運機場	備註
臺灣航勤	1966年	桃園、高雄、松山、嘉義、花蓮、臺中等	華航投資
桃園航勤	1978年	桃園機場	交通部45%、華航49%、UPS6%共同投資
長榮航勤	2000年	桃園、高雄、松山機場	長榮航空投資

附記：
1. 不包括立榮自辦地勤業務。
2. 另有華夏公司由華航投資，於桃園機場專職機艙清潔工作。

3. 機場內作業之監督管理：

   (1) 使用航空站之場地設施，應向航空站申請同意，各項裝備應依規定停放於指定之區域內。

   (2) 機坪內之各項作業，應訂定作業實施細則及緊急應變計畫報請航空站備查，並定期實施安全檢查，製作檢查紀錄。

(3)人員及裝備於機坪內活動時，應注意地面作業安全，並接受航空站管制及遵守機坪管理規則。

(4)各項裝備應定期妥善維護，並製作維護保養紀錄。

4. 費率之監督管理：航空站地勤業之各項收費費率，由航空站地勤業訂定並報民航局核轉交通部備查。

5. 營運與財務之監督管理：航空站地勤業者應於每年度終了後6個月內，將有關營運及財務表報提送民航局核轉交通部備查。航空站地勤業提供航空公司在機場的地面服務，因此對飛機起降即進出口貨物的操作，具有重要性。多數國家的貨運站都兼營航空站地勤業務，從對貨運服務的觀點而言，兩者結合比較合理。

問題研討

1. 請研訂航空公司的設立與經營。
2. 航空公司的國際代號。
3. 請研討航空貨運承攬業定義不明確所引發的問題。
4. 請說明航空貨運承攬業的功能。
5. 請研討航空貨運承攬業如何發揮整合運輸資源之功能？
6. 請說明航空貨運承攬業和航空公司的關係為何？
7. 請研討依民用航空法規定，如何管理航空貨運承攬業？
8. 請研討依航空貨運承攬業管理規則，如何管理本業？
9. 請研討航空站的設立與管理。
10. 請研討航空地勤業的設立與管理。

第五章
航權與國際航空組織

本章摘要

本章第一節討論航空營運最重要的條件—航權，介紹航權的由來和各種航權。臺灣因國際政治地位特殊，因此航權的談判也發展出各種模式，及航權取得的分配等。第二節討論和航空運輸營運有關的兩個國際組織：國際民航組織（ICAO）和國際航空運輸協會（IATA），前者是聯合國組織，因我國並非聯合國會員，被排除在外。但對ICAO所制訂國際規則亦須遵循，始能營運往來國際之間。後者是非政府組織（NGO），我國航空公司及少數民營航空企業都加入爲IATA會員。本節也一一介紹。

第一節　航權

　　所謂領空，《1944年國際民航公約》（簡稱芝加哥協定）第1條定義爲：「締約各國承認每一國家對其領土上空（airspace）享有完全和排他的主權。」領空因有牽涉到地面安全和國防機密，因此領國具有管制權，各國在領空範圍內有排他性。我國《民用航空法》第78條〈外籍航空器之飛越或降落〉即做此規定：「外籍航空器飛經交通部許可，不得在中華民國領域飛越或降落。但條約或協定另有規定者，從其規定。」。中國大陸《民航法》第2條亦明確規定：「中華人民共和國的領陸和領水之上的空域爲中華人民共和國領空。中華人民共和國對領空享有完全的、排他的主權。」。以此爲基礎，其他國家的航空器欲飛越一國領空或前來裝卸旅客、貨物與行李，必須獲得地主國的同意，這便是航權的涵義。依

《中華人民共和國領海及毗鄰區法》第12條清楚規定：「外國航空器只有根據該國政府與中華人民共和國政府簽訂的協定、協議，或者經過中華人民共和國政府或者其授權的機關批准或者接受，方可進入中華人民共和國領海上空。」，可見各國對其領空主權的堅持。

其次論航權（traffic right），航權的定義為：「一國經營國際航空業務，載運旅客、貨物、郵件等，必先取得該國之同意或許可，此即為『航權』」。《1944年國際民航公約》各國協議，國際航空運輸原則上受制於國家主權及其法令之限制。為消除此一限制；便利國際航空發展，乃制定數種「航權」，此即為航權之由來。

「航權」規範於《芝加哥協定》附件中的《國際航空過境協定》及《國際航空運輸協定》中。《國際航空過境協定》包含「飛越領空權」和「技術降落權」，即後述的第一、第二航權；《國際航空運輸協定》則又規範幾種商業性的航權，即第三至五航權。至於後來發展出來之第六、第七、第八航權，並未於《芝加哥協定》中規定。對於各國航權，國際民航組織（ICAO）試圖以多邊協定（multiple agreement）的方式加以規範，但由於各國對航權的觀念與經濟利益不同，故多以雙邊協定（interline agreement）的方式，由各國訂定航權協議。

《芝加哥協定》所訂之「五種航權（traffic right）」又稱「五種自由（freedom）」，和後續產生之第六、第七、第八航權，茲加以說明如下：

一、第一航權或稱第一自由（1st Freedom）：又稱飛越領空權，即本國飛機可以飛越乙國領空，不做降落的權利（如圖5-1）。飛越領空可以讓航空公司直線飛行，因此縮短航行時間及節省油料消耗，具有重大意義。過去即為了我國機隊能否飛越莫斯科領空而大費周章，如果不

本國　　　　　甲國

圖5-1　飛越領空權

能飛越的話，即要繞道而行，增加大量燃油消耗成本。故從營運觀點言之，有其重要性。

二、第二航權或稱第二自由（2nd Freedom）：又稱技術降落權或緊急降落權（如圖5-2）。一國航空器可為非營運之目的，要求緊急在甲國降落的權利，例如緊急加油、恐怖分子劫機、人員緊急送醫、遭遇惡劣天氣等，等事件解除再繼續航程。其中恐怖分子劫機所要求的緊急降落，事件發展往往成為燙手山芋，各國多避之唯恐不及。但站在人道立場，往往也不得不接受。

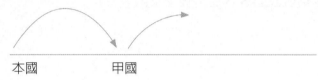

圖5-2　緊急降落權

三、第三航權或稱第三自由（3rd Freedom）：又稱卸載權（如圖5-3）。為自本國裝載貨物或旅客到甲國卸下的航權，例如桃園機場→東京成田機場。

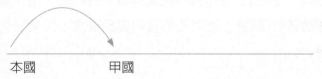

圖5-3　卸載權

四、第四航權或稱第四自由（4th Freedom）：又稱裝載權（如圖5-4）。為自甲國裝載貨物或旅客回本國卸下的航權，例如東京成田機場→桃園機場。

圖5-4　裝載權

五、第五航權或稱第五自由（5th Freedom）：又稱「第三國經營權」、「中間停點權」或「延遠權」（如圖5-5）。指本國飛機裝貨到乙國，但途經甲國。這種航權存在三種情況：1.本國→甲國→乙國，即本國裝貨到乙國，中間經過甲國。2.甲國→本國→乙國，即本國裝貨到乙國，但航程從甲國開始。這等於是甲國裝載權，加上乙國卸載權。3.本國→乙國→甲國，即本國裝貨到乙國後，繼續航程到甲國。此情況下，若無第五航權，否則不得從乙國裝運貨物到甲國。以前長榮航空臺北→曼谷→維也納航線，開始時沒有第五航權，不得接受曼谷→維也納航段的客貨運，經營受限。

本國　　　　　　甲國　　　　　　乙國

圖5-5　延遠權

六、第六航權或稱第六自由（6th Freedom）：可稱為「轉運權」（如圖5-6）。指可以裝運甲國到乙國的貨，但經由本國轉運，這其實是轉口貨的觀念，例如上海的貨→桃園機場→洛杉磯。兩岸通航如果未含第六航權的話，欲將中國大陸的貨物運到臺灣，再接駁到另一國家是不可能的。

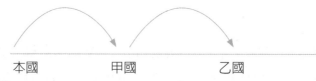

本國　　　　　　甲國　　　　　　乙國

圖5-6　轉運權

七、第七航權或稱第七自由（7th Freedom）：航空公司得以在國籍領域以外經營航空業務的權力（如圖5-7）。第七和第六航權的差異在於本國飛機可以到甲國裝貨到乙國，不須要經過本國。

| 本國 | 甲國 | 乙國 |

圖5-7　外國經運權

八、第八航權或稱第八自由（8th Freedom）：又稱「境內營運權」（如圖5-8）。指本國飛機可在甲國從A城市載運貨物到B城市。這種航權事實通常是受限的，因此亦有稱為「限制航權」者。

| 本國 | 甲國A城市 | 甲國B城市 |

圖5-8　境內營運權

　　第七、第八航權因和一國主權有關，實務上並不多見。

　　臺灣由於國際政治地位薄弱，國內各家航空公司都因政府航權拓展困難，使得業者經營上增加了很多困難。長榮集團總裁張榮發先生估計以長榮海運在國際知名度及和各國政要良好關係，航權的取得應該不是問題。然而長榮航空營運啟動後，卻完全不是這麼回事。航權取得的困難程度，超乎想像，以致營運多年以來一直都很辛苦。

　　航權是屬於國家主權之一，本應由國對國交涉簽署。不過因為絕大多數國家不承認臺灣的政治地位，因此我國對外航權的談判產生很多困難。為因應此種特殊情況，臺灣也衍生出7種不同的談判模式：[1]

1. 政府對政府：對有邦交的國家，可採此種方式。
2. 雙方民航局之間，例如杜拜、新加坡等。
3. 雙方代表機構間，例如美國、日本、印尼、菲律賓等。
4. 我方民航局與對方代表機構間，例如加拿大、澳洲、紐西蘭等。
5. 雙方主要國際機場間，例如奧地利、荷蘭、盧森堡等。

---

[1]　資料來源：交通部民航局企劃組。

6. 我方航空運輸公會與對方或民間團體，例如英國、德國、法國等。

7. 雙方航空公司間，例如黎巴嫩、琉球等。

可謂只要對手國能接收的模式，臺灣都可彈性配合。航權的談判正足以顯示弱國無外交的困境，也透露臺灣國際地位的無奈。

航權的談判很講求「對等」。所謂對等指兩國之間的航權交換必須力求相等，也就是在包含班次、機型、座位數等方面，必須兩方相近。即飛多少航班，例如每週7班，及何種機型，例如B737或A330等，兩方都必須一致。因此航權談判可能因雙方算計不同，過程相當複雜。以1992年作者所曾經參與的菲律賓航權談判為例，當時的談判是在競爭對手菲律賓航空公司馬尼拉總部進行，雙方政府官員再以顧問身分參與，相信這也是我們航權談判的標準模式。當時我方提出要求每週增加7個班次，菲航因已有7個航班，不需要增加這麼7個班次為由婉拒。開始只答應每週3個航班。後來經數次交鋒，最後中菲航權才獲滿意解決，過程頗為艱辛。

由於有航權是飛航某航線的先決條件，目前我國有3家主要國際航空公司即中華航空、長榮航空、星宇航空。對熱門航線航權的分配，例如臺港線、臺日線等因為是各航空公司的生存命脈，大家莫不竭力爭取，唯恐喪失商機；兩岸通航的熱門航線例如上海、廈門、廣州等亦然。因此如何訂定公平合理的分配原則，非常重要。為此主管機關制定《國際航權分配及審查綱要》做為審理依據，綱要主要條文列表如表5-1：

表5-1　國際航權分配及審查綱要重要條文（2013.3.29.）

條次	條文內容
第3條	雙邊通航協定（以下簡稱雙邊協定）之國際航權分配，依下列原則辦理： 一、雙邊協定中規定一家國籍民用航空運輸業（以下簡稱業者）營運者，由一家業者營運。 二、雙邊協定中訂有多家業者營運條款，且每週總容量班次在七班以下者，得由一家業者營運。 三、雙邊協定中訂有多家營運條款，且每週總容量班次逾七班並有容量班次上限規定者，得由多家業者營運。 四、雙邊協定中訂有多家營運條款，且不限每週總容量班次者，其營運家數不受限制。

條次	條文內容
第3條	五、雙邊協定中訂有多家業者營運條款，且每週總容量班次限以貨運營運者，以不逾二家業者營運為原則。 依前項第一款營運之業者，享有每週七班之優先營運權。但雙邊協定修訂為多家營運且容量班次逾每週七班者，得增加第二家業者營運；第二家業者營運達每週三班後，其續增容量班次依序由該二家業者輪流增班至第二家業者達每週七班；如仍有賸餘容量班次得依第四項第二款至第四款辦理。 依第一項第二款營運之業者，享有每週七班之優先營運權。但雙邊協定修訂容量班次逾每週七班者，得增加第二家業者營運；第二家業者營運達每週三班後，其續增容量班次依序由該二家業者輪流增班至第二家業者達每週七班；如仍有賸餘容量班次得依第四項第二款至第四款辦理。 依第一項第三款申請營運之業者，所申請之容量班次數總和未逾雙邊協定容量班次限制時，依業者申請之容量班次數分配之；所申請之容量班次數總和逾雙邊協定容量班次限制時，依下列原則辦理： 一、兩航點間航線優先分配二家業者營運，享有每週七班之優先營運權。但兩航點間航線之一航點為松山機場者，享有每週六班之優先營運權。 二、兩航點間航線營運之業者均達前款之容量班次者，得增加一家業者營運。 三、新增業者首次分配每週三班。但申請營運容量班次或可分配營運容量班次少於每週三班者，不在此限。 四、依前三款分配後，如有賸餘容量班次，依序由該等業者輪流增班。 依第一項第五款申請營運之業者，所申請之容量班次數總和未逾雙邊協定容量班次限制時，依業者申請之容量班次數分配之；所申請之容量班次數總和逾雙邊協定容量班次限制時，得分配業者至少每週一班。
第4條	新訂或修訂之雙邊協定於簽署後，交通部民用航空局（以下簡稱民航局）應將雙邊協定之容量班次，函知經核准經營國際航線定期航空運輸業務之業者，業者於接獲通知後，應於限期內將營運需求及檢附下列文件，報請民航局初審： 一、機隊及機組員能量。 二、航線營運計畫：包括擬使用機型、每週容量班次及航線。 三、市場調查及運量估計。 四、收支預估。 五、第六條評估項目之相關資料。 民航局應依第六條辦理評估，並將評估報告及前項初審之分配建議報請交通部核准。

條次	條文內容
第6條	民航局初審業者之申請營運案時，應依下列政策面及技術面項目評估並予以排序： 一、政策面（占比例百分之六十）： (一)國家政策及公共利益之配合。（占比例百分之三十） (二)建立我國成為東亞轉運中心及我國整體長遠航空事業發展之考量。（占比例百分之二十） (三)業者對相關航權爭取之具體貢獻。（占比例百分之二十） (四)業者對相關獲配容量班次之營運執行情形。（占比例百分之十五） (五)區域均衡發展之考量。（占比例百分之十五） 二、技術面（占比例百分之四十）： (一)飛安作業良窳。（占比例百分之五十，評分方式如國際航權分配技術面飛安考核評分表）。 (二)營運計畫可行性。（占比例百分之二十五） (三)有無財務糾紛致影響公司正常營運。（占比例百分之二十五） 前項排序相同時，應優先考量政策面排序，政策面排序相同時，再考量技術面之排序。
第9條	業者有發生航空器失事者，自發生日起一年內不得參與國際航權分配。但經民航局飛航安全評議會評定其失事顯著不可歸責於業者，不在此限。 依前項規定不得參與國際航權分配之業者，經民航局飛航安全評議會評定無違反民用航空法規之情事時，即恢復參與航權分配，並得於下一次航權分配時，依國際航權分配技術面飛安考核評分表予以加分補償。

基於航權是國家主權的觀念以及航空運輸業的特性，早期各國多只有一家國際航空公司，且多具政府資本色彩，例如我國早期就只有一家國際業者—中華航空公司，各國情況也大同小異。後來為因應臺灣國際航空業務量增長的需求，1990年代改採開放天空政策（open sky policy），從民國78年起放寬業者條件[2]，以後陸續有長榮及華信、遠東及復興等業者相

---

[2] 1989年1月15日修訂民用航空運輸業管理規則第3-13條，開放國內民用航空運輸業，而被譏為長榮條款。但這是國內開放天空的濫觴。規則第3條第4款：「經營國際運輸或國際貿易業務5年以上……，每年營收新臺幣60億以上，得申請國際航線定期或不定期貨運業務；其達新臺幣100億以上，得申請國際航線定期或不定期航空運輸業務」。2013年7月18日修訂3-4條：公司董事長及董事逾半數為中華民國國民，公司之資本總額或股份總數逾百分之五十為中華民國之國民、法人所有，屬股份有限公

繼加入。在僧多粥少情況之下，航權分配引起各航空公司激烈競爭。《國際航權分配及包機審查綱要》的制定目的即係為解決航權分配的紛紛擾擾，但航權分配除非對方國家採完全開放天空的政策，否則對熱門航線的競爭很難達到完全公平的目標，這恐怕是欲投入國際航航空運輸事業者必須詳加評估者。

2011年11月10日起繼美國與新加坡之後，日本成為第三個對臺全面開放天空的簽署國，對臺灣的外交是一大勝利。自該日起，經營臺日航線的航空公司將不再限制班次，且享有延遠權的「第五航權」，換言之，非華航、長榮的航空公司也可進軍日本市場；臺日雙方在2011年底航空協議同意階段性開放天空，第一階段將不限航空公司及班次，開放大阪、名古屋、札幌、福岡等東京以外的航點，突破日本航點過去多指定航空公司與額度的限制，成就臺日航線的榮景。

第二階段規畫開放東京成田、羽田機場，東京將逐步增班，這部分已自2013年3月底起亦對臺灣開放天空，此後臺日航線已全面相互開放。臺日人民往來頻繁，航空需求甚高，一直是熱門航線。自此之後，臺灣往返日本各航點及飛航班次遞有增加，蓬勃發展。

最後須再次強調者航權是屬於國家的權利，這可從兩方面加以說明：

1. 雖然航權攸關航空公司的營運，因此航權確實有其重要價值。但航權屬於國家，航空公司不得將航權視為其企業資產，在財務報表上列為資產項目。民用航空法第51條即明定「民用航空運輸業許可證或航線證書，不得轉移，其持有人不得認為已取得各該許可證或證書所載各項之專營權。」

2. 航權不得經由併購航空公司而取得。國際之間確實有些航空公司經營不善，但併購該公司並不等於取得該航空公司所擁有之航權。

司組織者，其單一外國人持有之股份總數不得逾百分之二十五。公司具新臺幣六十億元以上財力證明者，得申請經營國際航線定期或不定期航空運輸業務。

5-8 條：新籌組公司之主要成員名冊及證明文件；其成員應包括曾擔任三年以上民用航空運輸業董事長、總經理、副總經理或協理以上或同等職務者至少三人。

第二節　國際航空組織

本節介紹國際民航組織、國際航空運輸協會二個國際組織。

一、國際民航組織（ICAO: International Civil Aviation Organization）

㈠成立與宗旨

國際民用航空運輸，就人而言，運送人，與旅客或貨運的託運人、受貨人很可能來自不同國家；就物而言，航空器的國籍，與旅客或貨物所有人也常不相同；就地而言，運送契約訂立地與貨運出發地、停經地及目的地亦不在同一國家；而損害發生的行為地與損害賠償請求地，亦可能分別在不同國家。由於各國國內法不同，航空運送當事人如運送人與乘客，貨運託運人與受貨人以及其他關係人之間的權利義務，很容易產生適用不同法令而產生差別與衝突。因此，絕對有必要建立一套統一適用的國際公法，才能適應國際民用航空運輸迅速發展的需要。

第二次世界大戰使人類航空科技的發展突飛猛進，美國在戰爭期間的航空科技和製造遠程飛機的能力居於領先的地位，成為航空實力最強大的國家。1944年第二次世界大戰雖然尚未結束，美國為規劃戰後將會迅速發展的國際民用航空事業，加強各國間的合作協調，乃邀請同盟國及中立國共52個國家於1944年11月1日至12月7日在芝加哥召開國際民用航空會議，並於1944年12月7日簽署了國際民用航空公約（Convention on International Civil Aviation）。該公約在美國芝加哥簽訂，故通稱芝加哥公約（Chicago Convention, 1944），於1947年4月4日生效，成為現行國際航空法的憲章性基礎文件。ICAO總部設於加拿大蒙特婁，旨在發展國際飛航的政策、原則與技術，促進國際航空運輸的規畫和發展。

在國際民用航空公約生效前，1945年6月6日先設立過渡性的《臨時國際民用航空組織》（Provisional International Civil Aviation Organization，縮寫為PICAO）。PICAO於1945年6月6日至1947年4月4日間運作，直到1947年3月5日26個簽約國達成後，經聯合國大會

及臨時國際民用航空組織臨時大會批准，正式成立國際民用航空組織（International Civil Aviation Organization，縮寫為ICAO），中文簡稱國際民航組織。

我國為ICAO創始會員國之一，於1971年退出聯合國後，被排除於ICAO體系之外。然而我國仍積極配合國際民航公約相關規定，並透過與友好國家之雙邊合作等間接管道取得資訊等，設法與國際飛航體系接軌，在所管轄的「臺北飛航情報區」（Taipei FIR）內致力維護國際飛航體系安全。「臺北飛航情報區」為東亞航空運輸網絡不可或缺之一環，所以我盼以觀察員身分參與ICAO相關會議，藉以瞭解相關規範之形成背景及演化過程，期使我能獲得充分之國際飛航資訊，並在此過程中得以完整並及時地相應修正我國內民航規範，與國際標準接軌。

國際民航組織是聯合國組織（United Nations Organization）之一，其成立的目的在芝加哥公約開宗明義便提到：「國際民航的發展對各國及各國人民的友好即相互了解有重大助益，但其誤用亦會給國際安全帶來威脅。因此期望本公約能免除摩擦，並進而促進合作，帶來世界和平。因此簽約各國同意本公約國際民航安全有秩序，並奠立在機會均等、穩定和經濟運行的一些原則」。所以國際民航組織係政府對政府的組織，以各國家為會員。主要以國際民航安全及國家間合作為推動工作方針，其目的及宗旨綜述如下：

國際民用航空組織屬於聯合國的專門組織，以會員國為其會員。依據國際民用航空公約第四十四條所揭示成立的宗旨和目的[3]，在於發展國際航行的原則與技術，並促進國際航空運輸的規劃與發展，以達成：

1. 確保全世界國際民用航空安全和有秩序地發展；
2. 鼓勵為和平用途的航空器之設計與操作技術；
3. 鼓勵發展國際民用航空的航路、航空站及航行設施；

---

[3] 依國際民航組織宣示目標為 "The ICAO or International Civil Aviation Organization is the global forum for civil aviation. ICAO works to achieve its vision of safe, secure and sustainable development of civil aviation through the cooperation of its Member States."

4. 滿足全世界人民對安全、正常、有效和經濟的航空運輸之需求；

5. 防止因不合理競爭而造成經濟上的浪費；

6. 確保各締約國的權利充分受到尊重，及每一締約國均有經營國際航線的公平機會；

7. 避免締約各國之間的差別待遇；

8. 促進國際空中航行的飛航安全；

9. 普遍促進國際民用航空在各方面的發展。

(二)組織機構

國際民用航空組織是聯合國轄下機構，由各締約國政府派代表組成，總部設在加拿大蒙特婁（Montreal），並設有各地區辦事處：

1. 泰國曼谷（Bangkok）—亞太地區（APAC）

2. 埃及開羅（Cairo）—中東地區（MID）

3. 塞內加爾達卡（Dakar）—中非及西非地區（WACAF）

4. 秘魯利瑪（Lima）—南美地區（SAM）

5. 墨西哥墨西哥城（Mexico City）—北美、中美及加勒比海地區（NACC）

6. 肯亞奈洛比（Nairobi）—東非及南非地區（ESAF）

7. 法國巴黎（Paris）—歐洲及北大西洋地區（EUR/NAT）

國際民用航空組織的其會員組成為聯合國的會員國為對象，由會員大會（The Assembly）、理事會（The Council）及秘書處（The Secretariat）三級框架組成，分別說明如下：

1. 會員大會（Assembly）：由各會員國組成，是國際民用航空組織最高權力機構。每3年召開一次會員大會，會中檢討組織的運作並制定來年政策，以及表決結算與預算。

2. 理事會（Council）：由會員大會選出36個會員國組成，任期3年。而選舉理事會成員是依據後述3類標準：對國際航空運輸的重要性、對飛航設備的貢獻程度及對世界各主要區域的代表性等。理事會是國際

民用航空組織主要的管理機構，負責組織的運作，並負責制定民航運輸的國際標準與規則。現任理事主席爲義大利籍的Mr. Salvoctore Sciacchitano.

3. 秘書處（Secretariat）：設秘書長（Secretary General）[4]，由他負責領導一群國際民航的專家與工作人員以促進國際名用航空安全與全民福祉。秘書處分設5個部門—航空飛航局（The Air Navigation Bureau）、航空運輸局（The Air Transport Bureau）、技術合作局（The Technical Co-operation Bureau）、法務局（The Legal Bureau）及行政與服務局（The Bureau of Administration and Services）。爲確保秘書處人員具有國際胸懷，因此從世界廣徵合適專業人才擔任。

二、國際航空運輸協會（International Air Transport Association: IATA）

前述國際民用航空組織是屬於政府間的組織，而國際航空運輸協會則屬於非政府組織。雖然美國邀集52個國家於1944年12月7日在芝加哥簽訂了《國際民用航空公約》，決議成立《國際民用航空組織》。但因各國經濟發展程度及利益所在不同，《國際民用航空組織》無法有效處理國際各航空公司間的票價、運費等商務營運事項。爲了因應這個需求，出席芝加哥國際民用航空會議的某些政府代表團顧問以及空運企業的代表開會商議另行成立一個委員會，以處理這部分需求。經決議比照1919年8月由六家歐洲地區航空公司於荷蘭海牙成立、並於1943年第二次世界大戰期間因荷蘭淪陷而解體的國際航空業務協會（International Air Traffic Association，縮寫爲IATA）組織的模式，由飛航國際航線的航空公司聯合組織新的航空運輸協會，以協調解決彼此間的共同問題。

以該決議爲基礎，1945年4月由來自31個國家的57家飛航定期國際航線的航空公司在古巴首都哈瓦那（Havana）開會，通過協會組織章

---

[4] 現任秘書長爲哥倫比亞籍的 Juan Carlos Salazar，2021 年 8 月上任。

程，成立非官方（NGO）性質的國際航空運輸協會（International Air Transport Association，縮寫為（IATA），中文簡稱《國際空運協會》或《國際航協》或《航協》。1945年10月召開第一屆年度大會，完成初步會議工作。1945年12月18日，加拿大國會通過議會特別法案，批准國際航空運輸協會以國際法人組織在加拿大註冊登記，其總部設於加拿大的蒙特婁（Montreal），並在瑞士日內瓦（Geneva）設立行政辦事處。

　　國際航空運輸協會因協力促進國際民用航空事業間的合作，因而無形中成為一個半官方性質的國際性機構，和國際民用航空組織（ICAO）業務協調關係互動密切。一個處理政府層面的問題，另一個則處理航空企業的營運問題，兩者相輔相成，相得益彰。從以下國際航空運輸協會所提供的數據可以看出該組織的重要性：

1. 會員數：118個國家，294家航空企業。
2. 會員公司航班佔全球83%。
3. 會員公司貨運量年約6,000萬公噸。
4. 會員公司定期航班旅客數年約45億、4,680萬架次。

(一)國際航空運輸協會宗旨與目的[5]

　　國際航空運輸協會成立的宗旨與目的，在達成：

1. 為世界人民的利益，促進安全、正規及經濟的航空運輸，促進航空商業活動的發展並研究其相關問題；
2. 對直接或間接從事國際航空運輸服務的航空運輸業者，提供達成協調合作的方法；
3. 代表民用航空運輸同業，與國際民用航空組織及其他國際組織協調合作。

　　簡言之，國際航空運輸協會成立宗旨在於訂定與協調國際航空公司的

---

[5] IATA 所宣示目標為 "Mission: to be the force for value creation and innovation driving a safe, secure and sustainable air transport industry that connects and enriches our world."

遊戲規則，屬於商務性質的組織。此外也代表全球會員，做爲國際民用航空組織及其他國際組織的諮詢機構。

(二)會員

　　國際航空運輸協會的會員分爲正會員與準會員兩種：

1. 正會員（active member）：以經營定期國際航線的航空公司爲對象。

2. 準會員（associate member）：以經營定期國內航線的航空公司爲對象。由於民用航空運輸的迅速發展，國際航空運輸協會在1974年召開的年度大會中改變政策，正式批准允許不定期飛航的包機航空公司得加入爲會員。此外國際航空運輸協會原本限制航空公司之所屬國須爲聯合國會員者才能加入，此項規定已於1997年刪除，將所有航空企業納入組織之中。

(三)國際航空運輸協會組織

　　國際航空運輸協會除總部設在加拿大蒙特婁（Montreal）及在瑞士日內瓦（Geneva）設行政辦事處外，並在英國倫敦（London）設立清帳所（Clearing House），在美國紐約（New York）設置督察室（Enforcement Office），在新加坡（Singapore）設亞太地區辦事處、美國邁阿密（Miami）設美洲地區辦事處；另在美國首都華盛頓（Washington, DC）、智利聖地牙哥（Santiago）、比利時布魯塞爾（Brussels）、肯亞奈洛比（Nairobi）、約旦安曼（Amman）、中國北京（Beijing）設地區辦事處，分別執行指定地區的業務。

　　國際航空運輸協會的行政首腦爲總監兼執行長（Director General & CEO），其政策係透過執行委員會（Executive Committee）執行，另設財務、法律、技術及運務咨詢（Traffic Advisory Committee）四個專門委員會分掌業務，而以運務咨詢委員會的業務最爲廣泛，包含航空公司的一切商業活動在內。美國的航空業界因另外組織美國航空運輸協會（Air Transport Association of America，縮寫爲ATA），以及受到反壟斷法的限

制，因此對國際空運協會（IATA）的活動較不熱衷。

(四)國際航空運輸協會運務會議的任務

　　國際航空運輸協會為便於說明及制訂各地區間航空客、貨運輸費率及規章，將全球劃分為三個運務會議區（Traffic Conference Areas）及四個區與區之間的混合運務會議區（Joint Traffic Conference Areas），每一運務會議區內又分成數個次分區（sub area）。會員航空公司營運的航線如在前述某一運務會議區或混合運務會議區，即成為各該區運務會議的當然會員。非會員航空公司可以參加國際航空運輸協會多邊聯運協定，適用國際航空運輸協會的分帳規則，便利聯運。

　　國際航空運輸協會各運務會議（Traffic Conferences）的主要任務為：

1. 協議制定國際航空運輸客運費率與貨運運價；
2. 協議制定空運企業間清帳方法，實施分段聯運使一票通行全世界；
3. 協議制定機票、空運提單、行李標籤等各種運輸文件與電腦用語的標準與格式；
4. 制定承運旅客或貨物時在法律上應負的責任與義務；
5. 協調建立標準的作業程序供各會員航空公司參考採用；

　　目前世界各航空公司均透過國際航空運輸協會相互連結及從事商務協調，該協會已成為全球民用航空運輸業所公信的民間同業組織。

(五)國際航空運輸協會功能

　　國際航空運輸協會旨在促進民用航空運輸同業的合作，並對民用航空運輸上所遭遇的問題，謀求共同協調解決的方法，其主要功能為：

1. 議定費率標準：客運費率協調、貨運費率協調。
2. 統一運輸規則：客運服務會議、貨運服務會議、地勤代理會議，統一國際航空運輸的規則、承運條件、地勤業務代理規則。
3. 協議制定客、貨運代理商規則。

4. 協調聯運：達成多邊聯運協定（MITA），使一票通行全世界。

5. 便利清帳：設立清帳所（Clearing House）便利空運企業間財務結算。

6. 分帳機構（Prorate Agency）制定prorate factor手冊。

7. 促進貨運發展：協議建立標準作業程序，協調相互利用裝備並提供最新資訊與技術知識。制定危險品規則、活動物規則、單位裝載用具手冊。

8. 機場起降時間帶協調，訂定航班時間表。

9. 統一飛航設施，保障飛航安全。

10. 防止惡性競爭：設置督察人員，以確保決議的切實執行。

(六)國際航空運輸協會運輸條款

航空運送人在航空運輸中直接承擔民事責任。國際航空運輸協會所制定的《旅客、行李及貨物運輸條款》（Conditions of Carriage for Passengers, Baggage and Cargo）具有補充1929華沙公約、1955年海牙議定書以及1975年四個蒙特婁附加議定書有關客、貨運責任規則的意義，而為各國航空公司所普遍採用，成為國際航空運輸民事規則的重要文件。

(七)IATA/FIATA咨詢會議

國際航空運輸協會（IATA）為了加強與國際貨運承攬業協會聯合會（FIATA）航空學會（Airfreight Institute）的聯繫合作，在國際航空運輸協會貨運代理商會議（IATA Cargo Agency Conference，縮寫為IATACAConf）設置《IATA/FIATA諮詢會議》（IATA/FIATA Consultative Council），協調處理貨運承攬業相關貨運訓練事宜。

(八)國際航空運輸協會現行工作重點

由於全球政經環境的轉變，作為全球航空界的代言人，國際航空運輸協會近年來致力於推動以下工作：

1. 替會員公司爭取有利的生存環境：2019年第四季受新冠肺炎影響，全

球經濟大逆轉，2020年全球航空公司1,185億美元虧損，史上之最。到了2021年，航空貨運雖已逐漸恢復，但客運受各國境封閉影響，到同年第三季客運仍受到很大打擊，也連帶影響貨運。雖然各國紛紛提供紓困，規模達到1,730億美元，但還是杯水車薪，受到影響的就業人口達到4,600萬人。因此國際航空運輸業影響到全球經濟，國際航空運輸協會於是大力為會員公司請命，呼籲各國政府開放國境。施打疫苗的人口比例提高，可達到群體免疫效果。因此IATA呼籲各國加速疫苗施打、富裕國家應幫助經濟弱勢國家取得疫苗。建議簽發疫苗護照等，促使旅遊恢復，解救航空業。這個產業2020年承運了6千萬公噸的貨物，佔國際貿易量價值35%、7兆美元，並替全球創造了6千8百萬個就業機會。因此這個產業和全球經濟息息相關，不能讓業者獨自面對危機。

2. 飛航安全（Safety）：雖然飛航事故遞有降低，但據2019年統，這期間全球空難事故仍造成257個人員傷亡，事故率百萬分之2.6。比例已降至很低，但每一事故造成人命傷亡、財物損失，因此國際航空運輸協會繼續推動飛航安全，嚴格要求航空公司遵循ICAO及IATA相關規定，進行飛航及地面操作，達到零事故的目標。

3. 飛航保安（Security）：2001年911事件發生以後，各國對飛航保安的要求都提升到最高的層次。保安工作的落實必須做到以下需求：

   ⑴文件傳輸的真實性與一致性。

   ⑵作業程序的全球標準化

   ⑶貨物的檢查。這點美國要求2010起進入美國的貨物要在裝機前全數掃描檢查，不過對這點多數國家都持反對立場，因其所產生的費用與問題，將大幅增加國際貿易成本。不過對裝機貨物須加強檢查以確保航安是全球的共識，國際航空運輸協會也一起努力推動。

4. 環境保護（Environmcnt）：近年來全球氣候的異常與暖化，引起人類對環保問題的高度重視。航空運輸是環保效益最差的運輸方式，因此國際航空運輸協會致力推動節能減碳。2009年6月在馬來西亞吉隆坡舉

行的IATA年會時，通過以下具體減碳目標：

⑴每年提高燃油效率1.5%

⑵以2005年二氧化碳排放量為基準，2050年減少50%

⑶從2020年起二氧化碳排放量零成長

以上問題屬全球性的，因此國際航空運輸協會大聲疾呼，要求世界各國政府和民間公司同心合作，方能達成目標。

㈨國際航空運輸協會執行長簡介

本書修改期間，2021年4月1日國際航空運輸協會正好選出第八任新的執行長（Director General & CEO） Mr. Willie Walsh，IATA執行長代表航協及國際航空產業，自有其崇高與重要性，爰特予介紹如下：

1. Mr. Willie Walsh照片（如圖5-9）

圖5-9　Mr. Willie Walsh, IATA Director General & CEO（圖片出處：IATA網站）

2. Mr. Willie Walsh於1961年出生於愛爾蘭都柏林，在出任IATA執行長之前在國際航空有超過40年的資歷。

他於1979年以見習飛行員（cadet pilot）加入愛爾蘭國家航空公司Aer Lingus，於1990年取得機長資格。一年之後獲升為航勤部門主管，1998年出任Aer Lingus所屬包機公司Futura的執行長。2000年回母公司Aer Lingus時，已經是運務長（COO：Chief Operation Officer）。隔年因為受美國911恐攻事件影響，公司經營陷入財務之際出任執行長

（CEO）。經積極改造，領導公司重回獲利。

2005年被任命爲英國航空公司British Airways（BA）執行長，領導BA安全走過2008/2009年的全球金融風暴，並和西班牙航空公司Iberia、芬蘭航空公司Finair及美國航空公司American Airlines合組大西洋航線聯營，2011年BA和Iberia合組國際航空集團（IAG：International Airlines Group），成爲歐洲第三大全球第七大的航空公司。IAG成立起Willie Walsh即榮膺執行長，直到2020年退休爲止。

Willie Walsh愛爾蘭公民，擁有三一學院（Trinity College）的科學與企管碩士學位。

問題研討

1. 請研討航權的由來。
2. 請說明各種航權。
3. 臺灣因爲國際政治地位特殊，對航權取得有各種模式，請予研討？
4. 我國航權於取得後，如何分配？
5. 請研討國際民航組織ICAO。
6. 請研討國際航空運輸協會IATA。

第六章
航空貨運站作業

本章摘要

　　本章說明航空貨運作業，是本書很重要的部分。首先說明貨運站的相關法規定，作業流程。依貨物特性之不同，本地作業流程可分一般貨物、機邊驗放及快遞貨物三種，第一節即說明不同貨物之作業流程。其次為本章重點：貨物的打盤與裝櫃，本單元特地輔以多張照片，以圖示清楚說明貨物打盤和裝櫃現場作業，直到完成裝機和最後起飛出發的過程。飛機機艙地板結構有載重之限制，以維護飛航安全，本章中亦加以說明。

第一節　航空貨運站作業概論

　　一般通稱的航空貨運站（air cargo terminal）在我國民用航空法稱為航空貨物集散站，依民用航空法第二條第16項定義為：「指提供空運進口、出口、轉運或轉口貨物集散與進出航空站管制區所需之通關、倉儲場所、設備及服務之場地而受報酬之事業」，即為航空貨物集散站經營業。航空貨物集散站經營業訂於同法第六章第四節第71至73條，民用航空法只做原則性的規定，第72-1條授權交通部訂定管理規則。

　　依照民用航空法的授權，交通部另行制定《航空貨物集散站經營業管理規則》，以為施行管理的依據。該《規則》第2條定義：「本規則所稱航空貨物集散站經營業係指提供空運進口、出口、轉運或轉口貨物之集散與進出航空站管制區所需之通關、倉儲場所、設備及服務而受報酬之事業」。綜合言之航空貨物集散站係提供空運進口、出口、轉運或轉口貨物

之集散與進出航空站管制區之場所，以進行通關、倉儲場所、設備及服務作業，對航空貨運作業至關重要。以下圖6-1為航空貨運站和前後段業者的介面圖：

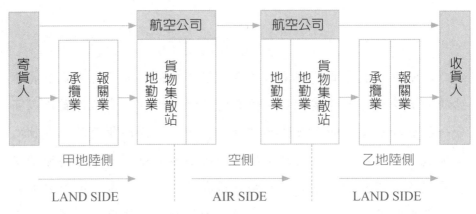

圖6-1　空運倉儲作業介面-1

圖6-1所示航空貨運服務過程可大分為進出口兩端的陸側（land side）及中間為航空作業主體的空側（air side），航空公司基本上只提供空側服務，即本書所謂的運輸載貨設備飛機和盤櫃。即從出口地貨物集散站收貨開始，到進口地貨物集散站交貨為止所謂airport to airport這段。貨物集散站和地勤業都是航空公司的履行業務輔助人（sub-contractor），執行倉儲操作。至於航空貨運承攬業則兩端陸側及空側都可執行，即全程服務，從本圖可清楚了解。

6-2圖則進一步針對貨物從進倉到出倉這一段說明：貨物由卡車送至貨棧碼頭後，收貨進倉，後續為在倉內的作業，包括驗關、裝櫃打盤等，最後出棧裝機。

至於航空貨物集散站內所經營之業務，依同《規則》第4條包含下列項目：

1. 航空貨物與航空貨櫃、貨盤之裝櫃、拆櫃、裝盤、拆盤、裝車、卸車。

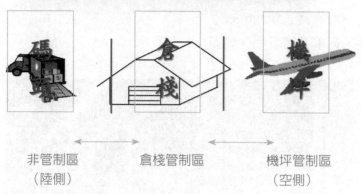

空運倉儲之作業介面

| 非管制區
（陸側） | 倉棧管制區 | 機坪管制區
（空側） |

圖6-2　空運倉儲作業介面-2

2. 進出口貨棧。

3. 配合通關所需之服務。

　　航空貨物集散站經營業得兼營下列業務：

1. 航空貨櫃、貨盤保養、維護及整修。

2. 與航空貨物集散站倉儲、物流有關之業務，而受報酬之事業。

　　除《民用航空法》和《航空貨物集散站經營業》作為政府行政管理依據外，航空貨物集散站的貨物進出、轉口關稅、違禁品管制檢查和商品及商品檢驗等則屬海關管轄，這部分主管機關為財政部關稅總局以及其所隸屬之臺北關稅局、高雄關稅局，業者須再遵照《海關管理進出口貨棧辦法》規定。從海關管理角度而言，航空貨運集散站（貨站）為經海關核准登記專供存儲未完成海關放行手續之進口、出口或轉運、轉口貨物之場所。海關管理「貨櫃集散站」、「進出口貨棧」之目的在於進出口貨物查緝走私、關稅之貫徹執行，著重於貨物之進出、轉口管制。

　　細言之，航空貨運集散站所處理之貨物類別如下：

1. 一般進、出、轉口貨物

2. 機放貨物

3. 快遞貨物

4. 海空、空海聯運貨物

5. 保稅貨物

6. 冷藏、冷凍貨物（如圖6-3）

7. 危險品、貴重品等貨物（如圖6-4）

圖6-3 冷凍、冷藏品庫

圖6-4 危險品庫

　　《管理規則》第5條資本額：臺灣桃園國際機場及高雄國際機場之集散站經營業，實收資本額不得低於新臺幣二億元。其他飛航依條約或協定明定以定期班機管理之客運包機之機場，其集散站經營業實收資本額不得

低於新臺幣四千萬元。

《管理規則》第6條設置地點與面積：航空貨物集散站應設置於距機場二十五公里範圍以內，交通便利其出入通路不妨礙附近交通秩序及安全之處所。

臺灣桃園國際機場及高雄國際機場之航空貨物集散站，其整塊土地面積不得少於一萬六千五百平方公尺。其他飛航依條約或協定明定以定期班機管理之客運包機之機場，其航空貨物集散站整塊土地面積不得少於三千三百平方公尺。

《管理規則》第6條會同海關勘查同意：航空貨物集散站申請設置地點應經民航局會同海關勘查同意。

《管理規則》第9-2站海關管理：集散站經營者其人員、車輛及貨物進出機場各區及其作業，應依海關、安檢及其他相關法令規定辦理。

《管理規則》第13-1條集散站經營業者責任：對進倉存儲之貨物，除另有約定外，自貨物點收進倉時起至貨物點交出倉時止，其貨物受有損害者應負賠償責任。但有下列情形之一者，不在此限：
1. 包裝完整而內部貨物有短少或品質發生異常變化者。
2. 因政府實施管制所為之處分致生損失者。
3. 因天災事變或其他不可抗力致生損失者。
4. 因可歸責於貨主之事由或因貨物之性質致生損失者。

《管理規則》第13-2條集散站經營業者責任保險：集散站經營業對倉儲貨物應辦理保險。

《管理規則》第16條應依海關規定：航空貨物集散站內設立之進出口貨棧，其登記與管理應另依海關有關規定辦理。

《管理規則》第20條收費費率訂定與備查：集散站經營業之各項收費費率，由集散站經營業者訂定並報民航局核轉交通部備查。

我國航空貨運作業集中在桃園機場，其周邊共有長榮空運倉儲、華儲、遠雄、永儲四家空運倉儲業者，其規模及貨運量列表說明如表6-1：

表6-1 桃園機場周圍倉站

	榮儲	華儲	遠雄	永儲
公司背景	為長榮航空子公司，為第二期BOT航空貨站	為中華航空子公司，為第一期BOT航空貨站	為遠雄自貿港投資控股公司子公司前身為遠翔屬場外航空貨站	第一家民營場外航空貨站
資本額	12億	25億	29.5億	12.2億
土地面積	61,248M^2	146,425M^2	347,857M^2	42,975M^2
年處理量	70萬噸	80萬噸	100萬噸	30萬噸

第二節 航空貨運站作業實務

本節所討論者為航空貨運站的作業和貨運的打盤打櫃作業及裝卸機作業：

一、貨運站作業流程[1]

貨運站作業係指貨物在航空貨運站內的作業。依貨運性質，貨運站可分為三類倉庫：一般貨物進出口倉、轉口倉、機放倉及快遞倉。

1. 一般貨物指的是普通貨物，無須特別作業者。因此貨物依一般程序進出倉，其作業流程如下：

   (1)出口（export）：點收貨物→傳輸EDI→收取倉租→接收申打→派工→打盤打櫃→製作艙單→盤櫃交接→出倉裝機，流程如圖6-5：

   確定航班資訊後，航空貨運站即接受貨主進倉。再根據進倉資料，由貨主或其報關行以電子傳輸（EDI）方式進行報關。完成報關手續的貨物即可製作裝貨計畫，進行打盤或打櫃。最後即將貨載托送機邊，進行裝機出口。請見圖6-6～6-14如下：

---

[1] 本單元參考長榮空運倉儲股份有限公司資料。

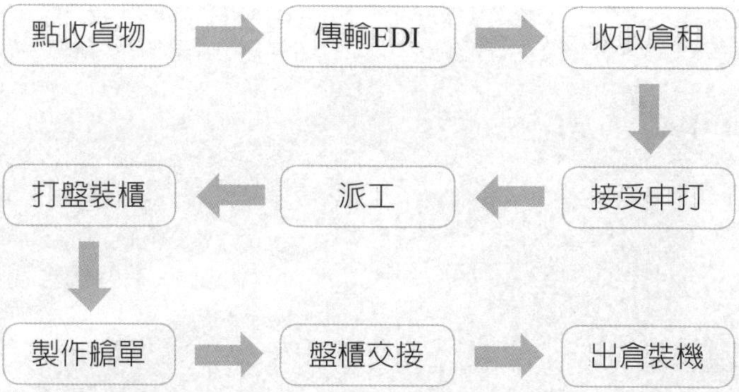

```
點收貨物  ➡️  傳輸EDI  ➡️  收取倉租
                                    ⬇️
打盤裝櫃  ⬅️  派工  ⬅️  接受申打
   ⬇️
製作艙單  ➡️  盤櫃交接  ➡️  出倉裝機
```

圖6-5　出口作業流程圖

圖6-6　點收貨物

圖6-7　EDI傳輸資料

圖6-8　收取倉租

Cargo Operation System - [Build Up Instruction List24/12/2007 09:25]

Import　Export　AWB Mgt　Acct.　Misc.　Flight　ULD Mgt　Utility　Tables　Window

Help | List | Exit | Clear All | Refresh | Find | Print | Save | SaveExit | Cancel | Del Row | Sign Out

Build Up Instruction List

Completed BUI Ver.: 0

Flight BR0315　Date 30DEC2009　Segment TPE BNE　WHS EGAC

Last BUI Ver.: 1

FLT Status:

Cus P Sts	Paid	AWB Number	ORG DES PRT	Pieces	Weight	Volume	NOG	SHC
TPEBNE								
GEN								
OK		69567017274	EGAC TPE BNE	2	72	0.18	ELEC	
		SUB TOTAL		2	72	0.18		
XFR								
		69566238760	EGAC SEA MEL	1	91	1.20	CONSOL	
		69566238804	EGAC SEA BNE	1	88	1.20	ULTRASOUND	
		69566745943	EGAC LAX BNE	3	86	1.06	CONSOL	
		69578986471	EGAC DUS BNE	1	3360	7.14	CONSOL	HEA
		SUB TOTAL		6	3625	10.60		
		TOTAL		8	3697	10.78		

		ULD				
Lck	Cat	M	L	A	Remarks	

1 - Update DLS | 2 - Outgoing Flights | 3 - Build Up Notice | 4 - Assign Priority | 5 - Build Up Mon List | 6 - Single Print

7 - CL - Build Up Instruction List | 8 - No Show

圖6-9　接受申打

圖6-10　派工

圖6-11　裝盤打櫃

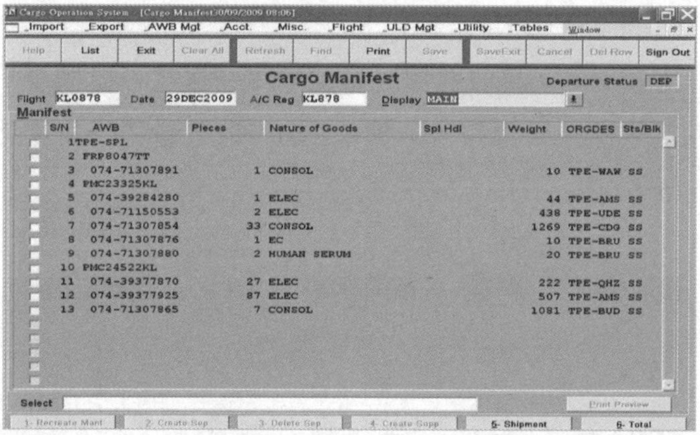

圖6-12　製作艙單

圖6-13　盤櫃交接

圖6-14　出倉裝機

(2)進口（import）：接收艙單→審閱艙單→派工→盤櫃交接→盤櫃拆
理→點貨入儲→異常報告→傳輸EDI→收取倉租→貨物放行，流程
如圖6-15：

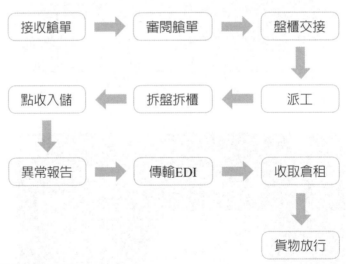

圖6-15　進口作業流程圖

確定航班資訊後，航空貨運站即從航空公司接受進口艙單。經審閱
無誤之後，即可於飛機抵達並完成盤櫃交接後，指派拆盤櫃工作人
員，進行拆盤拆櫃。貨主方面則自行或委託報關行以電子傳輸方式

（electronic date interchange，簡稱EDI）進行報關，依照貨物C1、C2、C3類別辦理海關驗放。傳輸EDI是向海關申報進出口貨物進倉的資訊，至於倉租的收取，航空貨運站所面對的一般是航空貨運承攬業，因此多是採每半月結一次倉租的方式處理，以加速雙方作業速率，而非逐筆結帳。完成報關手續的貨物即可於繳交相關費用後，進行提領。請見後圖6-16～6-25如下：

圖6-16　接收艙單

圖6-17　審閱艙單

圖6-18　盤櫃交接

圖6-19　派工

圖6-20　盤櫃拆理及點貨

圖6-21　貨物入儲

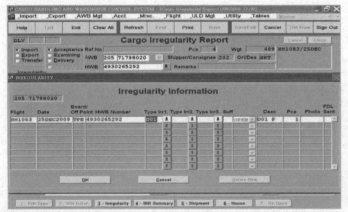

圖6-22　異常報告

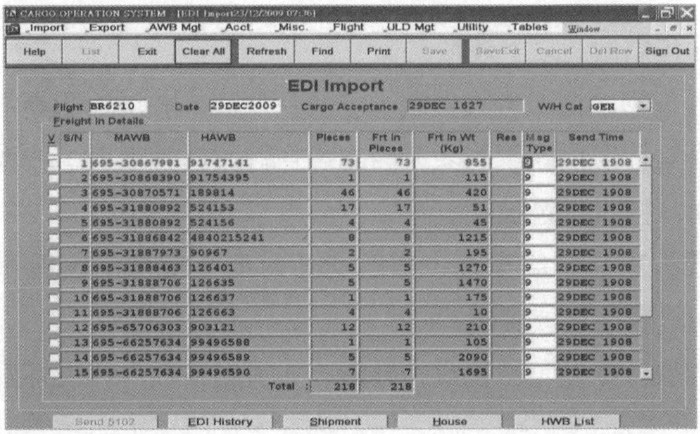

圖6-23　EDI傳輸文件

圖6-24　收取倉租

圖6-25　貨物放行

異常報告須做到以下幾點要求：

①接收貨物：檢視貨物外觀，並清點件數，發現外觀異常依據（貨
　物異常情形代號說明表）開立貨物接收異常總表，並進行重封、
　過磅、拍照等處置。

②班機拆理作業結束後，與航空公司進行貨物接收異常總表之交
　接，以釐清貨損責任。

③貨物放行提領：檢視貨物外觀，並清點件數，發現外觀異常依據

放行時之貨況開立貨物放行異常分表，並於拍照存檔後，與貨主提領人進行貨物放行異常分表之交接。

(3)機放貨物

對生鮮及活體動物等時間敏感貨物，為了縮短貨物通關時間，使貨物損失降到最低，航空貨運站一般設有機放倉庫。顧名思義，於貨物抵達時，符合機放條件者，即直接進機放倉。海關也配合在這個區域進行抽驗，完成後，即直接放行。逢年過節時所進口的海產、鮮果，及我國出口的鮮花、水果等都是循此途徑。通常這些貨物都選擇在半夜的航班到達，經快速通關後，等在一旁的貨車在接到貨物後，立即出發，連夜送到全省各地市場，一早消費者就可在各地市場買到這來自各國新鮮的產品。機放貨物流程如下所述：

①進口（import）

接收艙單→審閱艙單→派工→盤櫃交接→盤櫃拆理→報關驗放→收取倉租及費用→貨物放行

②出口（export）

點收貨物→接收申打→派工→打盤打櫃→製作艙單→盤櫃交接→出倉裝機

(4)快遞貨物

快遞貨主要是商業文件、包裹或商業樣品等，貨品多貼有條碼，以加速作業，因此多一道掃描條碼的程序。流程如下：

①進口（import）

接收艙單→審閱艙單→盤櫃拆理→掃描條碼→傳輸EDI→通關貼紙→X光查驗→確認放行→貨物放行

②出口（export）

點收貨物→掃描條碼→傳輸EDI→通關貼紙→X光查驗→確認放行→打盤打櫃→盤櫃交接→出倉裝機

二、打盤裝櫃作業

第三章已對貨盤（pallet）與貨櫃（container）設備做過介紹，本單元則對打盤和裝櫃作業做說明。

㈠打盤

貨盤為平板式的，因此裝盤的貨物以不規則或無法裝到貨櫃內的貨物為主。打盤之前須先做裝盤計劃，之後實際裝盤時即由貨運站派工執行打盤作業。國外打盤作業也常在航空貨運承攬業處所為之，打盤完成後再交與航空公司運送。航空貨運承攬業者可以調整打盤作業，使達到最佳裝載狀態。但自行打盤，受到場地和海關規定所限，在臺灣較罕見。貨物完成裝盤之後，須以PE塑膠布包裹，以保護貨物不受潮。完成PE塑膠布裹包之後，最後須再覆以盤網，以便將貨物固定在貨盤之上，不發生移位，維護飛機航行安全。打盤作業如下6-26～6-29圖所示：

1. 貨物置放於貨盤，進行裝載及繫固。

2. 打盤完成：打盤完成的貨盤須以塑膠布保護，及盤網固定。超大型的物件更須加以牢牢繫固，避免搬運和飛行途中位移，影響飛行安全，如圖6-29所示：

空運貨物於倉庫築打貨盤（1/4）

圖6-26　航空貨運站打盤作業

空運貨物於倉庫築打貨盤（2/4）

圖6-27　航空貨運站打盤作業

空運貨物於倉庫築打貨盤（3/4）

圖6-28　航空貨運站打盤作業

空運貨物於倉庫築打貨盤（4/4）

圖6-29　航空貨運站打盤作業

(二)裝櫃作業

　　裝櫃的貨物以規則且體積較小的貨物為主。貨櫃裝載須先做裝櫃計劃，裝櫃計劃的製作須考量貨物體積與重量關係。因為貨櫃裝載能量有體積與重量的比例關係，以常用的AMA型貨櫃為例，長寬高為317.5cm×244cm×244cm，內徑容積為17.5立方公尺，酬載重量為約6,500公斤。因此裝櫃計劃的製作須使貨櫃容積與重量達到最佳化狀態，這樣可以增加運費營收。這便是在實務上分享材積（share volume）的由來。也就是就量貨所增加出來的收入，同行可以回退增加出來的運費，有些可達一半或更多。這是實務上為什麼表面的報價已經沒有利潤了，但還是有業者願意繼續報價的緣故。裝櫃計畫製作完成之後，即可由貨運站或航空貨運承攬業派工執行裝櫃作業。裝櫃作業如下6-30～6-32圖所示。

(三)打盤裝櫃作業原則

1. 每一盤櫃築打前，均須確認工作站之磅秤已歸零無偏差，如有異常應立即回報，請求派員到場檢修。
2. 盤櫃築打原則：
   (1)重貨／實貨／大貨／SKID／矩型貨物/規則型貨物置於盤櫃之下層。

空運貨物於倉庫築打成貨櫃（1/3）

圖6-30　航空貨運站裝櫃作業

空運貨物於倉庫築打成貨櫃（2/3）

圖6-31　航空貨運站裝櫃作業

空運貨物於倉庫築打成貨櫃（3/3）

圖6-32　航空貨運站裝櫃作業

　　(2)輕貨／泡貨／小貨／紙箱貨／圓形貨物／不規則型貨物置於盤櫃上層。

3. 貨物堆疊時應注意下列事項：

　　(1)與盤櫃底部成平行方向擺放之貨物，擺放時應盡量使貨物之間無縫隙。

　　(2)與盤櫃底部成垂直方向堆疊之貨物，堆疊時應將同尺寸貨物集中放置，盡量使每層貨物頂部平整。

　　(3)柱型貨物如布捆，須使用綁帶分層集中固定，層與層之間以90°方向

交叉擺放。

　⑷紙箱貨物堆疊時，須分層以90°方向交叉堆疊。

4. 堆疊貨物時，應隨時注意堆疊品質，力求平穩，避免造成貨物傾斜、外凸及倒盤之情況發生。

5. 貨物擺放時，須注意方向指示標誌，不可任意拋擲或倒置貨物。

6. 作業時須依貨物型態、類別，適時使用墊木、墊板及綁帶，使盤櫃底面積可平均承受貨重，並增加貨物的穩固性。

7. 打盤人員對於貨物主號、目的地之核對，須確實執行，避免造成貨物誤走之情況。

8. 打盤人員對於貨物件數之清點，須確實執行，避免有貨物漏失之情況。

9. 貨物上盤前須檢視貨物外觀有無潮濕、破損或其他明顯之異常情形。

10. 盤櫃築打作業時，如發現貨物之內容物疑似為液體者，應立即停止將貨物打上盤櫃，並回報相關人員到場處理。經查證確認該貨物可裝機時，才將貨物打上盤櫃，並將資料記錄於出口班機裝（拆）盤櫃紀錄表上。

11. 如遇有異常時，貨物先暫留原地，並回報相關人員至現場處理；待接獲異常處理完成之通知後再行作業，同時將異常情況紀錄於出口班機裝（拆）盤櫃紀錄表上。

12. 堆高機叉運貨物時，須注意以下事項：

　⑴叉運貨物前，須先將堆高機之貨叉，調整至適當寬度，使貨物之重心位於兩叉之間。

　⑵依據貨物之重量，選擇適當之機具操作。

13. 堆高機叉運貨物時，貨叉不可驟昇驟降，造成貨物搖晃、傾倒；移動時應有人從旁指引方向與位置，以求人員、機具及貨物的安全。

14. 作業中須特別注意盤櫃限重問題；特殊盤（QR、QL、QS、QT、Q3、QP或其他經指定之盤型）一律優先作業。

15. 作業時須隨時使用標竿及量尺，測量貨物堆疊高度與削角之角度。

16. 盤櫃築打完成後，須確實檢查盤網是否繫緊，盤上貨物是否穩固，必要時應使用綁帶以增加貨物的穩固性。

17. 作業時，帶班人員與點貨人員須隨時核銷貨物件數，並註記於裝盤櫃通知單上。

18. 貨物裝盤櫃時，除須逐票核對貨物主號、目的地及確實清點件數外，並將資料填寫於裝盤櫃紀錄表。

19. 打盤人員須確實遵照裝盤櫃通知單之指示，例如：限重、加雙層雨布等，執行盤櫃築打作業。

20. 操作動力裝備時，須遵守安全操作規定，並隨時注意週遭人員、機具及貨物之安全。

21. 現場作業人員，須經過檢驗合格並取得操作許可證者，方可操作動力裝備。

㈣盤櫃裝卸機作業

1. 貨盤築打完成裝機作業（如圖6-33～6-40）

　⑴打盤完成預備裝機：

出口貨盤築打完成（1/2）

圖6-33　貨盤築打完成預備裝機

(2)打盤完成預備裝機：

出口貨盤築打完成（2/2）

圖6-34　貨盤築打完成預備裝機（續）

地勤公司將出口貨盤由倉庫拖往機邊

圖6-35　貨盤築打完成預備裝機

出口貨盤拖抵機邊集結準備裝機

圖6-36　貨盤預備裝機

出口貨盤裝載（1/4）

圖6-37　貨盤預備裝機

(3)貨盤裝機：

出口貨盤於艙內裝載情形（2/4）

圖6-38　貨盤裝至機艙

出口貨盤於艙內裝載情形（3/4）

圖6-39　貨盤裝至機艙

出口貨盤於艙內裝載情形（4/4）

圖6-40　貨盤裝至機艙定位

2. 裝櫃完成裝機作業（如圖6-41～6-43）

（1）貨櫃裝機：

出口貨櫃裝載作業

圖6-41　貨櫃送至機邊預備裝機

出口貨櫃裝載作業

圖6-42　貨櫃送至機邊預備裝機

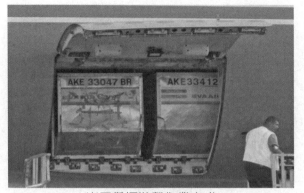

出口貨櫃裝載作業完成

圖6-43　貨櫃裝上機艙

㈤裝機作業

　　進出口的盤與櫃須配合機上作業，亦即出口的盤櫃最後是裝上盤櫃車，拖至機邊裝機。進口則自機上卸至盤櫃車，拖至進口倉區進行點交及拆盤與拆櫃。

　　盤櫃上機艙後，藉由機艙甲板上萬向滾輪的輔助，盤櫃在機艙內可以輕易以人力推動和迴轉。待推至定點後，即以機上擋扣系統扣住（如下6-44、6-45圖），使不致在起降滑行或飛行途中發生移位現象，影響飛安。

1. 機艙擋扣系統：

貨艙及擋扣系統

圖6-44　機艙擋扣系統

貨艙及擋扣系統

圖6-45　機艙擋扣系統

　　貨物在機艙裝載尚有兩點應注意事項：

1. 盤櫃在機艙的配置須注意重量分佈的平衡。機艙配置平衡除係為飛航安全外，也為節省燃油銷耗，因此貨物盤櫃在機艙裝置，一定要做到重量分佈平衡。

2. 重量限制：如為窄體飛機的貨物，每件貨物的重量不得超過150公斤。但如為廣體飛機載運貨物，重量以不超過空運貨櫃的最大載量。國際航空經常使用飛機為波音（Boeing）與空中巴士（Airbus）兩種系列的機型，其承載力詳如表6-3：

表6-3　機艙載種限制表

	艙位	承載力kg/m^2
Boeing	下貨艙	732/m^2
	下貨艙貨櫃/盤艙	976/m^2
	主貨艙貨櫃/盤艙	1952/m^2
Airbus	下貨艙	732/m^2
	下貨艙貨櫃/盤艙	1050/m^2

　　案例：某單位貨物的數據為：重量：900公斤；尺寸：150cm×60cm×50cm，裝載B747下貨艙貨櫃／盤艙：

地板單位承載力 = 900公斤 / 150cm×60cm×50cm = 900/0.9m^2 = 1000 kg/m^2。1000 kg/m^{2}大於該飛機的單位承載力，因此裝載人員為了飛機的安全須使用墊板以加大貨物的底面面積。

3. 超大型的物件，例如船用推進器（propeller）或發電廠機組等，安托諾夫（Antonov）及波音747全貨機有鼻門的設計，可從前端鼻門裝卸如圖6-46所示：

圖6-46　前端鼻門裝卸

4. 裝機完成出發

　⑴裝機完成關閉艙門（如圖6-47）：艙門是由地勤人員從外面開與關。

　⑵裝機完成出發（如圖6-48）

　　從以上各圖可了解航空貨物的打盤與裝櫃作業，此項作業在很多國家地區可由航空貨運承攬業自行打理。由於受法令所限，臺灣則只能在各航空貨物集散站內為之。不過這各有優缺點，在目前航空貨運不景氣的大環境下，臺灣的操作方式，也有其可取之處。

装載作業完成關閉艙門

圖6-47　裝載完成關艙門

航機裝載作業完成飛往目的地。

圖6-48　裝機完成出發

問題研討

1. 研討民用航空法和航空貨運集散管理規則的相關規定。

2. 航空貨運陸側和空側作業流程。

3. 請研討貨物打盤作業。

4. 請研討貨物裝櫃作業。

5. 請研討打盤裝櫃有應注意事項。

6. 請研討貨物裝機作業。

7. 波音和空中巴士機艙的載重限制為何？有何重要性？

第七章
航空貨運計價

本章摘要

　　航空貨運的計費是談航空貨運的另一重點。本章首先介紹國際航空運輸協會的航空貨運費率表（TACT），TACT是實務報價的基礎，因此本章在開始即對TACT的結構與內容予以介紹。其次討論航空貨運運費種類，費率分為最低收費、一般貨物費率、包櫃費率及特種貨物費率等；計費之重量則隨貨物體積和重量的比例而異，亦即收費基礎須依據TACT計算原則，在本章第三節即討論計費運費的計算。本章最後介紹其他收費項目，除主要航空運輸之外，貨主也常有其他附帶服務之要求，本章結尾即就其他收費項目加以討論。

第一節　費率與運費

　　2019年尾爆發的新冠肺炎，迄今未見減緩或受控制，對全球航空運輸產業產生鋪天蓋地的影響。不過經過兩年的演變卻是客貨運所受影響，天差地別。客運因國境關閉，搭機旅客銳減，據國際航空運輸協會統計，運能減約七成。但貨運則因下述因素，運輸需求不減反增。受客機停飛或減班影響，艙位嚴重不足，貨運運費反而大漲，出現始料未及的結果，說明如下：

1. 客運減班約70%，全球航空貨運一半以上依賴客機腹艙運送，導致貨運能量嚴重不足。

2. 在疫情肆虐之下，全球對個人防護設備（PPE：personal protective

equipment）如口罩、醫療人員防護衣等等需求大增，國際航空運輸協會估計約150萬公噸，需要4,600架次貨機載運數量龐大。2020年底各種疫苗陸續研發成功，引發各國熱烈需求，競相搶購。

3. 由於各國實施邊境管制、禁止聚會等措施，消費需求改用網路線上購物來滿足，對電商網購需求暴增。以2020年雙11全球狂歡季，阿里巴巴集團旗下購物網站「天貓網」即創出總交易額4,986億元人民幣、物流量23.21億件佳績，第二大的「京東」亦交出2,715億元人民幣的成績，這種消費行為被稱為「報復性」。這龐大的訂單，唯有靠航空貨運的快速和安全運輸來完成，致對航空貨運需求大增。

4. 海運因塞港、缺櫃、缺司機等等問題，供應鏈大亂。運費激漲外，運輸時間拉長，導致海運貨改走空運，使空運機位不足的情形，雪上加霜，運費越報越高。

此期間航空貨運運費大漲情形列表如表7-1、圖7-1：

表7-1　新冠肺炎期間航空運運價變動（TWD/kg）

	2019年CV-19前	2020Q2	2020Q4	2021Q1	2021Q2
亞洲—東南亞	40	150	130	120	120
亞洲—東北亞	25	90	80	80	80
美洲—美西	90	180	220	330	320
美洲—美東	95	190	240	350	330
歐洲	70	100	150	220	200

中華航空於2021.4.22.通知貨主漲價25-35%的，4月28日生效。這麼大的漲幅，一週就生效，貨主必然措手不及。但只有接受，沒有討價還價空間，因為供不應求。受因新冠肺炎影響，貨運又回到賣方市場。

首先說明費率和運費名詞涵義：

1. 費率（rate）指運費的單位價格，也就是計算運費的基礎。由於貨品性質之差異，有些重量較大，稱為重量貨（weight cargo）或高密度貨（high density cargo）；也有很多貨品體積較大，稱為體積貨或拋貨

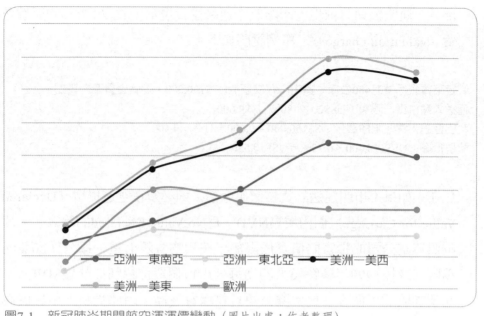

圖7-1　新冠肺炎期間航空運運價變動（圖片出處：作者整理）

（volume cargo）或低密度貨（low density cargo）。體積貨的計價單位必須經過換算才能決定，容後再說明。兩相比較後，取其大者爲計費基礎稱爲計費重量（chargeable weight）。

2. 運費（charge）

運費係指運送人提供運輸服務，所向託運人收取的運輸報酬。運費的計算係以收費重量乘以適用的費率（applicable rate）即得，將在後面說明。

3. 報值費率（Valuation charges）

託運人若不接受航空運送人所約定按貨物實際毛重，每公斤20美元之損害賠償責任限額時，須申報託運貨物的價值金額，並記載於空運提單《申明運送的價值》（Declared Value for Carriage）欄內。於貨物發生毀損或滅失時，航空運送人便將依照申報之金額賠償。因這將加重航空運送人的運送責任，故航空運送人將收取較高的運費，此便是所謂報值費率。託運人申報貨物的價值金額，貨值每公斤超過20美元的

部分，航空公司將依現行國際航空運輸協會規章，收取0.75%的報值運費（valuation charge）。舉例說明如下：

假定某貨載毛重為480公斤，貨主申報價值為US$150,000，則報值費率計算如下：
運送人應付責任限額：US$20×480＝US$9,600
超出運送人責任限額部分：S$150,000－9,600＝US$140,400
報值費率：US$140,400×0.75%＝US$10,530

託運人如果不申明運送的貨物價值金額，則必須在空運提單《Declared Value for Carriage》欄內填寫NVD（為No Value Declared的縮寫），即按照航空公司的損害賠償責任限額，按貨物實際毛重，每公斤20美元為限（或按1999年蒙特婁公約為每公斤17個單位特別提款權SDR）。此項加收並不便宜，比保險公司貨物保費還高，因此實務上申報價值的並不多。

國際航空運輸協會（IATA）對航空貨物運輸訂有航空貨運費率表（TACT: The Air Cargo Tariff），作為會員公司報價之準則。TACT分成兩個部分：規則（rules and regulations）和費率表（rates），一般貨物運費（general cargo rate）一般並不會遵照TACT，因為市場瞬息萬變，實際報價隨時會做加減，但TACT提供參考標準，其他分類運費則會按照TACT。因此它在全世界航空貨運報價訂定一個統一的參考標準，使得市場得到規範。以期消彌會員公司之間的惡性競爭。不過隨市場自由競爭，各航空公司報價難免有所差異。不過TACT還是航空貨運報價的基本原則，因此在此先加以介紹：

4. TACT的編排結構

TACT分成Rules和Rates兩部分：

⑴TACT Rules：這個部分說明TACT使用規則（rules and regulations）和程序（procedures），內容分成以下單元：

第一節　總論（General Information）

第二節　貨物之承運（Acceptance for Carriage）

第三節　運輸費（Transportation Charges）

第四節　運輸服務及相關費用（Services and Related Charges）

第五節　運費及費用的支付及幣值兌換（Payment of Rates and Charges and Currency Conversion）

第六節　空運提單（The Air Waybill）

第七節　各國家資訊（Information by Countries）

第八節　運送人特約規則（Carriers' Special Regulations）

(2)TACT費率表（TACT Rates）：這部分是說明所有費率包含單位包裝運具（ULD）費率。費率表又分成北美區（North America）和以外地區（World except North America）兩部分：

①TACT Rates－North America，適用於往來於美加、拉丁美洲之間的貨運。

②TACT Rates－Worldwide（except North America），適用於北美以外地區。

兩者內容結構都分成五個單元：

第一節　特別費率（藍色頁次）－Special Rates（Blue pages）

第二節　品名說明－Description

第三節　註解（粉紅色頁次）－Notes（Pink pages）

第四節　費率－Rates

第五節　結構費率（黃色頁次）－Construction Rates（Yellow pages）

　　TACT規則和費率表每年2月、6月、10月各發行一次修正版，每次新版時會在編輯註解頁上提示修改內容，以方便查閱。

第二節　航空貨運費率種類

㈠一般貨物費率

　　一般貨品費率（General Cargo Rates，縮寫為GCR）為適用於普通貨物的費率，也就是不屬於後述特別費率之一般貨物。費率表如表7-2：

表7-2　TACT費率表

Date/type	note	item	min wght	local curr.
LOS ANGELES CA	US	LAX		
U.S. DOLLAR	USD		KGS	
OSAKA JP	M		125.00	
	N		9.95	
		45	7.63	
		100	6.84	
		300	5.47	
		500	4.94	
		1000	4.48	

表格出處：作者整理

　　上表所示為一般費率表之一例。出發地為美國洛杉磯（Los Angeles, US），目的地為日本大阪（Osaka JP），貨幣單位為美元（USD），計費單位為公斤。費率表部分，單筆貨最低費率（M）為125美元，45公斤以下正常費率（N）為每公斤9.95美元；超過45公斤後的量貨費率（Q）分為5級：45～100公斤、100～300公斤、300～500公斤、500～1000公斤及1000公斤以上，分別為每公斤US$7.63、US$6.84、US$5.47、US$4.94、US$4.48。

　　大多數國家的正常費率分界為45公斤，只有少數為100公斤。未訂45公斤者，則以100公斤為界。

1. 正常費率（Normal Rates）

　　費率代碼以N表示，適用於計費重量在45公斤或100磅以下的貨物，本案例N為每公斤9.95美元。如費率表未訂定45公斤或100磅以下的運價，則適用於重量在100公斤或220磅以下的貨物。因此對小量貨載，除後述之最低運費外，一般45公斤以下的貨載收取的費率為正常費率，費率表以N表示。

2. 量貨費率（Quantity Rates）

　　費率代碼以Q表示，適用於計費重運量45公斤或100磅以上的貨物。

量貨費率係為爭取較大運量的貨源而制定，重量愈高，運價愈低。依本案例所示分為45 kg以上、100 kg以上、300kg以上、500 kg以上及1000 kg以上等不同重量級距的量貨費率，分別為USD7.63/公斤、6.84、5.47、4.94、4.48等。

以上費率等級，在報價單上的表示方式為：-45公斤、+45公斤、+100公斤、+300公斤、+500公斤、+1000公斤等。隨單票貨量越大，費率也越低，差距頗大。

以上的費率種類為基本費率。由於油價上漲或區域戰爭等突發狀況，在基本費率之外，航空公司也會依油價幣值變動等加收燃油附加費（fuel surcharge）、兵險附加費（war risk surcharge）、幣值變動附加費（currency adjustment factor）等，以因應臨時性的運輸成本上漲。

(二)最低運費

最低運費（Minimum Charges）為航空公司承運一批貨物的最低收費額，因對小量貨物運送人依舊須產生一定的基本作業成本，因此報價會有最低運費也就是每單筆貨載的最低收費標準，費率代碼為M，以上圖為例M為125美元。如託運貨物的收費重量乘以適用的運價未達到最低運費時，即按此最低運費收取。實務上，最低運費是依各區IATA費率為準。由出發地至各IATA Area的最低運費，隨運送地區的不同而有差異，上圖所示「M」為125美元。

(三)特種貨品費率

特種貨品費率（Specific Commodity Rates，縮寫為SCR），亦稱為Commodity Rate，費率代碼以C表示。特種貨物運價係為因應航空貨運市場的特殊貨品而制定，一般是特定航段之間某些貨運量較大的貨品，例如肉類食品、蔬菜、活體動物、紙製品等，共分成有10大類，每大類又有100項子類。計費重量通常在100公斤以上，費率依貨品類別不同而有差異，但較一般貨物運價為低。有些品類並有適用期間的限制，超過效期即

不能使用。

特種貨品費率編項如下：

項號	品項內容
0001～0999	食用動植物產品
1000～1999	活體動物及非食用動植物產品
2000～2999	紡織品和纖維及其製品
3000～3999	金屬和其製成品，但機器、汽車和電器設備除外
4000～4999	機器、汽車和電器設備
5000～5999	非鐵金屬和其製成品
6000～6999	化學品和其相關產品
7000～7999	紙製品、橡膠製品和木製品
8000～8999	科技、專業和精密器具、用品和其配件
9000～9999	其他

(四)品目分類費率

品目分類費率（Commodity Classification Rates，縮寫為CCR），通稱分類費率（Class Rates），為不歸類於特種貨物費率（品目SCR）的特殊貨物。品目分類費率原則上係以一般貨物運價的正常運價為基礎，按貨物的性質類別，訂定某一百比的加成（surcharge）或減價（reduction）計費。品目分類運價，可分為加成費率（Surcharged Class Rate）與折扣費率（Reduced Class Rate）二種運價。

1. 加成費率（Class Rate with Surcharge）

加成費率以代碼S表示，按所適用的一般貨物費率（GCR）或GCR的正常費率（Normal Rate）外加若干加成（surcharge）計費。適用於活體動物（Live animals）、貴重品（Valuable cargo）、人類遺體（Human remains）等五類貨品，例如貴重品費率為以正常貨品費率的3倍（300%）計算。

貨品項目	%
活體動物	250
孵化72小時內的小家禽	160
貴重品	300
人體骨灰	400
人體棺木	350

2. 折扣運價（Class Rate with Reduction）

折扣運價以代碼R表示，按一般貨物費率的正常費率給予某一百分比的折扣。適用於報紙、雜誌、期刊、書籍、商品型錄、盲人點字器具與有聲圖書（Newspaper, magazines, books, etc.），及以貨運方式託運的後送行李（Baggage shipped as cargo）等貨物，例如以貨運方式託運的後送行李依不同航段，按一般貨物正常費率的50-75%計算。

㈤包櫃費率

包櫃費率（Bulk Unitization Charges，縮寫為BUC），適用於使用航空器單位裝載運具（ULD）的單位化貨物（unitized consignments）。從廣體客機啟用之後，飛機的載重能力大增。ULD的使用可以加速裝卸機的效率，因此TACT也針對ULD制定單位化貨物費率。凡託運人（含航空貨運承攬人）自行將貨物裝入運價表所訂IATA規定的單位裝載用具型號內，自起運地機場完整運至目的地機場都在同一單位裝載用具時，則可適用該型號貨櫃費率。包櫃費率大部分規定於TACT費率表第4.3節，少數訂於第一節。包櫃費率包括《最低費率》與《超過最低重量費率》二部份：

1. 最低運費

凡裝於各型號單位裝載用具內的貨物，其重量未超過該型號單位裝載用具的低收費重量（minimum weight或稱pivot weight）時，即按最低運費（minimum charges或pivot charges）收費，以代碼U表示。所使用ULD型號及其皮重（tare weight），則以代碼X表示。舉例說明如下：

貨品名稱：電器產品（electrical appliances）

重量：690公斤

啓運地／目的地：聖薩爾瓦多／布魯塞爾

包櫃費率：US$3.86

量貨費率：500公斤以上US$6.17／公斤

使用包櫃型號：AKE 3288 AV

包櫃最低計費重量：710公斤

計算：

包櫃運費US$3.86×710 = US$2740.60

換算實際重量費率 US$2740.60÷690 = US$3.97／公斤

計算結果，包櫃平均費率US$3.97/公斤顯然較依一般貨物費率US$6.17/公斤，低廉甚多，顯然包櫃較有利。

2. 超過最低重量運價

凡裝於各型號ULD內的貨物重量超過該型號的最低收費重量時，超過部分的重量稱爲excess weight或over pivot weight，即按超過最低重量運價（Over Pivot Rate）收費，以代碼E表示。舉例如下：

貨品名稱：電器產品（electrical appliances）

重量：3500公斤

啓運地／目的地：聖薩爾瓦多／布魯塞爾

包櫃費率：US$3.86（包櫃最低重量以內費率）

US$2.71（超過包櫃最低重量以上費率）

量貨費率：500公斤以上US$6.17／公斤

使用包櫃型號：PAP 5586 AV

包櫃最低計費重量：1630公斤

計算：

包櫃運費US$3.86×1630 + US$2.71×1870 = US$11359.50

換算實際重量費率US$11359.50÷3500 = US$3.25／公斤

結果包櫃平均費率US$3.25／公斤較依一般貨物費率US$6.17／公斤

低廉甚多，顯然包櫃較有利。

　　最後再根據TACT規則第3.10.3.節（TACT Rules Sec. 3.10.3.）說明包櫃運費應注意事項：

1. ULD依據本節規則由託運人或航空貨運承攬人自行裝載並計費，不適用以下貨品：

　　⑴危險品。

　　⑵活體動物。

　　⑶貴重貨品。

　　⑷人類遺體。

2. 航空公司若提供提貨、交貨或其他服務者，相關費用須另外加收。

3. 本節包櫃運費，限於裝櫃由託運人、航空貨運承攬人或其代理人為之。換言之，裝卸櫃費用須由託運人、航空貨運承攬人或其代理人支付，航空公司不得代為裝櫃或甚至協助裝櫃。

4. 盤櫃使用免費期最多48工作小時，星期六、星期日及公共假日除外。

5. 對盤櫃在其使用期間所造成之損壞，必須負賠償之責。

6. 盤櫃的載重限制必須遵守，不得超重。

第三節　運費計算單位

㈠運費的計費基礎

　　空運貨物運價以每公斤（per kilogram）或磅為計費單位。但貨物依其體積和重量比例關係，又可分為高密度貨（high density cargo）和低密度貨（low density cargo）。所謂高密度貨是貨物較重，每一立方公尺重量等於或超過166.666公斤者，或體積和重量有如下比例關係：

1公斤等於或大於6000立方公分，或
1公斤等於或大於366立方英吋，或
1磅等於或大於166立方英吋

至於低密度貨（low density cargo）則指貨物較輕，體積重量比例低於前述數據者。圓柱體或不規則形狀的貨品如圓錐體，以其最大的長寬高尺寸為計算基礎，例如一個高70公分、底部直徑50公分×50公分的圓桶，其體積要以：50公分×50公分×70公分＝175000立方公分計算。因此根據貨物的高低密度，計收運費的重量乃有取貨物毛重（gross weight）或體積重量（volume weight）之分。而兩者取以計算運費的重量又稱計費重量（chargeable weight）。

㈡重量貨計費單位的計算

　　以貨物毛重量的公斤數或磅數為計費單位。貨物抵達航空貨運站進倉之前須先過磅，磅秤出來的總重量便是毛重（gross weight）。但毛重量如以公斤為單位者，計算到小數第一位，低於0.5公斤者以0.5公斤計，高於0.5則進一位數。如以磅為單位者，則取整數，小數點一律進一位。舉例如下：

　　　　100.4公斤→100.5公斤
　　　　100.7公斤→101公斤
　　　　100磅3盎司→101磅
　　　　100磅8盎司→101磅

㈢體積重量的選擇

　　體積重量的計算是依貨物體積大小換算而來，因此首須說明體積的計算。體積是按貨物外徑的長寬高計算，以圓柱體為例，假定柱體高度為70公分，底部直徑為50公分×50公分，收費體積為50×50×70cm＝175,000cm^3

　　如前面所述，不論貨物的形狀，一律按最大外徑計算。例如圓錐體的貨品，以投影下來的圓形直徑乘以貨品外包裝高度；圓柱體則以大邊的底部為直徑，乘以外包裝高度。乘出來所得數值，如以立方公分為單位者，再除以6000；以磅為單位者，除以166。至於長寬高數值，採四捨五入原

則計算至個位數。例如某件貨物長寬高如下：

150.2cm×125.5cm×100.6cm，四捨五入至個位數後成為：

150cm×126cm×101cm，或：

75 1/8 in.×65 1/2 in.×55 3/4 in.，四捨五入至個位數後成為：

75 in.×66 in.×56 in.。

計算體積重量如下

150cm×126cm×101cm = 1908900cm^3÷6000 = 318.150公斤

75 in.×66 in.×56 in. = 277200in^3÷166 = 1669.879磅

體積重量最後步驟是是將得到的數據計算到小數第一位，低於0.5公斤者以0.5公斤計，高於0.5則進一位數。如以磅為單位者，則取整數，小數點一律進一位。因此：

318.150公斤→318.5公斤

1669.879→1670磅

以上體積換算公斤數或磅數再和進倉時秤得的貨物毛重作比較，取其大者作為計費基礎，稱為收費重量（chargeable weight）。

茲再舉二例如下：

例一：假設有某貨主交運兩件貨物，重量和體積為：

A貨：毛重30公斤／90×50×70cm

B貨：<u>毛重40公斤</u>／直徑50；高度80cm

　　　總共70公斤

計算步驟1：90×50×70cm＋50×50×80cm = 515000cm^3

計算步驟2：515000cm^3÷6000 = 86公斤

計算步驟3：86公斤>70公斤，故以86公斤為計費重量（chargeable weight）。

例二：10箱貨物，毛重100kgs，貨物外包裝尺寸分別為38.7cm、45.5cm、63.2cm。經四捨五入後為：39cm、46cm、63cm。材積重量計算為（39cm×46cm×63cm×10箱）÷ 6000cm^3 = 188.370kgs。以四捨五入取小數點第1位等於188.5kgs，此空運貨物支付空運費之重量為188.5公斤。

因此計費重量的取決步驟圖示如下：

貨物過磅，確定貨物毛重	➡	計算貨物體積重量	➡	兩相比較，取大者為計費重量

1. 貨物過磅，確定貨物毛重。
2. 計算貨物體積重量。
3. 兩相比較，取大者為計費重量。

計費重量單位決定後，乘上適用的運價費率，即得到應收之運費金額。

例一費率單位為NT$70／公斤，運費為NT$70／公斤×86＝NT$6,020。

例二費率單位為NT$18／公斤，運費為NT$18／公斤×185.5＝NT$3,339。

以上為基本費率計費單位計算之計算，但由於燃油激烈變動及區域性緊張，還會加收燃油附加費（FS：fuel surcharge）及兵險附加費（war risk surcharge）等，則隨時依情勢變化而定，亦屬於運費項目內容。

(四)航空貨運承攬業的報價

航空貨運承攬業的報價費率則不受TACT規範，可依航空公司或同行的報價作為買價成本（buying cost），再酌加利潤而報給貨主，稱為賣價（selling price）。對量大的體積貨還常常可以分配量貨（volume）差價，因此費率的制定，遠較為靈活。

第四節　其他收費

航空貨運服務不只限於航空運輸部份，尚可依貨主需求提供多項服務，因此還有其他收費項目如下：

1. 倉租費（terminal charge）：臺灣現行空運倉儲收費標準如下：

最低收費為NT$100（1-20 kgs）

300 kgs以下每公斤NT$5/kg

300 kgs以上部份每公斤NT$1.5/kg

舉例：設若某貨有500公斤，則倉租爲：

NT$5×300 +（500 – 300）×NT$1.5 = NT$1,800

2. 報關費（customs clearance fees）：以每單計算，NT$1,200/單。

3. 海關連線費（C.A.S.）：NT$200。

4. 卡車費（cartage）：如有須航空貨運承攬人提供提貨服務時，會產生此項費用。

舉例：三重提貨至中正機場卡車費—

-300公斤／-40材：NT$800／趟

201～600公斤／41～85材：NT$1300／趟

601k～1500公斤／86～200材：NT$1500／趟

註：volume weight÷4.725 = 材數

5. 國外代墊關稅（customs duty & tax）：貿易條件爲DDP者，出口商須繳國外進口關稅。由於他人在這一端，怎麼繳國外關稅呢？可行方法之一爲請forwarder代繳。其實國外的forwarder往往有代辦報關，因此請他代繳關稅並不爲過。只是關稅金額有大有小，因爲關稅完全是代收代付性質。因此如要委由forwarder代繳者，在某一金額以上例如NT$10,000時，forwarder會要求先收，這是合理的要求。

6. 理貨費（handling charge）。理貨費爲forwarder收取之服務費，例如每單NT$600或NT$1,600。不過因爲市場競爭之緣故，此項費用往往不收或只收取象徵性的金額。

問題研討

1. 何謂TACT？並請研討TACT結構。

2. 何爲最低收費？何爲一般貨物費率？特種貨物費率？以及包櫃費率？

3. 請舉例研討貨物的毛重、體積重量和計費重量之計算，以及運費之計算。

4. 其他收費有那些項目內容？如何計收？

第八章

航空貨運提單

本章摘要

　　本章探討空運提單。提單是國際貿易最重要的單據,本單元首先介紹空運提單的基礎概念含定義和空運提單功能,並比較主提單與分提單的區別;次論空運提單責任的國際公約體系,國際航空運輸涉及跨國運輸,運送責任必須有國際一致性。從1929年華沙公約開始,後來歷經各次公約的補充,稱為華沙公約體系。1999年蒙特婁公約即將取代華沙公約,成為國際航空運輸責任依據,因此本章特加以說明。最後逐一解釋空運提單正面各欄位的內容及背面條款,以及賠償時效與限額。

第一節　航空貨運提單概論

一、航空貨運提單定義

　　空運提單(air waybill,縮寫為AWB)為航空貨運最重要的文件,每批空運貨物均須具備提單,作為託運人與航空公司間訂立運送契約及交付貨物的證明。現行空運提單的格式,係由國際航空運輸協會(IATA)設計為全世界會員航空公司一致採用。即使非會員航空公司及航空貨運承攬業亦多比照IATA格式,使空運提單格式達到相當的一致性。

　　依據華沙公約(Warsaw Convention)規定,空運提單應由託運人填製,與貨物同時交付運送人;即使授權由運送人代為填製,託運人仍須對記載於空運提單上有關貨物各事項及說明之正確性負責。

空運提單可使用於運送個別貨物（individual shipments）或運送併裝貨物（consolidated shipments），但對併裝貨物中的個別貨物，航空貨運承攬業者一般以本身的名義另行簽發分提單（house waybill，縮寫為HWB）給託運人，而非使用航空公司的空運提單作為併裝貨物的分提單。

空運提單（air waybill）和海運提單（bill of lading）的性質有部分相同，也部分有差異，其中相同部分為二者均具有收據及運輸契約證明文件的作用。航空貨物運輸的特性為快速，為讓受貨人迅速提領貨物，空運提單正本第二聯的受貨人聯通常與貨物一起隨機送達目的地交付受貨人辦理提貨。而海洋運輸則由出口商向銀行提示海運提單押匯後，再經輾轉流通轉讓，最後由進口商取得提單提貨，通常需耗時數天。就航空貨物運輸而言，這樣的速度趕不上航空快速運輸的要求。因此空運提單不具流通性（non- negotiable），在空運提單上即清楚表明。與海運提單是物權證書，可以背書轉讓、具流通性不同。實務上，在航程較短的航線，海運也有使用海上貨運單（sea waybills），同樣不具流通轉讓功能。

雖然一般航空公司多規定受貨人須憑空運提單才可提領貨物，但實務上，航空貨物運輸的貨物提領人是以能證明其為受貨人的單據辦理提貨手續。因此空運貨物提領人並不以持有空運提單為必要條件，而是提示空運提單上記載的受貨人身分為要件。

空運提單右上角均註明不具流通性（not negotiable），表明空運提單為直接式且為不可轉讓的載貨證券（straight or non-negotiable Bill of Lading）。空運提單受貨人欄上的記載必須為記名式，因此該欄位要求填寫受貨人名稱與地址（Consignee's Name and Address），不得填寫指示式的（to order或to order of）字樣。

空運提單雖非流通性的物權證券，但在國際貿易實務上，空運提單經運送人或代表運送人之代理人簽署，即視為正式運送單據，國際商會信用狀統一慣例條規定銀行可予接受。惟在信用狀方式的航空運輸，開狀銀行為確保對貨物的控制權，多規定空運提單上的受貨人欄位須以開狀銀行為

受貨人，而以進口商爲受通知人。

二、航空貨運提單分類

空運提單爲不可轉讓的文件（non-negotiable document），依提單上是否印刷簽發提單的航空公司識別標誌，可分爲航空公司空運提單（Airline Air Waybill）與萬國提單（Neutral Air Waybill）二種。前者由航空公司自行印製，空運提單上印就航空公司名稱。而萬國空運提單也一樣是IATA制定，但並不印有航空公司名稱。於簽發使用時依提單號碼上的航空公司三位數字代碼即可辨認，因此可供不同航空公司使用。除了航空公司所簽發的空運提單外，尚有由航空貨運承攬人簽發所謂分提單（House Air Waybill），格式都一樣，這是IATA的重要貢獻之一。不像海運提單，運送人須要自行找律師擬定，即使有抄襲，也要保留些差異。

航空貨運提單詳細內容後續說明。一套空運提單一般有八張，包含正本（originals）三張及副本（copies）五張。

空運提單分類如下：

1. 正本提單與副本提單

空運提單正本三聯背面均載明契約條款（Conditions of Contract），三張具有相等效力。提單正副本的各聯用途分別爲：

(1)正本第一聯─運送人聯（Original 1 - for Issuing Carrier）：綠色（green）。由簽發提單航空公司留存，作爲其會計做帳之用，並作爲運送人與託運人簽署運送契約的證明。

(2)正本第二聯─受貨人聯（Original 2 - for Consignee）：粉紅色（pink）。隨同貨物送目的地交付受貨人，作爲報關提貨之用。

(3)正本第三聯─託運人聯（Original 3 - for Shipper）：藍色（blue）。由託運人收執，作爲航空公司收到貨物的證據，及運送人與託運人簽署運送契約的文書上的證據，並供託運人憑以持向銀行辦理押匯。

須說明者前述顏色的區分並非絕對必要條件，隨運送人喜好，亦可全

數爲白色。除三張正本外，同時發行五張副本，以供貨主辦理貨物保險及報關等其他用途之用。

2. 主提單與分提單

　　空運提單種類依簽發人的不同可分爲主提單（Master Air Waybill; 簡稱MAWB）與分提單（House Air Waybill; 簡稱HAWB）二種。空運提單由航空公司簽發者，稱爲主提單（MAWB）；但航空貨運承攬業者亦可簽發提單，承攬業者所自行簽發的空運提單則稱爲分提單（HAWB）。詳見圖8-1與圖8-2如下。

　　所謂主提單，是指航空公司的提單，託運人直接向航空公司或其代理人填寫託運單（booking note），進行訂艙託運貨物。運送人接受託運以後，航空貨運承攬人或貨主將貨物送到機場進倉報關。經海關檢驗放行後，航空貨運承攬人製作空運提單給航空公司和貨主及一張隨機予受貨人提貨，這提單即爲主提單又稱航空主提單。此提單將可適用於運送個別

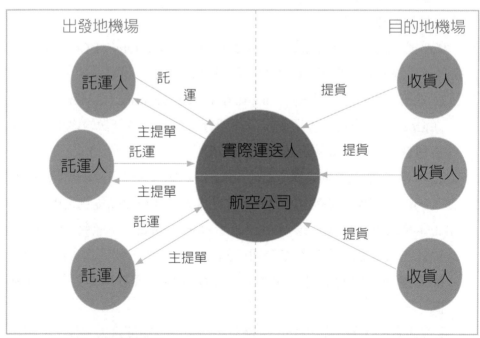

圖8-1　航空公司直發主提單

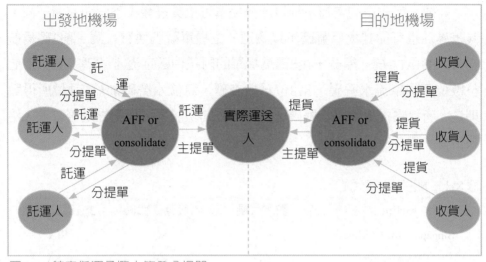

圖8-2 航空貨運承攬人簽發分提單

貨物和併裝貨物，但航空公司主提單上並無「Master」字樣，而只以Air Waybill為標題，但因簽發人為航空公司而稱之。航空貨運的操作主角在航空貨運承攬人，主要代理（key agent）在繳交適當金額的押金以後，航空公司可授權其製作及簽發主提單。

　　所謂的航空分提單或副提單又稱分提單、子提單，是指在託運人選擇將貨物透過航空貨運承攬業託運，委託其處理有關貨物之相關運輸事宜，並負全程運送責任。此時託運人所取得的空運提單並不是由航空公司所簽發，而是航空貨運承攬業者的。航空公司所簽發的提單是在航空貨運承攬業者手中，而航空貨運承攬業者是根據航空公司所簽發的提單再另行簽發分提單。一般來說，因為航空貨運承攬業者並非實際運送人或是契約運送人，所以一旦貨物在運送過程中如有發生損失的情況時，貨主只能向航空貨運承攬業者索賠，不能直接對航空公司主張權利。因貨主是將貨物委託給航空貨運承攬人而非航空公司，所以貨主與航空貨運承攬人之間所生為承攬運送關係，而貨主與航空公司之間並無直接契約關係存在。貨物在運送過程中如有貨損的情況發生時，貨主只能依法向承攬業者尋求賠償，而不能向航空公司主張權利。

託運人所取得的空運主提單或分提單可依其簽發人不同而有所不同，其差異性也可從其提單號碼予以識別。主提單號碼共有11碼，前3碼為航空公司的IATA統一編號，後8碼為提單的阿拉伯數字流水號碼，其中前七位數位為提單流水號碼，第8位為檢查碼，將流水號碼加總除以7所得數即是。所以主提單的流水號碼，具有檢查的功能，可以檢查是否有輸入錯誤情事，如表8-1。

表8-1　航空公司代碼

Airlines	數字代碼	2位英文代碼	3位英文代碼
Singapore Int'l Airlines	618	SQ	SIA
EVA Airways	695	BR	EVA
China Airlines	297	CI	CAL
Emirate Airlines	176	EK	UAE
KLM Royal Air,ines	074	KL	KLM
Swiss World Cargo	724	LX	SWC

如果是由航空貨運承攬業者所簽發的分提單，起首可能為該公司的英文代號而非阿拉伯數字，其後面為該公司自編的流水號碼，所以由此項特徵亦可分辨出為主提單或是分提單，主提單與分提單主要的差異點在於簽發人的承運人的不同。託運人（或貨主）所取得的提單的不同，所生的運送權利義務也有所不同。舉例來說，一旦貨物發生損害時，如託運人持主提單即可向實際運送人即航空公司索賠，但如所持有的提單為分提單時，要求賠償的對象就為航空貨運承攬人。託運人會因所持有的提單的種類不同，所要求賠償的對象也不同。有關主提單與分提單的主要差異，詳見表8-2如下：

表8-2　主提單與分提單比較表

種類	主提單	分提單	說明
提單 性質與記載	貨物收據		不管提單的種類為何，所具備的法律功能將為一致
	運送契約憑證		
簽發者	航空公司或其代理人（Air Cargo Agent）所簽發	航空貨運承攬業者或航空貨運併裝業者所簽發	託運人因貨物在運送過程中所產生的損失，會因提單簽發者的不同，而發生託運人索賠對象不同的情況。主提單是指運送人與託運人間具有運送契約的關係；而分提單是承攬業者與託運人間具承攬運送的契約關係。
運費收取方式	依IATA	依併裝費率（與貨主實際約定的運費）	因每個貨主將貨物交由承攬業者的貨量不同，所以其託運的價格自然就會有所不同。一般來說，分提單的運費收取方式是依承攬業者之間彼此議價或協訂而來。
提單格式、運送條款與提單號碼	提單格式、運送條款均IATA統一格式及統一條款。提單編號以IATA所賦予各航空公司之識別代碼為開頭	提單格式與運送條款由各承攬業者自訂提單號碼也是以貨運承攬業者公司的英文名稱為開頭或其他非三位數之阿拉伯數字代表	一般來說，提單格式與運送條款IATA都有統一規定，但運送人或承攬業者會依規定設計適合本身的提單。
交付提單（一式三份）	1. 由運送人（航空公司）留存—綠色 2. 交受貨人—粉紅色 3. 交予託運人—藍色	1. 承攬業者留存 2. 交受貨人 3. 交予託運人副本（十二份）	分提單的副本12份主要是作為報務、財務結算、國外代理等用途。

| 「運送人或其
代理人簽署」
欄（右下角）
（Signature of
issuing Carrier
or its agent） | 與「運送人名稱
和地址」此欄的
名稱相同或標明
代理人代為簽發 | 空白 | 因承攬業者非實際運送人所
以在此欄與「issuing carrier's
agent name and city」這二欄都
必須是空白。 |

資料來源：簡宏政，2004「全球運籌模式下航空貨運承攬業者之地位與提單之研究」，世新大學法律學系碩士論文。

　　然而不論是主提單或是分提單，在空運提單中的實際運送人均是航空公司，而航空貨運承攬業者為承攬運送人。藉由提單之填發為契約運送人，取得運送人資格，替託運人貨物提供運送服務而得報酬。所以在航空貨物運輸過程中，託運人交運貨物後所取得的空運提單可能是主提單或為分提單，端視託運人直接請求託運的對象而定。根據信用狀統一慣例（UCP）之規定，信用狀允許接受分提單，銀行已可受理承攬運送人所簽發之運送單據。

　　航空貨運承攬業者以航空貨運承攬運送人的身分，向個別託運人承攬空運貨物予以併裝集運，並以本身名義簽發分提單（HWB）。集運貨物分別按不同目的地集中後，再以本身為託運人填製航空公司的空運提單（AWB），將該集運貨物交給航空公司運送。就航空貨運承攬業的分提單（HWB）而言，航空公司的空運提單（AWB）為該分提單的主提單（master air waybill，縮寫為MAWB），分提單則為該航空貨運承攬者依據主提單號碼所簽發的運送單據。

　　空運主提單與分提單之間的關係，為分提單必須依附航空公司的主提單而存在，凡有分提單必有航空公司主提單，但有航空公司主提單不一定有分提單。因此，分提單的貨主與航空公司間在法律上無直接運送關係，就貨主而言，航空貨運承攬業者為其運送人。

三、航空貨運提單功能

1. 空運提單為運送人與託運人間訂立運送契約的文書證據（A

Documentary evidence of the conclusion of the Contract of Carriage）：
這是空運提單最重要的功能。正本提單正面訂有詳細記載內容，背面
則有契約條款（詳見第四節），爲雙方運送契約的文書證據。

2. 爲收受承運貨物的憑證（Proof of receipt of the goods for shipment）：
託運人於貨物經交運後，正本提單第一聯由運送人簽字，以示收受貨
物。

3. 爲收費單據（A Freight bill）：空運提單上載明運費及其他費用，以及
兌換率等，做爲收取運費及費用之單據。

4. 爲航空公司預約保單的保險證明（A Certificate of Insurance-if carriers'
insurance is requested by Shipper）：空運提單可作爲有經由運送人
安排貨物保險的收貨證明，此在後述提單記載內容第(20)Amount of
Insurance欄位表明之。

5. 爲航空公司貨運人員憑以處理、運送及交貨的依據（A Guide
to carrier's staff in handling, dispatching and delivering the
consignment）：在空運提單上對特殊貨載例如危險品或冷凍貨等的操
作有特定欄位（Handling Information，後述記載內容第（21）欄位）
供記載，用以告知相關人員應注意事項，做合適的操作。

6. 爲運送人關於貨物運送、裝卸及交貨的依據。空運提單正本第二張隨
機而走，因此運送人可按照受貨人欄位的記載交貨。

7. 如貨主有申報貨物價值時，空運提單所記載金額爲價值的證明，並須
繳交相應的從值運費。若無申報價值者，運送人每公斤責任限額爲20
美元，或依我國民用航空法爲1千元新臺幣。

四、其他相關文件

1. 貨物託運申請書（Shipper's Letter of Instruction，縮寫爲SLI），通
稱《託運單》，其格式由國際航空運輸協會（IATA）統一制訂，係
託運人向航空公司託運貨物必需填寫的文件。現在多簡化爲訂艙單
（booking note），以電子郵件email或傳眞即可搞定。

2. 託運危險品申報書（Shipper's Declaration for Dangerous Goods）：託運危險品時，託運人必須填寫託運危險品申報書並簽名。

3. 託運活體動物證明書（Shipper's Certification for Live Animals）：託運活體動物時，託運人必須填寫託運活體動物證明書並簽名。

4. 賣方商業發票影本：託運人託運特種貨品時，航空公司為確定託運貨物是否符合適用特種貨物運價，得要求託運人提供賣方商業發票（Vendors Commercial Invoice）影本作為證明。

第二節　航空貨運提單記載內容

一、空運提單正面記載內容

　　空運提單主要為航空貨物運送重要的運送文件之一，其提單正面記載事項與背面所記載的條款，攸關整個運送過程雙方當事人的權利與義務。因此為了避免雙方因提單記載不正確或認知的差異，因而衍生出爭議，故需把攸關整個航空貨物運輸過程中重要文件的空運提單加以探討與了解。此處先就提單正面主要欄位記載內容以下附IATA提單格式，並依序加以說明。以下逐項說明請參照圖8-3 IATA萬國空運提單樣式：

1. 空運提單號碼(1)、(2)：空運提單號碼記載在三個部位，左上角、右上角和右下角，依其號碼內容又分為二個部分，分別以1A及1B說明之：

   1A三碼數字，為航空公司的IATA代號，例如777代表法航、695代表長榮航空、297代表中華航空等。

   1B為空運提單流水號，共8碼，其中最後一碼為檢查號碼。將前7個流水號碼加總除以7，其餘數即為檢查號碼，例如0713605除以7，餘數為4，檢查號碼為4（17136054）、同樣1234567除以7，餘數為5，檢查號碼即為5（12345675）。

2. 提單運送人（右上角欄位）：本欄位供記載本空運提單運送人之名稱和地址。因IATA空運提單係屬通用式的，因此發行之運送人須將名稱和地址在此欄位正式標示上去。

000 | 1 | 1234 5678   2 000- 1234 5678

Shipper's Name and Address | Shipper's Account Number

Not Negotiable
Air Waybill
(Air Consignment Note)
Issued by

Member of International
Air Transport Association

3

Copies 1, 2 and 3 of this Air Waybill are originals and have the same validity.

Consignee's Name and Address | Consignee's Account Number

It is agreed that the goods described herein are accepted in apparent good order and condition (except as noted) for carriage SUBJECT TO THE CONDITIONS OF CONTRACT ON THE REVERSE HEREOF. THE SHIPPER'S ATTENTION IS DRAWN TO THE NOTICE CONCERNING CARRIER'S LIMITATION OF LIABILITY. Shipper may increase such limitation of liability by declaring a higher value for carriage and paying a supplemental charge if required.

4

Issuing Carrier's Agent Name and City

Accounting Information

5

14

Agent's IATA Code 6 | Account No. 7

Airport of Departure (Addr. of First Carrier) and Requested Routing 8

| To | By First Carrier | Routing and Destination | To | By | To | By | Currency | CHGS Code | WT/VAL PPD COLL | OTHER PPD COLL | Declared Value for Carriage | Declared Value for Customs |
|9| 10 | | 11 | | | | 15 | 16 | 17 | 18 | 19 | 20 |

| Airport of Destination 12 | Flight/Date For Carrier Use Only Flight/Date 13 | Amount of Insurance 21 | INSURANCE – If carrier offers insurance and such insurance is requested in accordance with conditions on reverse hereof, indicate amount to be insured in figures in box marked Amount of Insurance. |

Handling Information

22

No. of Pieces RCP	Gross Weight		Rate Class Commodity Item No.	Chargeable Weight	Rate / Charge	Total	Nature and Quantity of Goods (incl. Dimensions or Volume)
23	24	25 26	27	28	29	30	31

Doodoo1004/Tistory

Prepaid 32	Weight Charge	Collect	Other Charges 34
	Valuation Charge 33		
	Tax		
	Total Other Charges Due Agent 35		Shipper certifies that the particulars on the face hereof are correct and that insofar as any part of the consignment contains dangerous goods, such part is properly described by name and is in proper condition for carriage by air according to the applicable Dangerous Goods Regulations. 39
	Total Other Charges Due Carrier 36		
			Signature of Shipper or his Agent
Total Prepaid 37	Total Collect 38		40
Currency Conversion Rates	CC Charges in Destination Currency		Executed on (date) at (place) Signature of Issuing Carrier or Agent
For Carriers Use Only at Destination	Charges at Destination	Total Collect Charges	000- 1234 5678

圖8-3　IATA萬國空運提單樣式（圖片出處：blog.naver.com）

3. 託運人名稱（Shipper's Name and Address）—(3)

此欄位填列託運人，係指出口商而言。須將其名稱與地址詳細填入（地址部份需填入國家名稱、城市、街道名稱、門牌和郵遞區號號），並提供電話號碼，以利聯繫。

4. 託運人帳號（Shipper's Account Number）—(3)

依運送人需要及有無約定帳號而定，本欄位即供填寫託運人帳號，如無可免填。

5. 受貨人名稱和地址（Consignee's Name and Address）—(4)

空運提單為直接記名式且不可轉讓，與海運提單有所不同，所以要受貨人的名稱與地址詳細填入，以利交貨，不可空白或填寫「To order」等字樣。

6. 受貨人帳號（Consignee's Account Number）—(4)

依運送人之需要及有無約定帳號而定，本欄位供填寫受貨人之帳號，以便交貨端的運送航空公司或其代理查檔，迅速放貨，如無則可免填入。

7. 運送人之發單代理人姓名與城市（Issuing Carrier Agent Name and City）—(5)

本欄位供記載提單簽發人名稱和所在城市。

8. 簽發提單代理人的IATA代號（Agent's IATA Code）—(6)

如簽發人為國際航空運輸協會（IATA）的會員則需寫入其會員編號。

9. 代理人帳號（Account No）—(7)

依運送人的需要即有無約定帳號而定，本欄位供填寫代理約定帳號，如無則免填。

10. 啓運地機場及要求之運送路徑Airport of Departure (Address.of first carrier) and requested Routing—(8)

一般只填入貨物啓運機場的名稱，或僅填入啓運機場IATA三個英文字母之代號，如臺北為TPE或J F Kennedy (JFK)。

11. 航次與目的地（Routing and Destination）：這欄位包含下列幾項資

訊：

(1) to（By first carrier）—(9)：記載目的地或第一個轉運站機場之IATA三字代碼。

(2) 第一程運送之航空公司 （By first Carrier）—(10)：填入第一運送人之全名或其簡稱；如在轉運的情況下，有第一運送人的名稱縮寫時需註明。

(3) to（by Second Carrier）—(11)：爲目的地或第二個轉運站機場之IATA三字代碼。

(4) by（by Second Carrier）—(11)：爲第二運送人的全名或其IATA二字代碼。

(5) to（by Third Carrier）—(11)：爲目的地或第三個轉運站機場之IATA三字代碼。

(6) by（by Third Carrier）—(11)：爲第三運送人的全名或其IATA二字代碼。

12. 目的地機場（Airport of Destination）—(12)

指填入貨物最後運抵的目的地機場，爲了避免因同名所產生的困擾，所以應將目的地機場英文全名填入不可簡寫或填入代碼，並標示可區別的地區或國名。

13. 航班日期（Requested Flight/Date）—(13)

由航空公司或其代理人在此欄填上日期、地點；其中日期之月份應以英文全寫或縮寫方式表示之，不可用數字表示。一般而言，此欄是專供運送人使用而不作爲發送日期之註解。

14. 幣別（Currency）—(15)

係指本提單使用的貨幣單位簡稱如USD或EUR，但此幣別並不包括匯率（Currency Conversion Rates）。到付貨物運費則以目的地貨幣折算後支付。

15. 重量、報值運費與其他費用（Weight/Valuation Charges）與（Other Charges at Origin）的預付（prepaid）或到付（collect）—(16)、(17)、

(18)

依其運費與其他費用該採預付（Prepaid：PPD）或到付（Collect：COLL），在此欄位中填註「X」；需申報貨物價值的附加運費須同時全部預付或到付之方式，所以也是於此欄預付或到付二者間填註「X」。另外，如在運輸途中轉運所產生的費用，除非是事前預告要求託運人預付外，其餘應屬到付，也在第15A或15B欄位註明。

16. 申報價值（Declared Value for Carriage）—(19)

本欄位供託運人向運送人申報有關託運貨物的價值。如未申報貨物價值，則運送人對貨物毀損及滅失的賠償責任以每公斤USD20為限。因此如欲超過此賠償限額時，必須在此欄位做申報。不申報者則在該欄位填入N.V.D.（no value declared）或W.C.L.（Warsaw Convention Limitation），但不可填入「no value」或空白。

17. 供海關用申報價值（Declared Value for Customs）—(20)

將以報關總價值填入，為進口國海關課徵進口關稅為依據。通常為貨物的發票價值，但若不申請則需填寫N.C.V.（no custom value）。

18. 保險金額（Amount of Insurance）—(21)

指託運人透過運送人（航空公司）購買貨物保險時，須在此欄填入保險金額；否則填入「NIL」，是指航空公司不代辦國際貨物的保險業務。

19. 費用代號（Charge code）—

本欄位係使用於電子單據的情形，針對付費方法所作之代號，舉例言之：

CA—代表部份費用現金預付、部分到付費用記帳結付。

CB—代表預付及到付費用都用記帳結付。

CC—代表全部費用為到付（collect）。

本欄位即供記載上類代號。

20. 貨物處理資訊（Handling Information）—(22)

此欄將註明有關處理貨物所需特別注意的事項，例如填入受通知人的

名稱、地址或註記運費到付（freight collect）及L/C號碼、冷凍貨設定溫度或危險品表示等特殊事項等。

21. 關於貨物之記載，共有19個欄位（23-31），分別說明如下：

⑴件數（No. of Pieces, RCP）─(23)

為填入貨物的件數，如有關貨物費率等級不同時，應該分別填入，最後將總件數填入於下方欄空格（22J）內。

⑵毛重單位（Gross Weight）─(24)

需與件數相符合，且只需填入數字即可，如將貨物的毛重分開填寫時，需將最後的總毛重填入於下方欄(25)內。

⑶毛重數量（Kg/Lb）─(25)

指將毛重的單位填入；K指公斤、L指磅。

⑷費率等級（Rate Class）─(26)

填入所採用的貨物費率等級的代號，其英文代如下：

C：特別商品費率（specific commodity rate）

M：最低運費（minimum charge）

N：一般（正常）運費（normal rate）：低於45公斤

Q：高貨量運費（quantity）：指45公斤以

R：低於N的商品之分級費率（class rate surcharge）

S：高於N的商品之分級費率（class rate reduction）

U：使用IATA標準貨櫃的基礎運費（unit load device basic charge or rate）

E：超過貨櫃標準重量的部份所適用的費率

X：使用貨櫃或統一打包者

W：由託運人自行裝櫃

⑸商品品項代號（Commodity Item No）─(27)

若使用特別商品費率（C）時，應將其IATA商品代號填入，但如果為其他代號則可不需填入。

(6)計算運費重量（Chargeable Weight）－(28)

據以填寫航空運費的貨物重量，且此欄位是必需記載的項目。

(7)費率（Rate/Charge）－(29)

屬計算運費的標準，而此欄只需填入所適用的貨物運費，並以數字為代表。

(8)運費總數（Total）－(30)

本欄是指將重量（Chargeable Weight）乘以費率（Rate/Charge）所得之。

(9)貨物性質與數量（Nature and Quality of Goods）－(31)

需將貨物品名、數量、尺寸或體積等資料填入；貨物品名不得填入貨物類別的統稱如電器、生鮮易腐物品等；若為危險品時，應將其品名詳細列出其標準學術名稱；若依體積、重量計算者則需將其體積列出，其中體積需與包裝單上的記載相同；若屬高價值商品者則需將包裝的長、寬、高列出；如使用IATA標準貨櫃者，需將貨櫃的識別號碼列出。

22. 運費數額（Weight Charge）－(32)

根據付款方式分別填寫預付或到付，如為FOB則在預付欄（Collect）填上運費金額；如為CFR（C&F）或CIF則在到付欄（Prepaid）填上運費金額。

23. 申報價值附加費（Valuation Charge）－(33)

按規定收取的聲明價值附加費，可以預付或到付，依付款方式分別填入。

24. 其它費用（Other Charge）－(34)

填入其他費用的專案名稱和金額。如在起運地發生的其他費用，應全部預付或到付；亦可填入於運輸過程中或目的地發生的其他費用，應全部預付或到付等情況。

25. 它項費用（Other Charges）－供標明運費以外的其它收費如提單費、報關費、提交及送貨等。

26. 稅（Tax）—

依規定收取的稅款金額，可預付或到付，根據付款方式分別填寫。

27. 應交代理人它項費用總額（Total Other Charges Due Agent）—(35)

寫入代理人的他項費用總額，可預付或到付並依付款方式分別填入。

28. 應交交予運送人的其他費用總額（Total Other Charges Due Carrier）—(36)

依付款方式分別填入，並可以預付或到付。

29. 全部合計預付貨物費用之總金額（Total Prepaid）—(37)

30. 全部合計到付貨物費用之總金額（Total Collect）—(38)

31. 到付貨物運費（CC Charge in Dest. Currency）

依全部合計預付貨物費用之總金額由第18欄所指定的國家幣別和匯率換算得知。

32. 在目的地之其他費用金額（Charge at Destination）—供填入在目的地發生的貨物運費之金額，又分成五個欄位：

(1)僅限於由運送人於目的地之填入（For Carrier's Use only at Destination）。

(2)匯率（Currency Conversion Rates）：指國家的幣別和匯率。

(3)以目的地匯率計算之道付費用總數。

(4)目的地費用總數（Charges at Destination）。

(5)到付費用總數（Total Collect Charges）。

33. 託運人或其代理人簽章（Signature of Shipper or its Agent）—(39)

是指託運人或其代理人對於提單正面內容記載相關事項屬正確性且同意背面之各項條款所加以簽章。

34. 填入貨運單之日期，年、月、日/地點（Executed on/(Date)/at(place)）—(40)

35. 運送人或其代理人簽章（Signature of Issuing or its Agent）—(40)

由簽發提單之運送人或其代理人填寫日期、受貨地點後，並加以簽章證明。

據前面21.9.所述，在空運提單「Nature and Quality of Goods」(31)欄位中，須將貨物之性質與數量，及貨物的相關資料詳細填寫。若此貨物為危險品時，並須需詳細列出其標準名稱，或在「Handling Information」(22)欄中註明其為危險品及操作應注意事項。這些做法主要都是為了讓操作人員了解貨物屬性，以針對貨物的性質作最佳的處理。託運人需確實將貨物性質詳細填寫清楚，因可能會因為處理不當而引發航空意外事件。舉例來說，如果未詳盡標明此貨物為危險品的情況下，致操作人員未將此貨物做妥善的處理，以致貨物上機後，因其性質而造成爆炸等意外事件的發生。

在空運提單正面記載事項中，每一個項目都有其主要功用。最終的目的都是為了未來在發生貨物毀損或滅失時，空運提單之記載能做為責任判斷的依據。舉例來說，在空運提單中，為何要將相關的運送人分別填入提單之中？其目的不僅是為了符合公約之要求，使託運人有權對第一運送人提起訴訟，受貨人也有權對最後運送人提起訴訟。所以須將相關運送人的資料填入提單中，可以做為貨物發生損害時，對相關運送人提出訴訟之依據。

目前空運提單的格式大多相近，其記載的項目也大同小異。但是不管其內容制定的如何詳細，最主要的還是仰賴契約當事人將其貨物資料詳細且完整清楚的填寫。如此不僅可使造成貨物損害之機會降低，也使提單可做為雙方當事人一個最佳的契約依據。所以空運提單的相關規定固然十分重要，但是更重要的是雙方當事人是否將提單之記載內容確實的填寫與遵守，這才是航空貨物運送中最重要的問題。

1929年華沙公約規定空運提單應記載事項多達十項，但1999年蒙特婁公約則簡化為三項：出發地與目的地、停經地點及標明貨重即可（a. An indication of places of departure and destination.; b. An indication of at least one stopping place; and c. An indication of the weight of the consignment. – Article 8.）。

國際航空貨運實務

二、空運提單背面契約條件內容

(一)國泰航空公司空運提單背面條款（參閱附錄七）

空運提單乃是運送契約，因此在正本背面條載有契約條件內容（Conditions of Contract on the reverse side of the AWB，詳見附錄六國泰航空公司空運提單背面條款）[1]，在此僅擇要說明：

1. 責任限額：在背面條款的開宗明義即以提醒式的英文大寫文字指出，除非貨主有事先申報較高的貨物價值並載明於空運提上，否則運送人的責任限額為每公斤250金法郎，或相當於每公斤20美元。（UNLESS A HIGHER VALUE IS DECLARED IN ADVANCE BY THE SHIPPER AND A SUPPLEMENTARY CHARGE PAID IF REQUIRED. THE LIABILITY LIMIT OF 250 FRENCH GOLD FRANCS PER KILOGRAMME IS APPROXIMATELY US$20.00 PER KILOGRAMME.）。對申報貨物價值者，運送人對超過每公斤超過20美元的部分，將加收0.75%的加值運費（valuation charge）。此加值運費高於保險公司的保險費，對貨主並無實質利益，因此實務上申報貨物價值的並不多。

2. 空運提單準據法：即提單權利義務的適用國際公約之約定，就此國泰航空公司約定除非國際運輸者外，本空運提單適用華沙公約（Carriage hereunder is subject to the rules relating to liability established by the Warsaw Convention unless such carriage is not "international carriage" as defined by that convention.）。所謂國際運輸簡單說就是啓運地和目的地分屬不同國家，須是國際運輸才適用華沙公約。否則即為國內運輸，適用國內法即可。

3. 運送人責任期間：運送人對貨物的責任期間為收貨開始到交貨為止（Subject to the conditions herein, the Carrier shall be liable for the

---

[1] 臺北市航空貨運承攬商業同業公會制定有「中華民國航空貨運承攬業標準交易條款」，請參考附錄八或公會網站 www.tafla.org.tw

goods during the period they are in its charge or the charge of its agent.）

4. 提出求償時間：

貨損或延遲損失提出求償的期間分成四種情況：

⑴顯而易見的貨損須於發現當時或於事後14天內提出求償（of visible damage to the goods, immediately after discovery of the damage and at the latest within 14 days from receipt of the goods.）。

⑵非顯而易見的貨損於收貨後14天內提出求償（of other damage to the goods, within 14 days from the date of receipt fo the goods.）。

⑶貨物延遲到達的損失則須於受理貨物之後21天內提出求償（of delay, within 21 days of the date the goods are placed at his disposal.）。

⑷對未交付貨物的損失則於空運提單簽發之後120天（of non-delivery of the goods, within 120 days from the date of the issue of the Air Waybill.）。

5. 請求權時限：對運送人貨損請求權於貨物抵目的地或運輸終止後兩年內，未向運送人提求償即時效消滅（Any rights to damages against Carrier shall be extinguished unless an action is brought within two years from the date of arrival at the destination, or from the date on which the transportation stopped.）。

6. 運送人不負責任事由：運送人對因貨主未遵照本約定條款所致之損失或發生之費用，得不予負責（Carrier is not liable to the shipper for loss or expense due to the shipper's failure to comply with this provision.[2]）。

㈡國際航協空運提單背面契約條文

對於空運提單背面契約條文內容，國際航協也同時做了建議。契約

[2] 對背面條款有興趣者請參閱中華民國航空貨運承攬業運貨契約條款，臺北市航空貨運承攬商業同業公會網站（www.tafa-r.org.tw）

內容總共有15條，開宗明義即特別以不同字體指出，除非貨主有申報較高的貨物價值並且支付相對應的附加費用（Supplentary Charge），否則運送人責任限額即依照華沙公約每公斤為250金法郎，相當於每公斤20美元。因此貨主如欲讓運送人承擔較高責任限額，則須事先申報貨物價值，並在提單申報價值（Declared Value for Carriage）欄記載貨物實際價值。對此記載，運送人將依貨值加收一定比例的附加費用。附加費用的基本上是屬於保險費性質，因為運送人同樣是將增加的風險向保險公司購買保險。風險增加，保費自然提高。不過這樣做，事實上對貨主不見得有利。因為於發生貨物損失時，須自行向運送人求償。如果是自行購買貨物保險，於貨損發生時，將由保險公司理賠，再由保險公司向運送人請求賠償，不致影響貨主營業，較有保障。

以下接著就重要條文加以說明，條文編號及原文內容請參照後附資料。

第1條係就幾個名詞所做定義，包括運送人（Carrier）、華沙公約（Warsaw Convention）及金法郎（French gold francs）。運送人指和本航空運送有關的所有人，含直接運送之本人及輔助履行有關服務之人等；華沙公約則指1929年10月12日的華沙公約本體及後續在1955年9月28日在荷蘭海牙所通過的修訂條款；至於金法郎係指重量65.5毫克，九成純度之黃金而言。

第2條含2.1及2.2兩個子條文，係關於運送責任準據之約定。2.1為言明國際航空運輸責任適用華沙公約之規定，如非國際運輸則否；2.2則約定本國際航空運輸的責任依據包含三類：法令及政府法規與命令（2.2.1）、本運送契約條款（2.2.2）及運送人之運價表、規則和航班表之約定（2.2.3）。

第4條言明即使在華沙公約不生效的情形，除非貨主事先申明較高的貨物價值，並支付相關附加費用，否則運送人對貨物毀損、減失和遲到所負賠償責任，仍然以每公斤20美元為限。

第5條約定依前述條文申明貨物價值並且支付相關附加費用後，則對

貨物毀損、滅失和遲到所負賠償責任即以此為準，但實際賠償仍依照貨主舉證貨損的程度而定。

第6條約定於發生貨物毀損、滅失和遲到時，貨物重量的計算將僅及於貨物物件（package or packages）的重量。

第7條約定運送人的免除責任條款也適用於他的代理人、雇員和代表，還有運送人所使用之航空器（aircrafts）的所有人，其代理人、雇員和代表。

第9條約定運送人的責任期間為貨物在其本人及代理人看管的期間。

第10條又分10.1和10.2兩個子條文。10.1為關於運費及費用的支付，除係運送人未經託運人書面同意而自行接受受貨人延期付款者外，託運人對所有運輸費用負保證付款之責。10.2則約定貨物未交付且運輸費用未繳，貨損請求權不受影響。

第11條為關於貨到通知的約定。貨到通知必須在貨到之前立即送交提單正面記載內容所載之受貨人或指定受通知人；除非在貨物抵達目的地之前有接受託運人其他指示，否則貨物將交予受貨人或遵照其指定之人。但如果受貨人拒領貨物或無法聯繫時，則貨物處置應依照託運人之指示。

第12條為關於有貨損時的書面通知時效。除非於下述時限內以書面通知運送人，否則將推定已完成交貨責任。1.貨損狀況明顯時，須在貨物提領當時或最遲14天內；2.貨損不明顯時，則在提貨起14天之內；3.貨物延遲到達之損失，在提貨起21天內；4.若貨物未提領者，則在提單簽發日起120天。至於請求權受提起對象為空運提單簽發運送人、第一航程運送人或最後一程運送人，或貨物毀損滅失和遲到發生階段之運送人。本條最後約定請求權的消滅時效為自貨物到達或應到達日，或航程中斷日兩年之內。

第三節　賠償請求權時效與責任限額

依據1929年華沙公約第29條的規定，損害賠償的請求權應在(1)到達目的地之日起或(2)航空器應到達之日起或(3)運送停止之日起的兩年內提出

訴訟，否則請求權應告消滅。而1999年蒙特利爾公約對於此項的規定和華沙公約規定相同，並沒有特別變動。此外，依據我國民法125條與127條的規定，運送費及運送人所墊款項部分，則是與國際公約所規定相同，皆以二年爲限。

賠償的最高限額，依華沙公約的規定，除非託運人將貨物交付運送人時，特別申報較高價額並支付額外的運費，貨物的損害賠償以每公斤250金法郎相當於每公斤20美元爲限。1999年蒙特利爾公約已將每公斤的賠償額提高到17個特別提款權（SDR）。[3]

問題研討

1. 請討論空運提單的定義與功能？它和海運提單有何異同？
2. 請討論主提單與分提單。
3. 請研討空運提單正面欄位記載內容。
4. 請說明空運提單背面條款。
5. 請討論空運提單賠償請求權時效與責任限額。

---

[3] 蒙特利爾公約要點：
　1. 運送人對以下原因造成之損失可不負責：
　　貨物固有瑕疵、性質或缺陷。
　　運送人或其代理人以外之第三人的包裝不良。
　　戰爭或武裝衝突。
　　政府單位對貨物出入境或過境之管制行為。
　2. 貨物毀損、滅失及遲到損失之責任限額為每公斤 17 個特別提款權。
　3. 上述請求權自航空器到達目的地之日、應到達之日或運輸終止之日起算兩年不行使而消滅。

第九章
航空貨運保險與理賠[1]

本章摘要

　　本章探討運送人的運送責任保險和理賠。首先從國際公約及國內法分別探討運送人的賠償責任限額，繼而討論中華民國航空貨運承攬業運貨契約條款。其次討論航空運送人的責任保險，航空貨運不像海運，法有明文規定承攬運送人的責任保險。但站在企業永續經營之考量，航空運送人還是應對承運貨物購買責任保險。本章最後討論貨損理賠之實務作業，以供參考。

第一節　航空運送人對貨物責任規定

一、國際公約之規定

　　貨物於航空運送途中發生毀損滅失時，航空運送人自應按其相關責任規定，承負債務不履行之損害賠償責任，此乃航空運送人經營時之責任風險之一。國際間自1929年華沙公約到1999年蒙特利爾公約，儘管旅客之體傷與死亡之賠償責任相關規定，已歷經多次修正，但有關於航空貨物之運送責任與賠償則並無太多之討論與改變。

　　航空運送通常具國際性，當貨損索賠案件之當事人屬於不同國家時，依據國際私法之規定決定準據法適用時，將因適用法律之不同，使運送人之責份範圍亦生差異，而容易造成紛爭，國際間有鑑於此，因而認為對國際航空民事責任有統一之必要，華沙公約（Warsaw Convention of 1929）

1　本章承國立高雄科技大學航運管理系曾文瑞教授幫忙撰寫，特此致謝。

即是在此國際統一立法趨勢下產生。

華沙公約及其後修訂之議定書、補充性公約所確立之統一國際民用航空運送有關規則、運送人責任制度之規則體系，總稱為「華沙體系」[2]。華沙公約對國際間航空運送人責任制度之統一，具有不可抹滅的之重要性，然而之後對華沙公約數度之修正與補正，加上各國國內法與法院之歧見，使華沙公約作為統一航空運送人民事責任體系之功能因之喪失，1999年蒙特利爾公約以整理、統合華沙體系之全新統一公約便應運而生[3]。

以下將國際公約中有關航空貨物運送責任制度之規定敘述如下：

(一)華沙公約（Warsaw Convention of 1929）[4]

華沙公約於西元1929年10月12日於法國巴黎簽訂，於西元1933年2月13日正式生效。華沙公約是參考海商法之法條所創設的新公約，在責任體制多採大陸法系之契約規則，是為首部國際航空私法之多邊協定。其立法目的在於統一航空運送規則，避免法律紛爭，並基於扶助與保護成長中之航空運送事業發展而限制運送人責任。

華沙公約在航空貨物運送上，對運送人責任屬「推定過失」原則[5]。按推定過失之意，當貨物發生毀損或滅失時，先推定運送人有過失，即託運人僅須證明損害已發生，便可向運送人進行求償，而運送人欲免除其責任，則須舉證自己無過失，或證明運送人已採取一切必要措施去避免貨物發生損害，或根本無法採取任何防範措施，或證明損害係是因引航錯

---

[2] Michael Milde, The Warsaw System of Liability in International Carriage by Air History, Merits and Flaws and the New "no-Warsaw" Convention of 28 May 1999, Annals of Air and Space Law, vol. 24, 1999, p.157。

[3] 陳思吟撰，航空運送人責任及相關保險問題之研究，頁8。

[4] 陳思吟，前揭論文，民92，頁8-11;郭培音撰，航空貨物運責任之研究，民87，頁2-1:陳承先撰，國際航空運送人責任之研究，民90，頁8。

[5] The carrier is not liable if he proves that he and his agent have taken all necessary measures to avoid the damage or that it was impossible for him or them to take such measures.

誤，飛機操作或導航不當所致，且運送人已採必要之措施，則可以主張免責[6]。除此，依據華沙公約第21條過失相抵原則所示，運送人若能證明損害是由受害人〈injured person〉之過失造成，或受害人〈injured person〉與有過失者，得減輕或免除運送人之責任[7]。

至於損害賠償限額方面，依華沙公約第22條之規定，除非託運人於託運時，特別聲明貨物之價值並依該貨物價值加付運費，否則，運送人對於貨物之毀損、滅失之賠償責任為每公斤250金法郎（gold francs）[8]。貨物之損害賠償請求權時效，則為從航空器抵達日，或應到達日或從運輸停止日起算兩年內提出請求，否則請求權之時效消滅。

(二)海牙議定書（Hague Protocol of 1955）[9]

海牙議定書於西元1955年9月28日於荷蘭海牙所簽訂，正式生效於西元1963年8月1日。在當時，航空事業發展迅速，加入華沙公約的國家越來越多，使得公約的實行上逐漸出現衝突與瓶頸，修法之倡議漸漸出現，其中主要訴求在於責任限額過低，無法配合當時賠償之需要修正。有關責任原則之重要修正乃在於海牙議定書於第10條明文刪除華沙公約第20條第2項之免責規定，故運送人已喪失抗辯，因此其責任原則乃由推定過失原則改為「無過失」原則。

在責任限額方面，海牙議定書雖對責任限額做了調整與修訂，但所修訂的乃僅是旅客部分的責任限額，在貨物部分並無調整，仍維持與華沙公

---

[6] In the carriage of goods and luggage the carrier is not liable if he proves that the damage was occasioned by negligent pilotage or negligence in the handling of the aircraft or in navigation and that, in all other respects, he and his agents have taken all necessary measures to avoid the damage.

[7] If the carrier proves that the damage was caused by or contributed to by the negligence of the injured person the Court may, in accordance with the provisions of its own law, exonerate the wholly or partly from his liability.

[8] 每一金法郎係指一個單位含有黃金重 65.5 公絲（milligram），其成色為千分之九百。

[9] 陳思吟，前揭論文，民 92，頁 11-14；郭培音，前揭論文，民 87，頁 2-9～2-13；陳承先，前揭論文，民 90，頁 9-11。

約相同之責任限額，亦即每公斤250金法郎。其它免責與請求權時效規定則均與華沙公約相同。

(三)瓜達拉加爾公約（Guadalajara Convention of 1961）[10]

二次大戰後，包租飛機越來越多，使訂立契約之締約運送人與負責全部或一部運輸之實際運送人分離，因而引起諸多亟待解決之問題。國際民航組織（International Civil Aeronautics Organization；ICAO）的相關單位遂於係西元1957年到1960年擬訂討論相關條約，瓜達拉加爾公約於西元1961年8月於墨西哥瓜達拉加爾市（Guadalajara）簽訂，採華沙公約之補充公約之方式簽署，並非是修改而是增加華沙公約之文件，於西元1964年5月1日正式生效。因其屬華沙公約之補充性公約，在性質上可謂是華沙公約之一部分，主要係將運送人區分為締約運送人（contracting carrier）與實際運送人（actual carrier）[11]兩種，以解決航空實務上非飛機租賃之運送責任問題。

(四)蒙特利爾協議（Montreal Protocol of 1966）[12]

蒙特利爾協議於1966年在美國蒙特利爾簽署，並於該年正式生效。該協議係因美國不滿華沙公約與海牙議定書對旅客傷亡之賠償限額，而另外與各國航空公司所協議之，該協議通過後，美國便撤回退出華沙公約之聲明。蒙特利爾協議取消華沙公約第20條之抗辯事由，故在責任原則乃由「推定過失」原則轉為「無過失」原則。有關貨物賠償之限額與請求權時效仍與華沙公約相同。

---

[10] 陳思吟，前揭論文，民 92，頁 14-17；郭培晉，前揭論文，民 87，頁 2-14；陳承先，前揭論文，民 90，頁 11。

[11] 陳思吟，前揭論文，頁 15。

[12] 陳思吟，前揭論文，民 92，頁 20-21；郭培晉，前揭論文，民 87，頁 2-16～2-2-18；陳承先，前揭論文，民 90，頁 11-12。

(五)瓜地馬拉議定書（Guatemala Protocol of 1971）[13]

瓜地馬拉議定書於西元1971年簽署通過。此議定書對華沙公約與海牙議定書進行重大之修正，其訂立之因仍是因美國對之前所簽訂之公約責任限額頗有微詞，進而對國際民航組織（International Civil Aeronautics Organization；ICAO）施壓，促成此條約之簽訂。

瓜地馬拉議定書第6條修正了華沙公約第20條第2項，將之改爲運送人對貨物運送之延遲、喪失或毀損如證明已採必要之措施或無法採取該措施者，運送人可不需負責。由此可知，瓜地馬拉議定書仍是與華沙公約相同，回歸原採之推定過失原則。此外，本議定書第7條同華沙公約第21條，採過失相抵原則，即若運送人證明其損失是由請求權人之過失所致，運送人即可相對減輕或免除其貨損之賠償責任。有關貨物賠償之限額與請求權時效仍與華沙公約相同。

(六)蒙特利爾第一、第二、第三、第四號議定書（Montreal Protocol No.1,2,3 ,4）[14]

1975年國際民航組織（International Civil Aeronautics Organization；ICAO）在蒙特利爾訂立了蒙特立爾一、二、三、四號議定書，此爲華沙公約歷來最大的一次修正，其中更對航空貨運責任制度做了史無前例的修訂。此外，更將責任限額的單位由原本之金法郎修改爲特別提款權（Special Drawing Rights；SDR），以統一國際幣値的折算。

蒙特利爾第四號議定書係針對海牙議定書中對行李及貨物之運送所爲之修正，對於貨物之毀損、滅失之損害，採推定過失原則，但對於貨物遲到所生之損害仍採推定過失原則。另蒙特利爾第四號議定書第六條因仿瓜地馬拉議定書第七條之過失相抵條款，故運送人若能證明損害是由請求權人之過失或有不當作爲或不作爲者，在其與有過失或不當作爲或不作

---

[13] 郭培晉，前揭論文，民87，頁2-18~2-21; 陳承先，前揭論文，民90，頁12-15。

[14] 郭培晉，前揭論文，民87，頁2-21～2-27；陳承先，前揭論文，民90，頁15-16。

為的範圍之內，運送人得減免其責任[15]。另對於貨物之延遲（非毀損或滅失），運送人若能證明已採必要之措施，或無法採取該避免措施，運送人則可主張免責[16]。

　　有關責任限額部份，蒙特利爾第一至第三號議定書將貨物之責任限額改為每公斤17特別提款權（Special Drawing Rights；SDR），有關貨物賠償之請求權時效則仍與華沙公約相同。

㈦蒙特利爾公約（Montreal Convention,1999）[17]

　　航空技術的發展與變化使得華沙公約以逐漸不敷國際空運使用，加之其後歷經數個議定書、補充公約、修訂協議等，彼此在責任基礎與責任限額上各有差異，且各公約締約國的不同，亦使適用時產生混亂，故而由國際民航組織（International Civil Aeronautics Organization；ICAO）成立「華沙體系現代化特別工作小組」（The Special Group on Modernization of the Warsaw System；SGMW），與其他會員國和國際組織於1999年5月10日召開會議協商，於5月28日簽署通過新公約─「蒙特利爾公約」，再次統一航空運送之相關法規。

　　蒙特利爾公約沿襲了1975年蒙特利爾第四號議定書之規範，對貨物運送人之責任基礎，採過失原則，對於貨物遲到所生之損害則採推定過失原則。蒙特利爾公約同前述之公約規定，在第20條條文中規定，損失係因請求權人或從其取得權利之人的過失或其他不當行為、不作為所致，可依過失、不當行為或不作為之程度，予與全部或一部免除運送人之責任。另有關蒙特利爾公約所規範之運送人免責條款如下：

---

[15] 王守潛撰，國際航空運送與責任賠償的問題，民 79 年，頁 232。

[16] Article 20 of the Convention shall be deleted and replaced by the following:-In the carriage of passengers and baggage, and in the case of damage occasioned by delay in the carriage of cargo, the carrier shall not be liable if he proves that he and his servants and agents have taken all necessary measures to avoid the damage or that it was impossible for them to take such measures.

[17] 陳思吟，前揭論文，民 92，頁 25-27。

3.7.1毀損、滅失或損害係是因下列因素，運送人可不須負損害賠償責任：

1. 貨物固有瑕疵、品質或缺陷。
2. 非運送人或其代理人之第三人所包裝之不良。
3. 戰爭或武裝衝突。
4. 政府單位所實施之與貨物之出入境或過境有關行為[18]。

　　3.7.2運送人已對或採取必要之措施或無法採取此措施，所導致貨物因延遲所致之損失，運送人可不需負責[19]。

　　至於貨物之毀損、滅失及遲到之責任限額為每公斤17特別提款權，消滅時效為自航空器到達目的地之日、應當到達目的地之日或運輸終止之日起算兩年不行使而消滅。

　　綜合上述公約內容可知自華沙公約起，航空貨運相關法規有關運送人之責任原則，國際間主張採「過失」或「無過失」原則，意見上仍有分歧，可看出貨主團體與航空運送人之折衷與角力。其他除了於1975蒙特利爾第四號議定書及1999蒙特利爾公約將遲到增列規定外，於責任限額方面，1975年蒙特利爾第四號議定書因有鑑於各國幣值不一，在賠償上易生混淆且折算不易，故採國際貨幣基金會所規定之特別提款權，將責任

---

[18] The carrier is liable for damage sustained in the event of the destruction or loss of, or damage to, cargo upon condition only that the event which caused the damage so sustained took place during the carriage by air.

However, the carrier is not liable if and to the extent it proves that the destruction, or loss of, or damage to, the cargo resulted from one or more of the following: (a)inherent defect, quality or vice of that cargo ;(b)defective packing of that cargo performed by a person other than the carrier or its servants or agents;(c)an act of war or an armed conflict;(d)an act of public authority carried out in connection with the entry, exit or transit of the cargo.

[19] The carrier is liable for damage occasioned by delay in the carriage by air of passengers, baggage or cargo. Nevertheless, the carrier shall not be liable for damage occasioned by delay if it proves that it and its servants and agents took all measures that could reasonably be required to avoid the damage or that it was impossible for it or them to take such measures.

限額單位由原本之金法郎改為特別提款權，以統一各國之幣值折算，可謂一重大改變。

依1999年蒙特利爾公約（Montreal Convention）第24條之規定5年可考慮通貨膨脹因素調整該金額，目前最新之更正為國際民航組織（ICAO）於2009年底提出，將每公斤最高賠償改為19SDR。此項更正復於2010年7月1日由IATA Cargo Service Conference（CSC）之第RESOLUTION 600b號對AIR WAYBILL – CONDITIONS OF CONTRACT之內容決議確認，並於ITAT conditions of carriage for cargo第11.7款條中規定，除事先申報價值物外，將責任限額改為每公斤19SDR。

考慮運輸環境及物價改變，2019年12月IATA Cargo Service Conference（CSC）再將ITAT conditions of carriage for cargo修改，除事先申報價值物外，將責任限額改為每公斤22SDR，於2019年12月28日正式生效。茲將對各公約之責任限額列如表9-1。

表9-1　國際公約責任限額

公約或協議	賠償限額
1929華沙公約	每公斤250金法郎
1955海牙議定書	每公斤250金法郎
1966蒙特利爾議定書	每公斤250金法郎
1971瓜地馬拉議定書	每公斤250金法郎
1975蒙特利爾第四號議定書	每公斤17SDR
1999蒙特利爾公約	每公斤17 SDR
1999蒙特利爾公約（CSC 2010）	每公斤19 SDR
1999蒙特利爾公約（CSC 2010）	每公斤22 SDR

資料來源：本文整理

二、我國民用航空法對航空貨運之賠償責任規定

㈠責任原則

民用航空法是我國規範航空事業之特別法，共分為11章123條，其中關於貨物運送責任部分乃規定於第九章賠償責任中，惟該章相關條款之規

定多偏重於「乘客」部分，對於「貨物」部分著墨並不多。依民用航空法第89條規定：「航空器失事致人死傷，或毀損他人財物時，不論故意或過失，航空器所有人應負損害賠償責任；其因不可抗力所生之損害，亦應負責。自航空器上落下或投下物品，致生損害時亦同。」故可知於發生航空器失事時[20]，運送人之責任原則係採無過失原則，即不論運送人故意或過失，抑或是因不可抗力所生之損害，運送人皆須負責。但若係僅為一般之意外事故，於民用航空法中並未規定，故應回歸適用民法之運送節相關規定。

　　民法第634條規定：「運送人對於運送物之喪失、毀損或遲到，應負責任。但運送人能證明其喪失、毀損或遲到，係因不可抗力或因運送物之性質或因託運人或受貨人之過失而致者，不在此限。」由此條款可知，運送人之責任採普通事變責任原則，對於貨物之毀損、滅失或遲到，除能證明其係因不可抗力或因貨物之性質或因託運人或受貨人之過失所致者外，應負責任。對於提單或其他文件上之免除或限制責任之約定，運送人須能證明託運人明示同意始有效力，且故意或重大過失不得預先免除[21]。

(二)賠償限額

　　依民法之規定貨物發生毀損、滅失或遲到者，其損害賠償額，應依其應交付時目的地之價值計算之。貴重物品除託運人於託運時報明其性質及價值者外，運送人對於其毀損滅失不負責任。此外因遲到之損害賠償額不得超過因其運送貨物全部滅失可得請求之賠償額[22]。惟於民用航空法第93條之1規定：「除託運人託運貨物或行李之性質、價值，於託運前已向運送人聲明並載明於貨物運送單或客票者外，運送人對貨物之毀損或滅失之責任限額為每公斤新臺幣一千元為限。」

---

[20] 民用航空法第 2 條第 17 款「航空器失事：指自任何人為飛航目的登上航空器時起，至所有人離開該航空器時止，於航空器運作中所發生之事故，直接對他人或航空器上之人，造成死亡或傷害，或使航空器遭受實質上損害或失蹤。」

[21] 見民法第 634 條及第 649 條。

[22] 見民法第 638、639、640 條。

即若託運人於託運前告知運送人託運貨物之性質及價值，則運送人因對運送貨物之所須注意義務不同而加收運費，在此情況下，基於衡平概念，該運送物已非一般之不知內容物之單位運送，且運送人對於所運送之貨物完全瞭解其性質及價值，運送時更應特別之注意，而負起運送之風險承擔責任，故一旦貨物發生損害或滅失時，運送人則不可再主張單位責任限制賠償。由於民用航空法係我國航空運送之特別法，有關航空貨物之毀損、滅失之損害賠償額應優先適用民用航空法。然貨物運送遲到之責任限額，於民用航空法中並未做規定，故依民法第640條之規定所示，其賠償不得超過因其運送物全部喪失可得請求之賠償額。

(三)免責規定及請求權時效

如前段所述，民用航空法對失事規範責任採無過失原則，故運送人對因失事造成之貨物毀損、滅失，無法主張免責。但若是一般之意外事故，依民法第634條之規定而言，運送人之免責因不可抗力或因運送物之性質，或因託運人或受貨人之過失而致者則可主張免責。另對於請求權之時效規定，於民用航空法中並無明示條文規定，然依民用航空法第99條之規定：「航空器失事之賠償責任及其訴訟之管轄，除本法另有規定外，適用民法及民事訴訟法之規定。」故依民法第623條第1項之規定，關於物品之運送，因喪失、毀損或遲到而生之賠償請求權，自運送終了，或應終了之時起，一年間不行使而消滅。茲將我國航空貨物運送有關之規定列如表9-2。

表9-2　國內法對貨物運送之規定整理

		法條	責任原則	責任限額	時效
毀損、滅失	失事	民用航空法第89條	無過失	每公斤新臺幣一千元	一年
	意外	民法第634條	普通事變	每公斤新臺幣一千元	
遲到		民法第640條	普通事變	不得超過因其運送物全部喪失可得請求之賠償額	

資料來源：本文整理

第二節　航空貨物運送契約（IATA conditions of carriage for cargo）

　　航空貨物運送契約內容乃依國際航空運輸協會（IATA）統一制定，全世界經營國際航線的航空公司一致採用。依據（IATA第600b號決議案），國際運送貨物空運提單（air waybill）正本背面印刷的（有關運送人賠償責任限額須知），國際運送貨物目的地或中途停留地如在出發國地國境外者，得適用華沙公約，該公約係規定並在多數場合限制運送人對貨物喪失（loss）、毀損（damage）或遲到（delay）所負的賠償責任以每公斤250金法郎（French gold francs）為限，除非託運人預先申報較高的價值並依規定加付費用。每公斤250金法郎的賠償責任限額，依據美英兩黃斤價值42.22美元折價為大約20美元。因此，各航空公司對國際貨物運送所負的賠償責任以每公斤20美元為限。

　　前已述及，航空運輸單位責任限制金額於1999年蒙特利爾公約（Montreal Convention）第22條原規定17SDR/per kg，因為依公約第24條之規定5年可考慮通貨膨脹因素調整該金額，目前最新之更正為國際民航組織（ICAO）於2009年底提出，將每公斤最高賠償，除事先申報價值物外，將責任限額改為每公斤19SDR。2019年12月 IATA Cargo Service Conference（CSC），考慮運輸環境及物價改變，再將ITAT conditions of carriage for cargo，除事先申報價值物外，將責任限額改為每公斤22SDR，於2019年12月28日正式生效。

第三節　航空貨運承攬人責任保險

　　航空貨運承攬業若考慮執業營運時可能發生貨損責任事故，而須負損害賠償責任時，當可投保責任保險以轉嫁責任事故造成之財務衝擊。惟航空貨運承攬業管理規則中，並沒有如海運承攬運送人管理規則中規定業者投保責任保險後，得檢具保險單經由當地航政機關核准後，可將規定之原保證金三百萬元減為六十萬元，故航空貨運承攬業投保責任保險除了風險

轉嫁之原因外，並無如同海運承攬運送業具減少保證金之誘因。

我國保險市場於2007年開始提供航空貨運承攬運送人責任保險契約，根據保險事業發展中心統計資料，截自2021年6月爲止國內共有13家保險公司販售航空貨運承攬人責任保險，其中10家採中文保單，3家採英文保單。依筆劃順序採中文保險公司分別爲兆豐產物保險股份有限公司、和泰產物保險股份有限公司、旺旺友聯產物保險股份有限公司、明台產物保險股份有限公司、南山產物保險股份有限公司、美國國際產物保險股份有限公司、泰安產物保險股份有限公司、國泰世紀產物保險股份有限公司、新安東京產物保險股份有限公司、臺灣產物保險股份有限公司；英文保單之保險公司則爲三井住友產物保險股份有限公司、中國信託產物保險股份有限公司以及富邦產物保險股份有限公司。

茲將航空承攬運送人責任保險之主要保險條款內容及分析敍述如下。

一、被保險人定義與承保範圍

國內之航空承攬運送人責任保險單分成中文及英文保單，兩者最大不同乃在於被保險人之定義，亦即責任保險的主體不同，於中文保險單中所指之「被保險人」係以自己之名義，爲他人之計算，使運送人運送物品而受報酬爲營業之人。而其承保範圍則爲：「被保險人在保險有效期間內，經營航空貨運承攬運送人業務過程中，對託運貨物之接受、保管、運送人之選定、在目的地之交付及其他與運送有關之事項，有未盡其注意義務情事，致被保險人依法應負賠償責任而在保險期間內受賠償請求時，本公司應對下列事項負賠償責任…」；可見中文保單之被保險人定義及其承負責任的範圍，係以不簽發分提單（House air waybill）的承攬運送人角色爲其承保概念。

而在英文保單方面其所指的「被保險人」爲「Air Freight Forwarder」，而其承保範圍則爲：「legal and contractual liability arising from the air waybill issued in the insured's name as a principal」。可知英文保單之被保險人承負責任範圍係以簽發分提單後，依民法663條介入擬

制爲運送人之運送人責任。綜上分析可知，我國目前所販售的航空承攬運送人責任保險單，因中文與英文條款之不同，其承保責任主體也有所不同，實務上航空貨物承攬業者於投保時實應加以確認分別。

二、保險金額

由於航空貨運承攬運送人於營運時潛在之損害賠償責任並無法確定，故責任保險無「保險價額」（Insurable value）之觀念，因此，嚴格言之，亦無「保險金額」（Sum insured）之觀念；保險人負賠償責任之最高限額稱爲「責任限額」（Limit of liability）。惟目前我國各種責任保險仍將「責任限額」稱爲「保險金額」，則是爲了符合保險法第55條保險單須記載保險金額之規定。被保險人可視實際需要與保險費之負擔能力，與保險人洽訂適當之責任限額，故也無所謂「超額保險」（Over insurance）、「不足額保險」（Under insurance）或「複保險」（Double insurance）之問題。換句話說，由於責任保險之保險標的並未如一般財產保險具有保險標的，可以估算其全損時之金額並據以投保，責任保險之賠償乃是應負之損害賠償責任，該責任無法於投保時預估其損害賠償金額之多寡，故目前我國保險公司實務上之責任保險契約中約定的保險金額，大致上爲：

(1)每一事故或每一事件責任限額NT$ ＿＿ FOR ANY ONE ACCIDENT AND/OR OCCURRENCE.）

(2)保險期間之累計責任限額：（NT$ ＿＿ FOR AGGREGATE LIABILITY DURING THIS POLICY PERIOD.）

從保險金額之約定可知，當事人間僅有「每一事故或事件之保險金額」及「保險期間之累計責任限額」之約定，亦即以此最高累積限額爲保險金額，每一提單所能使用之額度爲其限制。

所謂「每一事故或事件之保險金額」，是指被保險人任何一次過失、錯誤或疏漏行爲所致意外事故之損害賠償責任請求，保險公司應負之最高賠償限額至新約定之金額爲限。若該過失、錯誤或疏漏行爲所致之事故或

事件所有損害賠償請求不止一件時，則保險人最高賠償責任仍以約定之金額為限。

所謂「保險期間之累計責任限額」則指在本保險單有效期間內，保險事故不只一次時，保險公司對全部損害賠償請求所負之累計最高賠償限額；換言之，若保險期間造成過失、錯誤或疏漏行為所致之所有損害賠償請求不止一次時，則保險人最高賠償至約定之金額為限，且仍受每一事故或事件保險金額之限制。故航空貨運承攬運送人應依其營業額、簽單數量、經營項目、營業地區與過去之損失紀錄等，檢視其自身風險之大小，再依其財務能力購買適其所需之保險金額、自負額與附加險等，以已達風險管理之目的。

除此，被保險人因發生本保險契約承保之意外事故，因處理民事賠償請求所生之費用及因民事訴訟所生之費用，需事前經保險公司書面同意；而保險公司須經被保險人書面同意之委託，進行抗辯或和解；在此之下，若清償索賠金額超過保險單所約定之最高限制者，經被保險人同意之下，超過限額之費用支出，得依限額與清償索賠金額之比例賠償之。

另責任保險通常有訂定「自負額」之規定，依目前實務上，一般每一事故或事件之自負額為新臺幣參萬元（SUBJECT TO A DEDUCTIBLE OF NT$30,000.00 EACH AND EVERY LOSS.），然可依當事人間之約定增減之。「自負額」係指保險公司與被保險人於保險單中約定，損失的某一額度或損失未超過某一額度時，由被保險人自行負擔，保險人則只負擔超過該額度以上之損失額，亦即每一意外事故發生時，被保險人必須自行負擔的金額，保險公司僅對超過自負額的部分負賠償責任。「自負額」制度的目的，除可激勵被保險人加強損害防阻措施，減少被保險人因有保險而對營運責任之避免產生心理上之鬆懈，且依自負額金額設定不同，保險費率有不等比率之減少，同時減輕被保險人之保費負擔。

三、承保責任

不論中文保單或英文保單其責任保險條款承保責任均包括1.因貨物實

質之毀損或滅失所應負之法定責任（legal liability for physical loss and/or damage to cargo.）；2.因誤交、誤運所致貨物毀損或滅失所應負之法定責任（legal liability for loss due to mis-direction or mis-delivery of cargo）；3.因接收保管，運送或交付所致之貨物遲到之損失（delay in the dispatch, carriage or delivery of cargo.）。分述如下：

㈠對貨物之責任

依保單條款之規定主要可分為⑴因貨物實質之毀損或滅失所應負之法定責任；⑵貨物在保險期間，由於搬移、堆存所致之毀損或滅失，被保險人所應負之法律責任。本條款將貨物實質毀損或滅失之原因限制為，因搬移（movement）或堆存（storage）所致者。法定責任（legal liability）係指依運送契約所產生之契約責任。換言之，此契約責任係指被保險人與其客戶間之運送契約責任，非補償他人責任損失之補償契約責任。而所謂之貨物，保險單採負面表列方式，將部分「貨物」予以除外，例如含爆炸性之核子裝置配件、具有放射線有毒爆裂物、危險性設備、貴重物品（如金銀條（塊）、寶石、紙錢幣、債券及有價證券）等。換言之，此保險契約係承保被保險人簽發空運載貨證券所致之貨損責任，故保險單中所謂之「貨物」應指除前述之貨物外，其所簽發提單內載明之「貨物」應皆為保單所承保之「貨物」。

毀損（damage）係指貨物受有損害致價值減損，無法將貨物以完好如初之狀態交付予有受領權人之情形。如破損、漬損、腐蝕、因打盤裝機導致潮濕所生之損害、感染疾病（指動物而言）、氣味燻染及放射影響等。但單純的經濟貶值或在運送過程中基於貨物之自然耗損或輕微損害，則不包括在內。滅失（loss）係指航空貨物承攬人無法將運送貨物交付予有受領權人之情形而言；亦即，滅失不僅指貨物實質上之滅失，如燒毀；並包括對運送貨物喪失占有，或法律上不能回復占有之情形。

㈡執業疏失之責任

保險針對執在保險期間內，對於所承運貨物因被保險人之過失造成

之誤交、誤運所生之法定責任。本條款所承保者為被保險人因誤運（mis-direction）或誤交（mis-delivery）所致之法定責任。誤運，係指被保險人因執業上之疏忽所致貨物運送至錯誤的地點；如被保險人疏忽而將空運提單目的地記載錯誤，導致貨物誤運之錯誤之地點；或被保險人因客戶多筆貨物須運送至不同目的地，因疏忽誤認貨物導致應運送至A地之貨物運至B地，應運送至B地之貨物誤運至A地。誤交，係指將貨物誤交予非受領權利之人；如被保險人收受載貨證券時，未確認清楚其內容，致A提貨人提領錯誤至B提貨人貨物，或實際提領貨物內容與提單記載貨物不符等，事後證明其非為真正受貨人，或錯誤交付貨物，導致託運人或真正權利人之權利受損。

惟保險單雖對被保險人因貨物之誤運或誤交及其附隨損失所致之法定責任予以承保，但以貨物之誤運或誤交及被保險人因而所受之賠償請求且係發生於保險期間者為限。亦即，縱貨物之誤運或誤交係發生於保險期間內若未能及時發現，遲至保險期間已過始發現而向被保險人請求損壞賠償者，被保險人應此所負之責任，保險人仍不予理賠。

(三)因遲延裝載、運送或交付所致之責任

遲延係指未能於約定日期或合理期間內將貨物交予目的地之受貨人。航空貨物承攬運送人於接受委託貨物後，對於運送有關之事項應盡一切合理之協助，若因其本人或僱用人之疏忽，故意或重大過失致貨物發生遲到者，應負民法上債務不履行或侵權行為賠償責任。

於航空貨物承攬責任保險中被保險人因貨物發送、運送或交付之遲延所生之責任而於保險期間內請求補償者，予以承保。但因被保險人與客戶以契約協議交付時間或日期所致之交付遲延或運送遲延，不予承保；惟保險人事前同意且被保險人已支付所需之額外保險費者，不在此限。但保險人之損失責任不得超過該遲到貨物之運費，另外，任何情況累計皆不得超過年度責任限額。申請理賠時，被保險人須於保險期間內向保險人提出補償請求，保險人始予補償，若被保險人於保險期間經過後始提出補償請求

者，縱然遲延係發生於保險期間內，保險人仍不予理賠。

四、除外責任

　　航空貨運承攬責任保險單亦如一般保險契約，均會列示除外不保之責任，分別說明如下：

(一)英文保單

1. 對於下列事項，保險人不負責任：
   (1)因被保險人或以其名義，所有、占有或使用任何具有機械動力之車輛，於下列情形所直接或間接導致責任：
   　①道路法規應予投保或擔保者
   　②依上述責任所應投保者
   (2)下列財產之毀損或滅失
   　①被保險人之擁有、租用、借用之財產
   　②除被保險人之受僱人之財產外，由被保險人或其受僱人信託占有、管理、控制下之財產。
   (3)被保險人在運送契約上明示承諾之額外責任。但不論是否附加該契約條款，被保險人依法仍須承擔者，不在此限。
   (4)被保險人之代理人或分公司在臺灣以外的地方所簽發載貨證券之責任。
   (5)諉因於無單放貨所致之損失或責任
2. 下列情事保險人不負責任：
   (1)貨物之毀損、滅失直接或間接由於戰爭，內戰，敵對行為（無論宣戰與否）軍方革命叛亂或有關當局之沒收，國有化，徵用及經由任何當地政府或地方政府之命令所致者
   (2)任何直接或間接由於下列事由所致應負之法定責任：
   　①因核子燃料，核子廢料，核子燃料之燃燒等產生之放射線及核污染。
   　②任何核子設備爆炸產生放射線、有毒爆炸物或其他具高危險性設備。

(3)任何直接因飛機或飛行器以音速或超音速飛行所致之貨物之滅失或毀損。

3. 不保事項

本保險單對於下列事由所致，任何對被保險所提出之補償請求，不負補償責任：

(1)誹謗、公然侮辱之責任。

(2)發生於或可歸因於被保險人或其業務前手或其受僱人之詐欺、犯罪或惡意之作為或不作為所致者。

(3)保險人以船舶或飛機傭租人之本人名義所負擔一部或全部責任。

(4)因被保險人破產，無力清償所致者。

(5)被保險人無力支付或收取金錢所致者（但不包括其必須代表本人支付或收取金錢部份所致者）。

(6)被保險人未依指示投保所生之責任。

(7)被保險人與求償人無契約關係，而被保險人違反應盡之注意義務者所致者。

(8)懲罰或懲戒性質之損失。

(二)中文保單

本公司對於下列事項不負賠償責任：

1. 一般不保事項：

(1)被保險人或其受僱人之惡意或重大過失行為所致之賠償責任。

(2)被保險人或其受僱人之詐欺、背信侵佔或其他犯罪行為致之賠償責任。

(3)被保險人或其受僱人或與被保險人有勞務契約關係之人等，因執行業務而致身體受有傷害疾病或致死亡，或因而造成財物損失而應負之賠償責任。

(4)因被保險人之侵權行為所致第三人體傷、疾病或死亡或第三人財物受有實質損失之賠償責任。

(5)被保險人所有、管理、控制或租用之任何財產之損失。

(6)被保險人所屬船舶、航空器、其他運輸工具、或與之相關之管理、航行與運作等事項而生之危險。

(7)因戰爭、類似戰爭行為（不論宣戰與否）、敵人侵略、外敵行為、叛亂、內亂、強力霸佔或被徵用所造成之損失。

(8)因罷工、暴動、民眾騷擾所造成之損失。

(9)由於被保險人的無力清償或財務糾紛所引起之損害或費用。

(10)任何由於使用原子或核子分裂及或融合或其他類似反應或放射性的設備所造成的損害或費用。

(11)未依法收回正本提單而交貨之賠償責任。

(12)貨物出口大陸地區因無批文導致海關沒收，所致之損失。

2. 貨物不保事項：

(1) 被保險人於運送契約中，對於貨物之毀損、滅失及其遲延所負之賠償責任，若係因託運所申報之價值或特別之指示而增加時，其增加部份。

(2) 被保險人對於下列貴重物品之賠償責任：

① 金銀條（塊）

② 寶石

③ 紙幣或錢幣

④ 債券或其他可轉換之有價證券

⑤ 藝術品

⑥ 牲畜、植物

⑦ 冷凍及冷藏之貨物

(3) 因貨物之固有瑕疵，或由於其固有性質所致損失之賠償責任。

3. 費用不保事項：

(1) 被保險人因違反進出口法規所必須支付之關稅、銷售稅、加值稅或其他國家所徵收之費用。

(2) 被保險人因違法行為或其他第三人為被保險之利益而為違法行為致

被保險人應負之罰緩或罰金。

⑶ 被保險人所應負懲罰性質損害之賠償責任。

4. 附帶損失不保事項：

⑴ 被保險人因侵權行為而致第三人體傷、疾病或死亡、或第三人財產受有實質毀損或滅失所引起之附帶損失。

⑵ 因貨物之遲延、誤運或誤交致有損失所引起之附帶損失。

五、索賠條件

當航空貨運承攬運送人發生責任保險事故而申請保險人理賠時，應注意下列事項：

1. 保險人之責任以不超過責任限額為原則，但為答辯或處理該等索賠事宜之費用，不在此限。

2. 除非獲得保險人書面同意，被保險人不應自行承認責任、清償索賠或支出相關費用。保險人有權以被保險人名義進行抗辯或處理索賠事宜。

3. 若清償索賠金額超過本保險單所載之最高限制者，在被保險人同意下，超過限額之費用支出，得依限額與清償索賠金額之比例賠償之。

4. 被保險人在下列情況下，應以書面通知保險人。此為理賠之先決條件：

⑴ 被保險人受任何索賠請求時

⑵ 任何人有意圖主張，被保險人因違反貨運承攬人之職業義務而負賠償責任，且被保險人需應保險人之要求，提供其以為合理必要之資料。若在本保險契約有效期間內，被保險人知悉其可能因過失錯誤或遺漏，而違反貨運承攬人之職業義務所致之事件，並先以書面通知被保險人者，視為被保險人已在本保險契約有效期間內提出索賠。

5. 若被保險人自知索賠請求是詐欺或錯誤，卻仍予接受者（無論索賠金額或其它相關事項），則本保險契約無效，且被保險人將喪失保單之

任何索賠請求權。

6. 下列事項為保險人承擔責任之先決要件：

(1) 被保險人在保險期間內，持續經營保險人所認可之業務。

(2) 被保險人應採取合理步驟，以確定其已將本保單之條件，納入其立於貨運承攬人地位所簽發之運送契約。

另於中文保單第12條通知義務中規定：發生本保險單承保範圍內之保險事故或受有賠償請求時，被保險人應按下列規定辦理：

(1) 於知悉後立即通知本公司，並於15日內將事故發生情形以書面通知本公司。

(2) 立即採取一切合理必要措施，以防止損失之擴大並減少損失至最低程度。

(3) 立即對實際應負責之第三人發出索賠通知並採取一切合理之步驟，以預防對第三人之追償權超過時效。

(4) 對於保險事故賠案之處理，必須與本公司合作，並提供本公司認為必要之有關報告資料及文書證件並協助查勘公證之進行。

又於第13條中規定，被保險人受到賠償請求時，除非經本公司同意，不得擅自承諾或給付賠款。但被保險人自願負擔者不在此限。此即為保險人之和解參與權，航空承攬運送人於決賠時應特別注意。

六、保險契約之終止

英文保單中規定，本契約當事人雙方均可在（依約定天數）內，以書面通知對方終止契約。若保險人要求解約，保險費按短期費率或到期保費比較，以高者為準。若被保險人要求解約，保險費按比例或到期保費比較，以高者為準。

中文保單中亦規定保險契約終止之條款，依第8條之規定為：本保險得經被保險人或保險人任何一方以30日為期之書面通知送達對方而終止之，但被保險人遇有下列情況之一時，本保險之效力即告終止：

(1) 被保險人為公司受法定清算程序終了時。

⑵被保險人解散時。

⑶被保險人所經營業務業經指定接收人或經理人時。

⑷被保險人依破產法進行破產程序時。

⑸被保險人所經營在保險承保範圍之業務終了時。

⑹被保險人喪失保險利益時。

七、航空貨物承攬人責任保險索賠注意事項

1. 接到貨主之貨損通知（Notice of Loss）或正式索賠文件，先初步判斷貨損原因，是否為責任保險之承保範圍，文件是否齊全，主要文件如下（但不限以下文件）：

   ⑴Claim Letter

   ⑵Air Waybill

   ⑶Survey Report

   ⑷Exception Report

   ⑸Commercial Invoice

   ⑹Packing List

2. 立即書面通知保險人。

3. 立即對可能有責任之人（如航空貨物集散站、裝卸承攬人、內陸拖車、倉庫物流業者等）發出書面索賠通知。

4. 除非經保險公司同意，不得自行承諾或給付賠償，否則保險公司可以主張不承認該和解。

第四節　航空貨物保險

一、航空貨物保險之特性

　　由於傳統進出口貨物之轉型，貨物種類由價值低廉、體積與重量均大之貨物，轉變成量少質精高單價之貨物，因此部分貨物為爭取時效及產品性質考量，運送方式漸由海運轉為以空運方式運送，如高單價之電子產品、漸都以空運或海空聯運方式運送。在航空運輸過程中同樣面臨如失

竊、毀損等意外事故之不確定性風險，為有效轉移風險，投保航空貨物運輸保險以取保險轉嫁之風險管理特點，乃係貨主最佳之風險管理策略。貨物運輸保險之效用，旨在分散航空運送過程中所面臨之風險，達到減少貨物損失幅度，減少因事故發生之經濟衝擊以維護貨主資金安全。由於航空貨物性質特殊，運送特性多與一般貨物不同。航空貨物保險之主要特性如下：

1. 單位保險金額較高：由於貨物通常為強調運輸時效性之高價格產品，如高科技產品、通貨、急需品等價值昂貴貨物，故因其危險性質與一般性質迥異，故保險費率之擬定基礎不同，單位貨物之保險金額平均都較一般貨物高。

   (1)損失風險高：航空貨物多屬於高單價之物品，故若不幸發生意外事故，損失金額可能相當龐大，且貨物全損的比例頗高，不論貨主或運送人都應善盡其應注意之包裝防護及運送看管義務，以防止損失幅度過高。

   (2)海上保險轉變而來：由於航空事業本身具有高度複雜性，又因其為近代新興之運輸事業，相關貨物運輸保險所訂定的條款皆源自於海上保險，然後再依航空運送特性做一修正。

   (3)概括式保險：根據協會貨物保險航空條款（郵包寄送除外）規定，除一般除外條款、兵險除外條款、罷工除外條款以外，概括式保險承保所有造成保險標的物滅失或毀損之危險。

   (4)定值保險：依保險法第五十條第三項規定「定值保險契約為契上載明保險標的物一定價值之保險契約」，航空貨物保險延伸海上貨物保險係採定值保險方式，即將貨物之保險價額先予以約定，成為約定價值，再依此金額與保險人訂立保險金額。

二、航空貨物保險之重要條款

航空貨物保險之承保內容，目前我國航空保險係普遍採英國倫敦保險人協會於1982年所制定之協會貨物保險航空險條款（郵包寄送除外）（INSTITUE CARGO CLAUSES (AIR)(Excluding sending by Post)，簡稱

ICC(Air),1982。而航空保險條款最新版乃爲2009年1月1日發行的條款，其主要差別乃在於承保範圍及保險期間之規定。茲將ICC(Air),1982重要條款與意義分述如下：

(一)承保範圍與除外危險

根據協會條款之承保範圍規定係採概括式之承保方式，即除保險單上之除外不保項目外，保險人承擔一切保險標的所發生之毀損滅失之損害賠償責任。其條款原文爲「This insurance cover all risks of loss or of damage to the subject-matter except as provided in Clauses 2, 3and 4 below.」，即本保險人除了第2、3及第4條之規定外，承保保險標的之一切事故所造成之毀損或滅失。

由保險單之結構輔以保險人責任而言，任何一種保險單一定會規定「除外不保」事項，如不保的事故、不保的損失、不保的財產等。所以絕對不會有全部都可以保險的「全險」。概括式之承保範圍在解釋上分爲兩段邏輯，第1個思考邏輯是（A）條款原則上是承保所有的事故（covers all risks of loss of or damage to the subject-matter insured）。第2個思考邏輯是逆向思考，即若是除外條款（第2至第4條）所造成的毀損滅失，保險人就不須理賠。故被保險人其實只要證明損害已經發生，且是發生於保險期間則應可以申請理賠，相對的，保險人若想拒賠，應由保險人舉證係除外不保事故所造成。

而所謂之除外事項則指爲條款第2條之「一般除外不保事項」、第3條之「兵險除外條款」以及第4條之「罷工除外條款」分述如下：

第2條一般除外條款：此條款大體是將道德危險、自然耗損、包裝不當、固有瑕疵、遲延、原子或核子武器以及財物糾紛等事故引起之標的物毀損或滅失除外不保。其中條款中的自然失重或耗損必須在超出可容許的失重或失量範圍內方可以不予理賠。

第3條兵險除外條款：本條款不承保1.戰爭內戰革命叛亂或由其引起之內爭，或交戰國雙方之敵對行爲；2.因捕獲扣押拘留禁止或扣留（海上劫掠除外），及其結果或任何企圖危險事故；3.遺棄之水雷魚雷炸彈或其

他遺棄的戰爭武器所引起的損害或費用。下分1.交戰兩國之航空器被敵對國攻擊、擊落、扣押與其他敵對行為。2.非交戰雙方但於交戰區域被攻擊、擊落、扣押等；海上保險部分不包括海上劫掠，航空部分應訂明是否不包括因劫機而導致一切的毀損滅失。部分列為危險與戰亂國家其保費都會較一般保費來得高。例如伊拉克、古巴、非洲政局不穩定之國家。

第4條罷工除外條款：本條款不承保⑴由罷工工人、停工工人，或參與工潮、暴動或民眾騷擾之人員所引起致之損害或費用⑵由罷工、停工、工潮、暴動或民眾騷擾所導致者之損害或費用⑶由任何恐怖分子或具有政治動機者之活動所致之損害或費用。例如航空機師罷工引致貨物延後，以及911恐怖攻擊事件所造成之貨物毀損滅失，保險人均可依此條文免責。惟若貨主確有需要則可以加費承保方式將此除外事項予以附加承保。

在最新2009年的ICC（Air）中其承保範圍增列了救助費用（salvage charge），其餘條款順序並無不同。所以2009年版共有17條（1982年版16條）。

Salvage Charges 2. This insurance covers salvage charges incurred to avoid or in connection with the avoidance of loss from any cause except those excluded in Clauses 3, 4 and 5 below.

「除了第3、4及第5條以外，本保險承保因避免或有關避免損失之任何原因所產生之救助費用。」依主導修正的Lloyd Market Association表示增列理由為航空運送中，亦可能因意外事故發生，致使飛機迫降落海後的海上的救助費用（Such charges may arise in the event of an aircraft landing on water.），被保險人必須支付救助費用。

(二)保險航程（保險期間）

根據1982年協會貨物保險航空條款第5條規定，保險標的物自保單所載明之起運地點開始，經過正常運輸航程，運輸過程中包括裝載、卸載、內陸轉運之風險，抵達保單上所載明之目的地終止。換言之，航空貨運保險人所承保的範圍，係保險標的物從運送地之倉庫、處所或儲存地點，以

運送為目的開始運送，至保險單所載明最終的目的地倉庫、處所或儲存地點時終止，或至保險單所載目的地或中途之任何其他倉庫或儲存處所而為被保險人用作(1)通常之運輸過程以外儲存或(2)分配或分送，則保險契約亦同時終止。或貨物在最終卸貨地自飛機卸載後起算屆滿三十天，保險契約亦終止。上述三種終止情形以何者先發生為準。

ICC(Air),2009第6條將保險期間進行大幅度修改，將保險期間之生效時點提前「為開始運送，將保險標的物立即裝載於運送工具或其他運送工具之中，而於倉庫或儲存處所中第一次移動之時（attaches from the time the subject-matter insured is first moved in the warehouse or at the place of storage (name in the contract of insurance) for the purpose of the immediate loading into or onto the carrying vehicle or other conveyance for the commencement of transit）」，並將保險期間的終止修改為「貨物運至保險契約所載明之目的地最終倉庫或儲存處所，自運送車輛或其他運輸工具完全卸載（on completion of unloading from the carrying vehicle or other conveyance in or at the final warehouse or place of storage at the destination named in the contract of insurance.）。」

修改後條款變成當貨物運往航空貨物集散站進行打盤作業期間，只要於航空貨物集散站中，符合條款中以運送為目的之第一次移動時，即算保險期間開始生效。到達目的地卸貨時，則為貨物運達保險契約所載明之目的地最終倉庫或儲存處所，自運送車輛或其他運輸工具「完全卸載」。可知，ICC（Air）,2009將保險期間擴張，效力延伸至保險標的完全卸載完畢止。

(三)運送變更條款

保險開始生效後，被保險人變更其目的地者，若被保險人立即通知保險人並同意加繳額外之保險費及保險人另訂之承保條件，則保險仍繼續有效。亦即保險人允許經被保險人之立即通知，及另行洽商保險費與保險條件之前提下，同意承保目的地變更之危險責任。

ICC(Air),2009則修改爲：本保險生效後，被保險人變更其目的地者，必須立即通知保險人洽妥新費率與條件；倘在協議達成之前發生損失，僅限於在合理商業市場上所允許之保險條件及費率下，依本保險獲得賠償。ICC(Air),2009相較於ICC(Air),1982新增之條款部份，可讓被保險人求償時有一新的彈性條件，即雖然被保險人已經通知變更航程，但在新的保險條件及費率尚未確定時，若發生保險事故，保險人仍然須依當前實務上客觀合理之費率與承保條件處理理賠。故在ICC(Air),2009之規定下，加強核保人員之專業素養是當務之急，尤其應對航運實務及各區域之空運地理熟悉，方能對航程變更之前後做出危險正確的危險評估。而一旦新的保險條件尚未協議之前發生保險事故，除核保人員須客觀評估費率與承保條件，理賠人員亦同時審核理賠文件處理賠款事宜，對保險公司而言，收取保險費與保險理賠之對價將可能極爲懸殊，故此新條款之規定，可能將是核保與理賠實務運作之挑戰。

(四)保險利益與理賠

被保險人對於保險標的物於損失發生之時必須有保險利益，否則契約無保險利益被保險人無法申請理賠。另若損失發生於保險契約簽訂之前，則除非被保險人知悉損失已發生而保險人不知情者，被保險人有權求償發生於保險期間內所承保之損失，此即爲保險中之「Lost or not Lost」之精神，在我國保險法第51條亦爲同樣之規定。

(五)推定全損條款

此條款乃依據英國海上保險法第60條之規定而訂定，旨在明訂貨物保險推定全損成立之標準及條件。依英國海上保險法之推定全損成立條件有二，(1)實際全損無法避免(2)回復、整修及轉運至目的地之費用超過貨物到達後之價值。換言之，若保險標的物因實際全損顯已不可避免，或因其回復、整修及運往保險單所載明目的地之費用，將超過期到達目的地時之價值，則可成立推定全損。惟推定全損必須要由被保險人發出委付通知，

被保險人委付時，將保險標的物之一切權利（包含殘餘物所有權及對第三人之損害賠償請求權）移轉給保險人，而請求支付該保險標的物之全部保險金額。

(六)被保險人之減輕損失義務

意外事故發生後，被保險人可以從保險人中獲得損害賠償，但被保險人在事故發生時或是發生之後應採取適當且合理的處置措施，將所可能遭受的損害減到最低，以避免有因疏失而招致更大的損失。但若因此所發生之損害防阻費用，保險人將予以賠償。即使損失加上此費用超出保險金額仍應賠付。被保險人在獲得損害賠償之後，保險人對於運送人或是其他第三人有過失時可以行代位求償的權利，被保險人應該對此權利予以保留，不能輕易放棄以免破壞保險人代位權的行使。

(七)準據法條款

保險條款上載有「This insurance is subject to English law and practice」此條款之義為「本保險適用英國之法律及實務」。在實務上若為涉外因素之保險契約，則依我國民國99年5月26日最新修正之涉外民事法律適用法第20條規定：「法律行為發生債之關係者，其成立及效力，依當事人意思定其應適用之法律。當事人無明示之意思或其明示之意思依所定應適用之法律無效時，依關係最切之法律。法律行為所生之債務中有足為該法律行為之特徵者，負擔該債務之當事人行為時之住所地法，推定為關係最切之法律。」

故依本條文之解釋，決定涉外因素之保險契約準據法以尋求當事人之意思為優先，其次再依關係最切之法律為準據法，而所謂關係最切之法律則指負擔債務之當事人行為時之住所地法律，如保險契約之損害賠償即為足為保險契約之特徵，故若契約中為能探知準據法之意思表示為何，則以保險人（負擔債務之當事人）簽約時之住所地法律為準據法。

然而ICC（Air）中已有明示之準據法條款，規定有關本保險契約之

事項乃是適用英國法律及慣例，再依涉外民事法律適用法第8條之規定：「依本法適用外國法時，如其適用之結果有背於中華民國公共秩序或善良風俗者，不適用之。」故在不違背我國公共秩序及善良風俗之下，依當事人意思主義，法院似應優先採英國法爲契約之準據法。此準據法條款之用意主要乃是希望，使用此協會保險條款之其他國家，對於條款之解釋有統一之依據與準則。

第五節　航空貨物理賠實務

一、理賠流程

當被保險人於保險期間發生保險事故後，應盡速通知保險人辦理保險賠償事宜，並茲將理賠流程說明如下：

1. 出險通知：被保險人得悉所寄運之貨物發生毀損滅失，即通知保險人作出處理。

2. 保險公司接獲出險通知並審查保單條款：保險人隨即審查該承保事件的保單條款。

3. 理賠人員親卦現場或委請公證人進行調查，了解損失情況：被保險人依理賠應注意事項提供理賠文件，若符合承保範圍內，保險公司會作出理賠。

4. 簽賠必要之文件：爲空運提單、事故證明、invoice、packing list等可據證或協助理賠的文件。

5. 支付理賠：通常分爲即期支票與電匯。根據保險法第34條規定保險人應於要保人或被保險人交齊證明文件後，於約定期限內給付賠償金額。無約定期限者，應於接到通知後十五日內給付之。

6. 代位求償：若符合代位求償權，進行代位程序。

7. 結案歸檔：完成整個賠償案件的處理，並歸類檔案以供日後參考。

航空貨物保險之理賠流程如圖9-1：

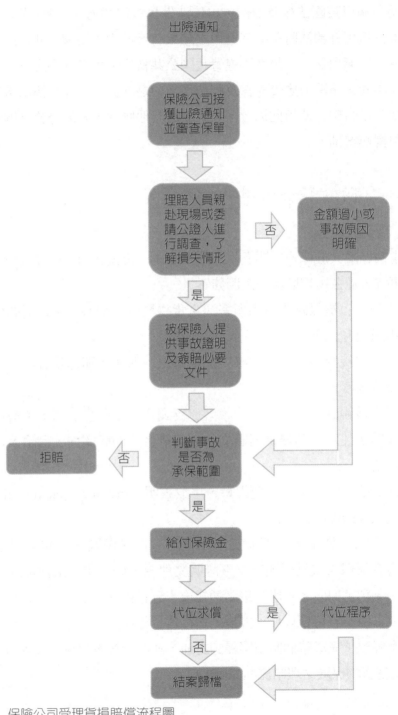

圖9-1 保險公司受理貨損賠償流程圖

二、貨物求償者之資格

依協會貨物保險航空條款第8條表示，當保險標的物發生毀損滅失時，請求賠償者必須具有保險利益，且必須出示各保險利益之證明，一般而言，指貨物之受領權利人如受貨人或持有空運提單之受讓人。

三、貨物索賠所需之文件

1. 索賠申請書及清單（Claim Letter and Debit Note）：被保險人向保險人行使索賠請求權之正式文件。
2. 保險單：保險單為一式三份，即Original、Duplicate及Triplicate三張正本，索賠時，保險公司會要求提供Original正本，若不慎遺失，須附上Duplicate或Triplicate，及要求簽具切結書（Letter of guarantee），以避免發生重覆索賠現象。
3. 商業發票（Invoice）：顯示每項貨品的細項與單價，配合公證報告可以得知受損貨物的價值。
4. 重量單（Weight Note）：記載各項貨品重量的資料。
5. 空運提單：正本空運提單為一式三份，即Original、Duplicate及Triplicate三張正本，其餘是副本，正本之一由航空公司或航空貨運代理商憑以入帳，第二聯隨同貨物送往目的地提貨，第三聯交託運人收執押匯。保險公司通常會要求提供Duplicate或Triplicate正本。
6. 公證報告（Survey Report）：由公證公司（Surveyor）所提出以確定損失發生原因的詳細報告，詳列損失原因、損失細項與金額。

問題研討

1. 請從國際公約和我國國內法討論航空運送責任，並說明其差異。
2. 請研討航空貨運承攬人責任保險，包括保險金額、承保範圍、不保責任、索賠條件等。
3. 請討論航空貨物之索賠實務包括代位求償、理賠期限、索賠文件、理賠流程等。

第十章
民用航空法規概說

本章摘要

　　本章旨在說明我國民用航空法。民用航空法係主管機關管理民用航空事業之基礎，因此有必要加以解說。唯本書非爲研究民用航空法之法理，故只做綜合性的說明。本章依照民用航空法章節次序，逐一探討：總則、航空器、航空人員、航空站、飛行場、助航設備、飛航安全，以及民用航空事業之管理和賠償責任等。讀者閱讀本章或教師講授本章時，最好將民用航空法準備好，參照條文逐一研讀，始能收事半功倍之效。

第一節　中華民國民用航空法

　　《民用航空法》是我國管理民用航空的基本法，各種航空事業再以《管理規則》定之，其結構列示如表10-1：

表10-1　法律與命令結構表

母法	民用航空法
施行細則	1. 民用航空運輸業管理規則
	2. 外籍民用航空運輸業管理規則
	3. 航空貨運承攬業管理規則
	4. 航空貨運站倉儲貨物管理規則
	5. 航空站地勤業管理規則
	6. 空廚業管理規則
	7. 危險物品空運管理辦法

我國係以民用航空局為主管機關，依據《民用航空法》及《管理規則》，施行民航六業之管理，如圖10-1所示：

圖10-1　民航六業管理法規結構圖

我國《民用航空法》於中華民國42年5月30日公佈實施，當時分成十章，條文共101條。但隨著社經環境的變遷，民用航空環境也在改變，《民用航空法》也隨之做了十五次修訂。現行條文係中華民國107（2018年）年4月25日修訂實施者，全法共十章123條，茲列表說明如表10-2：

表10-2　民用航空法內容概要

章次	章名	內容概述
第一章	總則	→本章共6條，為後述各章之原則性規定，其主要規範內容包括： (1)立法目的：（第1條） (2)用詞定義：（第2條） (3)民用航空事業主管機關設置：（第3條） (4)航管區域劃定等。（第4-6條）

章次	章名	內容概述
第二章	航空器	→本章共計21條，其主要規範內容包括： 第四章　航空器自備之權利； 第五章　航空器之登記制度； 第六章　航空器之國籍、權宜國籍； 第七章　航空器材之檢定及委託檢定； 第八章　從事自用航空器飛航活動核准之申請； 第九章　登記證書之失效； 第十章　適航證書之失效； 第十一章　航空器所有權、抵押權及租賃等相關物權法之規範。
第三章	航空人員	→本章共計4條，主要為對航空人員資格之規範，內容包括： 1. 航空人員應為中華民國國民，但為兼顧平等互惠原則及適應我國民航業發展之需要，確有利用外籍駕駛員之需要，故規定「但經交通部核准者，不在此限。」 2. 航空人員應經檢定合格由交通部發給執業證書，並須嚴格檢定其體格、技能、性行合乎標準者，方得執行義務。 3. 為飛航安全，對航空人員應給予定期及臨時檢查，遇有體格、技能、性行不合規定標準時，應限制、停止或禁止其執業。 4. 我國民用航空人員供給甚少，為適應未來民航發展之需，得設立民用航空學校或商請教育部增設科系，以造就民用航空人才。私人設立航空人員訓練機構者，須經交通部核准。
第四章	航空站、飛行場及助航設備	→本章共計13條，主要重點為： 1. 國營航空站之設置。 2. 飛行場之經營。 3. 民營飛行場管理規則之授權依據。 4. 借用軍用航空站及飛行場之程序。 5. 航空站、飛行場及助航設備四周基於飛航安全考量所為之規定，包括： (1)機場四周建築物、障礙物高度之限制； (2)燈光照射角度之禁止、限制；

章次	章名	內容概述
		(3)飛禽侵入之防止； (4)建築物或障礙物超過一定高度者，應裝置障礙燈、標誌； (5)禁養飛鴿或禁止施放有礙飛行安全物體。 6. 所需土地之徵收。 7. 噪音防制工作。 8. 收取各項服務費、使用費、噪音防制費之依據，對噪音防制費、機場回饋金之分配及使用辦法之授權規定等。
第五章	飛航安全	→本章共計19條，其主要內容係規範航空器飛航安全相關事項，包括： 1. 航空器飛航應備之六項文書。 2. 適航檢查之規定。 3. 飛航管制之規定。 4. 航空器飛航管制作業規則之法律授權。 5. 對危險物品、武器彈藥之裝載限制。 6. 對使用干擾飛航通訊器材之限制。 7. 飛航中禁止投擲物件。 8. 機長緊急處分權。 9. 授權相關機關對航空器及其裝載之客貨檢查。 10. 乘客糾紛之處理。 11. 國家民用航空保安工作之執行等。
第六章	民用航空事業之管理	→本章分成五節共39條，為對各種民用航空事業之管理規定，內容包括： 1. 民用航空運輸業； 2. 普通航空業； 3. 航空貨運承攬業； 4. 航空貨物集散站經營業； 5. 航空站地勤業； 6. 空廚業之設立、經營及業務範圍等。
第七章	外籍航空器或外籍民用航空運輸業	→本章共計8條，其主要規範內容為： 1. 外籍航空器飛越或降落我國領域之程序； 2. 外籍航空器飛航國境規則之法律依據； 3. 外籍民用航空運輸業飛航我國之許可程序。

章次	章名	內容概述
		4. 境內營運權之限制。 5. 外籍民用航空運輸業在中華民國設立分支機構之程序。 6. 對特殊條件下租賃或借用外籍航空器，得不受我國境內營運權之限制。
第八章	航空器失事調查	→由於已另訂「飛航事故調查法」，原本章6條已無必要，是以於民國93年6月2日整章刪除。
第九章	賠償責任	→本章共計12條，其主要規範內容包括： 1. 航空器所有人之無過失賠償責任。 2. 航空器因租賃、附條件買賣或借貸而使用者，如有失事情事之賠償責任。 3. 乘客因意外事故造成死傷之賠償責任。 4. 運輸遲延之損賠責任。 5. 航空貨物行李毀損滅失之賠償責任。 6. 責任保險之投保義務。 7. 對未提供責任擔保或未經特許被迫降落或傾跌於中華民國領域內之外籍民用航空器，其因而致損害我國人民生命財產者之處理規定。 8. 訴訟管轄。 9. 特殊之宣告死亡時效等。 註：依《民用航空法》及《航空客貨損害賠償辦法》： 1. 對於每一乘客應負之損害賠償，其賠償額依下列標準。但被害人能證明其受有更大損害者，得就其損害請求賠償： 　一、死亡者：新臺幣三百萬元。 　二、重傷者：新臺幣一百五十萬元。 　前項情形之非死亡或重傷者，其賠償額標準按實際損害計算。但最高不得超過新臺幣一百五十萬元。 2. 對於載運貨物或行李之損害賠償，其賠償額依下列標準： 　一、貨物及登記行李：按實際損害計算。但每公斤最高不得超過新臺幣一千元。 　二、隨身行李：按實際損害計算。但每一乘客最高不得超過新臺幣二萬元。

第十章 民用航空法規概說

279

章次	章名	內容概述
		3. 航空器使用人或運送人，應以不低於前二條所定之賠償額標準，投保責任保險。
第九章之一	超輕型載具	→本章共計8條，明訂： 1. 超輕型載具許可程序。 2. 授權訂定超輕型載具管理辦法規定。 3. 須加入活動團體始可活動。 4. 載具之註冊、給證。 5. 空域之劃定。 6. 對操作人之限制行為。 7. 損害賠償責任。 8. 對活動團體之各項設備、業務及其會員之載具檢查等規定。
第十章	罰則	→本章共34條，為針對違規處罰之規定。所有民用航空有關人員有違本法之規定者，依其情節輕重分別定其處罰，以有效維護飛安。
第十一章	附則	→本章共3條，規定有涉及國際事務，民航局得參照國際公約及其附約，報交通部核准比照採行。並明定本法自公布日實施。

資料來源：胡劭安，民用航空講義暨作者整理

　　由表10-2所列內容可知，我國《民用航空法》所規定內容甚為廣泛。本書係討論航空貨運，因此除航空貨運承攬業已於第四章討論不再贅述之外，本章將僅就其他和航空貨運有關之部分簡要說明。建議讀者參照《民用航空法》條文閱讀，比較容易了解。有欲深入了解者，作者推薦胡劭安先生所著「民用航空講義」暨楊政樺先生著「民航法規」兩書。因民航運輸多牽涉國際關係，我國雖非聯合國會員國，但民航法規不能自外於國際社會，必須和國際接軌。我國民用航空法第121條即明訂民航局得參照國際公約及其附約所訂標準、建議、辦法或程序報請交通部核准採用，發布施行，此一條文宣示比照國際規定的決心。

　　以下茲就民用航空法部分章節條文，加以扼要說明如下（各章是以民用航空法為順序，但為配合本書章節次序，改以「節」取代民航法的

「章」，特此說明）：

第一節　總則（第1-6條）

　　本章顧名思義為就民用航空法（為說明方便起見，以下簡稱本法）之
一般事項做定義。本章可綜合為以下部分：

　　立法宗旨：本法第1條揭示我國民用航空法立法宗旨為「保障飛航安
全，健全民航制度，符合民用航空標準法則，促進民用航空之發展」，茲
加以說明如下：

一、保障飛航安全

　　保障飛航安全無疑是每一個發展民用航空運輸國家最重要的課題，即
使國際民航公約亦以提升飛航安全為目標。依此宗旨，我國民用航空法有
甚多條文規定和此有關，例如第40條妥善維護、檢查航空器之義務；第
41條飛航管制；第41條之1飛航作業及保安事項管理；第42條禁航區飛越
禁止等均是為維護飛航安全之規定。

二、健全民航制度

　　民用航空法具複雜性、技術性與國際性，其制度之健全相較其他法律
而言，更顯困難。故為健全民用航空制度，除參照援引國際準則予以適用
外，並透過國內之需要，加以建立。例如民用航空法第11條即係為健全民
用航空器權宜國籍登記制度所制定：「中華民國國民、法人及政府各級機
關，以附條件買賣方式自外國購買之非中華民國航空器，於完成約定條件
取得所有權前或向外國承租之非中華民國航空器，租賃期間在六個月以
上，且航空器之操作及人員配備均由買受人或承租人負責者，經撤銷他國
之登記後，得登記為中華民國國籍。」

三、符合民用航空標準法則

　　民用航空法因具國際性，廣受國際政治、經濟環境之影響。故如何符
合國際民用航空標準法則之內涵，應為主管民用航空事務之行政機關的重

要課題之一，例如第12條：「航空器登記後，應將中華民國國籍標誌及登記號碼，標明於航空器上顯著之處。」，即為國際民航公約之國籍展示原則；第38條：「航空器飛航時，應備六種文書」；第121條：「本法未規定事項，涉及國際事項者，民航局得參照有關國際公約及其附約所定標準、建議、辦法或程序報請交通部核准採用，發布施行。」

四、促進民用航空之發展

民用航空法第27條第1項規定：「交通部為造就民用航空人才，得商同教育部設立民用航空學校或商請教育部增設或調整有關科、系、所、學院。」第58條之1第1項規定：「民用航空運輸業申請聯營時，應擬具聯營實施計畫書，並檢附有關文件，報請民航局核轉交通部許可後，始得實施聯營；交通部許可聯營時，得附加條件、期限、限制或負擔。」及同條第2項規定：「民用航空運輸業不依核定之計畫實施聯營、或核准聯營事由消滅或聯營事項有違公共利益或民航發展者，交通部得廢止許可、變更許可內容、命令停止或改正聯營行為。」立法意旨皆係為促進民用航空之發展。

本法用詞定義：訂於本法第2條，乃就本法所用名詞做定義。全條總共定義25項名詞，足見本法之複雜性。茲就和本書主題有關的幾個名詞說明如下：

1（項）、航空器：指任何藉空氣之反作用力，而非藉空氣對地球表面之反作用力，得以飛航於大氣中之器物。

本定義所含範圍甚廣，舉凡固定翼、螺旋翼，甚至滑翔翼、氫氣球等都涵蓋在內；但火箭則係藉空氣對地球表面之反作用力，因此不在此內。航空器的定義當然相當重要，舉例言之，本法第89條航空器失事致人死傷，或毀損他人財物時，不論故意或過失，航空器所有人應負損害賠償責任；其因不可抗力所生之損害，亦應負責。自航空器上落下或投下物品，致生損害時，亦同。航空器所有人所負之責任為無過失責任制，即以航空器失事或意外事故為適用對象。

2（項）、航空站：指具備供航空器載卸客貨之設施與裝備及用於航空器起降活動之區域。

11（項）、民用航空運輸業：指以航空器直接載運客、貨、郵件，取得報酬之事業。

13（項）、航空貨物承攬業：指以自己之名義，為他人之計算，使民用航空運輸業運送航空貨物及非具通信性質之國際貿易商業文件而受報酬之事業。

14（項）、航空站地勤業：指於機坪內從事航空器拖曳、導引、行李、貨物、餐點裝卸、機艙清潔、空橋操作及其有關勞務之事業。

16（項）、航空貨物集散站經營業：指提供空運進口、出口、轉運或轉口貨物集散與進出航空站管制區所需之通關、倉儲場所、設備及服務而受報酬之事業。

17（項）、航空器失事：指自任何人為飛航目的登上航空器時起，至所有人離開該航空器時止，於航空器運作中所發生之事故，直接對他人或航空器上之人，造成死亡或傷害，或使航空器遭受實質上損害或失蹤。

18（項）、航空器重大意外事件：指自任何人為飛航目的登上航空器時起，至所有人離開該航空器時止，發生於航空器運作中之事故，有造成航空器失事之虞者。

19（項）、航空器意外事件：指自任何人為飛航目的登上航空器時起，至所有人離開該航空器時止，於航空器運作中所發生除前二款以外之事故。

11～16項為對六種航空事業即所謂航空六業予以定義，其中普通航空業（12項）及空廚業（15項）因非本書主旨，故略而不談。

主管機關：本法第3條（交通部民用航空局之設立）：交通部為管理及輔導民用航空事業，設交通部民用航空局（以下簡稱民航局）；其組織另以法律定之。此條為民用航空主管機關民航局之設立依據。

空域之運用及管制：此部分規定見於民用航空法第4至6條共3條：

第4條：「空域之運用及管制區域、管制地帶、限航區、危險區與禁

航區之劃定，由交通部會同國防部定之。」

第5條：「航空器自外國一地進入中華民國境內第一次降落，及自國境內前往外國一地之起飛，應在指定之國際航空站起降。但經交通部核准或緊急情況時，不在此限。」

第6條：「航空器如須在軍用飛行場降落，或利用軍用航空站設備時，應由航空器所有人或使用人申請民航局轉請軍事航空管理機構核准。但因故緊急降落者，不在此限。

航空器在軍用飛行場起降，應遵照該場之規定，並聽從其指揮。」

上述三個條文係確立我國領空權和航權。這兩項權力為有關一國統治權和國防安全，依照國際公約除非經過申請核准我國享有排他權力，但遇緊急需求時則不在此限。因此第四條規定空域之運用，包括軍用和民用地帶、設定管制區等，攸關國防安全，因此須由交通部會同國防部訂定之。第五條為有關民用航空航權之規定，第六條係使用軍用機場或設備時，應得到軍事航空管理機構之核准。國內有數個民用航空係使用軍用機場，例如臺中清泉崗機場、臺南、金門馬祖等，依照第六條規定，須得到軍方管理機構核准，以維持我國國防安全。

第二節　航空器（第7-23條）

關於航空器之規定可分為航空器之擁有、航空器之登記、航空器之抵押和航空器之維修，分別說明如下：

1. 航空器之擁有：依本法之規定，中華民國國民、法人及政府各級機關都依法享有自備航空器之權力，但如因空域或航空站設備不足時對此權利可以限制之。外國人須依第七章關於外籍之規定辦理，否則不得在我國境內自備航空器（§7）。而航空器的活動影響地面及空域安全，因此從事飛航時須申請核准。主管機關將從航空器及業者從事安全飛航能力審查，始會核准，並發給核准文件（§7-1）。

2. 航空器之登記：航空器的所有人或使用人必須向主管機關辦理登記，並取得登記證書（§8）。本法第10條訂定申請登記中華民國籍航空

器的所有權之條件，合於所有權規定比例者，始可登記為中華民國國籍。但以租購條件租用，且期間在6個月以上者，也可以登記為中華民國籍（§11）。登記完成後，須將國籍標誌及登記號碼標明於航空器上（§12），一般這都標示在航空器尾部。本法第13至17條也訂定喪失登記的效力，合於喪失登記條件者，主管機關將予註銷登記。

3. 航空器之抵押：本法第18條至21條為關於航空器抵押之規定。航空器適用民法及其他法律關於動產之規定，因此航空器可以抵押、移轉、租賃。因為航空器價值甚高，故向銀行或金融公司辦理抵押借款非常普遍，因此本法作此規定。但於有此處置時，必須辦理登記，始生對抗第三人之效力，以保障抵押權人之權益。但航空器自起飛開始，至完成該次飛航時止，不得扣留、扣押或假扣押，以保障使用人之權益。

4. 航空器之維修：維修對航空器飛航安全至關重要，因此本法規定維修程序、維修廠設備、零組件等均須符合民航局或國際適航標準。民航局並得派員檢查，業者不得規避、妨礙或拒絕（§23至§23-2）。

第三節　航空人員（第24-27條）

　　航空人員係指航空器駕駛員、飛航機械員、地面機械員、飛航管制員、維修員及航空器簽派人員等（§2第4項）。航空人員對飛航安全至關重要，因此本法亦有清楚規定。其規定方向有二：

一、須經訓練合格，取得證書（§25）。除設航空學校或設立相關科系的一般訓練外，對飛航駕駛員及飛航機械員尤其注重術科的訓練。因此通稱的飛行員須就不同機型進行長時間的訓練外，尤其注重實際飛行時數的累積。因此飛行員的養成是一個長時間並且昂貴的投資，在自行培訓機師不足時，難免須使用非國籍機師，其使用須經交通部核准（§24）。

二、對駕駛員、機械員及管制員之體位須檢查合格，並定期檢查，也可進行臨時檢查（§26）。

第四節　航空站、飛行場與助航設備（第28-37條）

　　航空站、飛行場與助航設備從籌設、興建至營運都必須依照規定，並取得民航局核轉交通部核准，始得為之。過去在各地方勢力的爭取和執政政府以政治為考量之下，在臺灣這個小島上卻設立了多處航空站。如今有好幾個機場都面臨使用率不足的現象，造成投資浪費，相當可惜。

　　為維護飛航之安全，對航空站週邊建築物的高度、燈光或障礙物的設置等，本法均有明確規定，這就是有關航道範圍內建築物高度和燈光設置或不設置的規定，當時臺北101大樓設計建築之前即曾就此進行長時論證的依據。此外對航空站週邊的住戶，本法第34條要求他們對所飼養之牲畜、飛鴿及鳥類應防止侵入航空站、飛行場或助航設備區域，以維持飛航安全。由於飛鳥遭飛機引擎吸入造成空難的例子時有所聞，因此嚴防臺灣養鴿戶的飛鴿誤入飛航區域，本法規定一定距離之內，不得畜養這些動物，並且賦予航空站當局可以驅離、要求拆遷或撲殺之權力（第34條）。

　　最後為關於航空站的收費標準，本法第37條規定由經營人擬訂，報請民航局核轉交通部核定。

第五節　飛航安全（第38-47條）

　　飛航安全是當前民航運輸最重要的課題之一。雖說空難發生的機率很低，但幾乎每次事故都成大災難，對機上和地面人員財產造成重大損失。因此必須予以嚴格且明確之規定，希望將發生機率降之最低。飛航安全的維護，可分為以下幾個方向：相關文書之具備、遵照飛航管制、危險品承運、違禁品之禁止及飛航保安計畫等茲分別說明如下：

一、有關文書之具備：本法第38條規定航空器飛航必須具備航空器登記證書、航空器適航證書、飛航日記簿、旅客名單和郵件及貨物清單等文書，其中對適航證書並要求對航空器妥善維護，並在每次飛航前依規定程序進行檢查（§40），藉由這些嚴格以確保民航運輸為最安全

可靠的運輸方式。

二、遵照飛航管制：航空器飛航時必須遵照飛航管制，不得飛越禁航區；飛越限航區及危險區時，應遵守飛航規則之規定（§42）。以前即曾有飛機飛越禁航區而遭擊落的，除造成人員重大傷亡外，並引起國際糾紛。從飛航安全角度而言，那樣的冒險不論係故意或誤闖，都徒然造成不可彌補的損失，完全沒有必要。

三、危險品承運：危險品一樣可以使用航空運輸，但在包裝和標記方面必須嚴格遵照規定，以維護飛航安全。危險品運輸將在第九章中說明。

四、違禁品之禁止：槍炮、彈藥、刀械除特殊需要並經航警局核准者外，不得攜入航空器（§43-1）。有會干擾飛航或通訊之器材，依本法規定航空器上工作人員須宣布於航空器關閉艙門至開啓艙門期間必須關閉，禁止使用。關於此一規定，相信所有旅客於搭乘飛機大多已知到必須關閉手機和電子通訊設備，以免干擾飛航通訊（§43-2）。不過我國規定是在關閉艙門至開啓艙門期間，但不少國家規定為起飛前至落地後的期間。下次看到飛機一落地就有人打開手機甚至通起話來，只要不是在國籍航空公司上，請勿大驚小怪。

五、至於國人常上演的所謂「霸佔」飛機，我國法令在第47條明文規定乘客於飛機送中或於運送完成後，與航空器運送人發生糾紛者，民航局應協助調處之。乘客於調處時，受航空器運送人退去之要求，而仍留滯於航空器中者，航空器運送人經民航局同意，得請求航空警察局勸導或強制乘客離開航空器。前述調處辦法，由民航局定之。事實上發生糾紛時往往有觀點角度不同的問題，運送人固有處理不當的問題，但大多是國人對民航運輸認知不夠，並且習慣於「會吵的人有糖吃」的觀念。對航空公司服務不滿當然有權利申訴，但上演「霸機」則確實不妥。不過這個問題在貨運是不會產生的，因為對貨運服務的投訴多是在事後提起。

六、飛航保安計畫：從2001年9月11日美國紐約雙子星大樓的所謂911恐怖攻擊事件發生後，在美國國土保安部推動之下，全球對飛航保安的

要求逐步升高。事實上美國的要求與做法並不見得受到各國贊同，但美國以超級強國之姿，硬是不妥協。據稱一次在歐洲舉行關於美國將於2012年開始實施貨物全面掃描（scan）的會中，美國代表對歐洲代表的抨擊僅以一句「只要不和美國做生意就沒這問題了」回應，令與會的歐洲代表為之氣結。我國民用航空法用第47-1至47-5條共5條來規定飛航保安，要求交通部制定國家民用航空保安計畫，報請行政院核定實施。其次民用航空運輸相關業者包括民用航空運輸業者、航空貨物集散站經營業、航空站地勤業、空廚業、航空貨運承攬業等，都須制定保安計畫送民航局或航警局核備。航空器載運之乘客、行李、貨物及郵件，未經航空警察局安全檢查者，不得進入航空器（§47-3）。航空站經營人為維護安全及運作之需求，應劃定部分航空站區域為管制區。人員、車輛及其所攜帶、載運之物品進出管制區，應接受航空警察局檢查（§47-4）。

第六節　民用航空事業之管理

　　本節（章）係有關民用航空事業之管理規定，其中普通航空業（§64-65）非本書討論重點，航空貨運承攬業（§66-70）、航空貨運集散站經營業（§71-73）和航空站地勤業（§74-77）已另闢章節討論，此處不再贅述。

一、民用航空運輸事業（§48-63）

　　本節為對民用航空運輸業之管理規定，可歸納為登記設立、客貨運價之管制、營運期間之管理等重點，唯實際申請設立，則依照《民用航空運輸業受理規則》，分別說明如下：

1. 設立資格：

(1) 3-1條公司董事長及董事逾半數為中華民國國民……。公司具新臺灣幣十五億元以上財力證明者，得申請經營國內航線定期或不定期航空運輸業務。

⑵3-2條經營國內航線民用航空運輸業，最近3年承運旅客人數累計達90萬人次以上，未曾發生重大飛安事故，具有第二級以上維護能力及足夠之合格航空人員者，得申請經營國際航線包機業務。

⑶3-3條經營國際航線包機業務2年以上，最近2年每年經營達60架次以上，未曾發生重大飛安事故，具有第二級以上維護能力及足夠之合格航空人員者，得申請經營國際定期及不定 期航空運輸業務。

2. 登記設立：民用航空運輸業之登記設立程序為：許可籌設→辦理公司登記→核發民用航空運輸業許可證→開始營業，圖示如圖10-2：

圖10-2　登記設立流程

其中民航局須就其航空器及具安全營運能力進行審核，合格後始予核發許可證。依民用航空法第49條：民用航空運輸業應為公司組織，無限公司組織者，全體股東須為中華民國國民；為有限公司或股份有限公司組織者，須資本總額50%以上為中華民國國民或法人所持有，代表公司之董事或董事長及董事一半以上為中華民國國民；為股份有限公司組織者，單一外國股東持股不得超過25%。

⑴3-4條：公司董事長及董事逾半數為中華民國國民，公司之資本總額或股份總數逾百分之五十為中華民國之國民、法人所有，屬股份有限公司組織者，其單一外國人持有之股份總數不得逾百分之二十五。公司具新臺幣六十億元以上財力證明者，得申請經營國際航線定期或不定期航空運輸業務。

⑵5-8條：新籌組公司之主要成員名冊及證明文件；其成員應包括曾擔任三年以上民用航空運輸業董事長、總經理、副總經理或協理以上或同等職務者至少三人。

3. 營運期間之管理：本法第56條規定必須定期送民航局核轉交通部備查之各種報表，含營運報表如班次、客、貨運量、財務報表如損益表、

財務分析資料、運務報表、機務報表和股本3%以上股票持有者等。而民航局可派員檢查民用航空運輸業，業者不得拒絕、規避或妨礙。有申請聯營時，亦須報請民航局核轉交通部許可，始得實施聯營。其他如業者必須配合政策經營指定航線等，均為業者在營運期間須接受管制之規定。

4. 客貨運價之管制：經營國際定期航線者，客貨運價必須報請民航局轉報交通部備查（§55）客貨運價之監督管理

   (1)國際航線採備查制。即開放各航空公司依市場需求予以擬定報請民航局轉報交通部備查後實施。

   (2)國內航線採上、下限管制之彈性票價機制。即各航空公司各航線之票價上、下限須經民航局審議，再報請交通部費率委員會審議後，由交通部核定，航空公司可於上、下限範圍內自訂各項運價。

5. 國籍航空公司申請經營定期航線業務：

   (1)民航法（§50）：取得國際航權及時間帶，並持有航線證書後，方得在指定航線上經營國際定期航空運輸業務。

   (2)民用航空運輸業管理規則（§12）：申請新闢或增加航線，應先取得航權、機場時間帶或起降額度後，檢附有關文件申請民航局核轉交通部核准籌辦。

   (3)民用航空運輸業管理規則（§13）：應於核准籌辦期限內備妥航空器，申請民航局完成航務、機務審查及試航合格後，由民航局核發航線證書，始得營業。

6. 包機業務之管理：

   (1)包機之定義民用航空運輸業管理規則（§2）：指民用航空運輸業以航空器按時間、里程或架次為收費基準，而運輸客、貨、郵件之不定期航空運輸業務。

   (2)民用航空運輸業管理規則（§16）：申請國際客貨運包機，應於預計起飛前10工作日檢附申請書及包機合約副本報請民航局核准後，始可飛航。

(3)民用航空運輸業管理規則（§17）：申請國際客貨運包機，應合於下列規定：

①外籍民用航空運輸業申請包機除依平等互惠原則或條約、協定另有規定外，以經營第三、四航權為限。

②經營國際包機不得影響定期航線班機之營運。

③民用航空運輸業或包機人不得以貨運包機名義集運貨物。

(4)監督管理事項

①民用航空運輸業管理規則（§18）：申請國內包機應於預計起飛前10工作日檢附申請書、包機合約副本報請民航局核准。

②傷患運送及其它緊急事件包機，得向民航局所屬就近 航空站申請，不受第一項所訂工作日之限制。

③申請國內包機不得影響定期航線班機之營運。

二、外籍航空器或外籍民用航空事業（§78-83）

此部分是有關於對外籍航空器欲飛越或起降於我國領域，及外籍民用航空事業在臺經營客貨運輸之規定。

第78條　外籍航空器之飛越或起降

外籍航空器，非經交通部許可，不得飛越中華民國領域或在中華民國境內起降。但條約或協定另有規定者，從其規定。

民航局得派員檢查在中華民國境內起降之外籍航空器之各項人員、設備及其有關文件。機長不得拒絕、規避或妨礙。

第一項外籍航空器飛越中華民國領域或在中華民國境內起降申請許可之程序、應備文件、撤銷、廢止許可或禁止飛航之事由及其他應遵行事項之規則，由交通部定之。

第79條　非定期載運客貨郵件之許可

外籍民用航空運輸業，須經民航局許可，其航空器始得飛航於中華民國境內之一地與境外一地之間，按有償或無償方式非定期載運客貨、郵件。

第80條　航線證書之核發

外籍民用航空運輸業，依條約或協定，或基於平等互惠原則，其航空器定期飛航於中華民國境內之一地與境外一地之間，按有償或無償方式載運客貨、郵件，應先向民航局申請核發航線證書。

第81條　禁止在我國境內載運客貨、郵件或經營普通航空業務之情形及例外

外籍航空器或外籍民用航空運輸業，不得在中華民國境內兩地之間按有償或無償方式載運客貨、郵件或在中華民國境內經營普通航空業務。但有下列情形之一者，不在此限：

㈠ 外籍自用航空器經依第七十八條第一項許可在中華民國境內從事非營利性之飛航活動。

㈡ 條約或協定航空貨運集散站經營業（§71-73）另有規定。

第七節　賠償責任（第89-99條）

航空器在空中飛行，對地面人命財產安全具有威脅性，因此須加重對航空運送人的責任。故本法第89條對航空運送人責任基礎採無過失主義，亦即凡有造成人員死傷或毀損他人財物者，不論故意或過失，航空器所有人均須負損害賠償責任，即係不可抗力所致者易亦然，因此航空運送人所承擔的責任是很重的。

第89條　航空器所有人之無過失責任

航空器失事致人死傷，或毀損他人財物時，不論故意或過失，航空器所有人應負損害賠償責任；其因不可抗力所生之損害，亦應負責。自航空器上落下或投下物品，致生損害時，亦同。

第90條　承租人或借用人等之連帶責任

航空器依租賃、附條件買賣或借貸而使用者，關於前條所生之損害，由所有人與承租人、附條件買賣買受人或借用人負連帶賠償責任。但附條件買賣、租賃已登記，除所有人有過失外，由承租人、附條件買賣買受人

單獨負責。

第91條　航空器使用人或運送人之損害賠償責任

　　乘客於航空器中或於上下航空器時，因意外事故致死亡或傷害者，航空器使用人或運送人應負賠償之責。但因可歸責於乘客之事由，或因乘客有過失而發生者，得免除或減輕賠償。

　　乘客因航空器運送人之運送遲到而致損害者，航空器運送人應負賠償之責。但航空器運送人能證明其遲到係因不可抗力之事由所致者，除另有交易習慣者外，以乘客因遲到而增加支出之必要費用為限。

第92條　對航空人員或第三人之求償權

　　損害之發生，由於航空人員或第三人故意或過失所致者，航空器所有人、承租人或借用人，對於航空人員或第三人有求償權。

第93條　損害賠償額之約定及核定

　　乘客或航空器上工作人員之損害賠償額，有特別契約者，依其契約；特別契約中有不利於中華民國國民之差別待遇者，依特別契約中最有利之規定。無特別契約者，由交通部依照本法有關規定並參照國際間賠償額之標準訂定辦法，報請行政院核定之。

　　前項特別契約，應以書面為之。

　　第一項所定損害賠償標準，不影響被害人以訴訟請求之權利。

　　乘客及載運貨物，或航空器上工作人員之損害賠償額，有特別契約者，依其契約；特別契約中有不利於中華民國國民之差別待遇者，依特別契約中最有利之約定。無特別契約者，由交通部依照本法有關規定並參照國際間賠償額之標準訂定辦法，報請行政院核定公告之。

　　前項特別契約，應以書面為之。

　　第一項所定損害賠償標準，不影響被害人以訴訟請求之權利。

第93條之1　託運貨物或登記行李毀損滅失之賠償責任

　　關於賠償責任限額方面，依我國《民用航空法》及《航空客貨損害賠償辦法》規定：

1. 對於每一乘客應負之損害賠償，其賠償額依下列標準。但被害人能證

明其受有更大損害者，得就其損害請求賠償：

一、死亡者：新臺幣三百萬元。

二、重傷者：新臺幣一百五十萬元。

前項情形之非死亡或重傷者，其賠償額標準按實際損害計算。但最高不得超過新臺幣一百五十萬元。

2. 對於載運貨物或行李之損害賠償，其賠償額依下列標準：

一、貨物及登記行李：按實際損害計算。但每公斤最高不得超過新臺幣一千元。

二、隨身行李：按實際損害計算。但每一乘客最高不得超過新臺幣二萬元。

航空器使用人或運送人，應以不低於前二條所定之賠償額標準，投保責任保險。

因此除非託運人事先有申報價值，並載明於貨物運送單據者外，運送人賠償責任不高於每公斤新臺幣1000元。本責任限額對航空貨運承攬業、航空站地勤業或航空貨物集散站經營業準用之，貨主應有所知悉。

航空器使用人或運送人因故意或重大過失致生前二項所定之損害者，不得主張賠償額之限制責任。

第94條　責任保險

航空器所有人應於依第八條申請登記前，民用航空運輸業應於依第四十八條申請許可前，投保責任保險。

前項責任保險，經交通部訂定金額者，應依訂定之金額投保之。

第95條　適當責任擔保金額之提出

外籍航空器經特許在中華民國領域飛航時，交通部得令其先提出適當之責任擔保金額或保險證明。

第96條　外籍航空器及駕駛員之扣留、損害賠償及放行

未經提供責任擔保之外籍航空器，或未經特許緊急降落或傾跌於中華民國領域之外籍航空器，民航局得扣留其航空器；其因而致人或物發生損害時，並應依法賠償。

國際航空貨運實務

遇前項情形，除有其他違反法令情事外，航空器所有人、承租人、借用人或駕駛員能提出擔保經民航局認可時，應予放行。

第97條　管轄法院

因第八十九條所生損害賠償之訴訟，得由損害發生地之法院管轄之。

因第九十一條所生損害賠償之訴訟，得由運送契約訂定地或運送目的地之法院管轄之。

第98條　死亡宣告

因航空器失事，致其所載人員失蹤，其失蹤人於失蹤滿六個月後，法院得因利害關係人或檢察官之聲請，為死亡之宣告。

第99條　適用民法及民事訴訟法之規定

航空器失事之賠償責任及其訴訟之管轄，除本法另有規定外，適用民法及民事訴訟法之規定。

八、罰則（§100-120）

違反民用航空法之罰則統一在第十章條文第100條至第120條訂定，由於內容廣泛繁瑣，本書不擬加以討論，有興趣之讀者請自行參閱我國民用航空法。

第八節　中華人民共和國民用航空法

《中華人民共和國現行民用航空法》係於1995年10月30日經中華人民共和國第八屆全國人民代表大會常務委員會第十六次會議通過，自1996年3月1日起施行，全法共十六章214條。為方便讀者了解本法，特地在此列表10-3摘述各章節要點，但不做深入探討。

表10-3　中華人民共和國現行民用航空法簡表

章次	章次名稱	條文概要
第一章	總則	本章共4條（§1~4），說明立法宗旨、領空主權及民航主管機關的監管權限等

國際航空貨運實務

章次	章次名稱	條文概要
第二章	民用航空器國籍	本章共5條（§5～9），為就中華人民共和國航空器取得國籍之規定，即須辦理登記。取得國籍之航空器須依法做國籍標誌和登記標誌，且禁止雙重國籍。
第三章	民用航空器權利	本章共24條（§10～33），分為4節：第一節為一般規定，第二節民用航空器所有權和抵押權，第三節民用航空器優先和民用航空器優先權。為有關民用航空器權利人前述權利之規定。
第四章	民用航空器適航管理	本章共5條（§34～38），本章係關於民用航空器須維持適航與取得適航證證書之規定。
第五章	航空人員	本章共14條（§39～52），分為2節：第一節為一般規定，第二節機組。航空人員分空勤和地面的維修、交通管制、飛行簽派及航空電台通信兩類，均須接受專門訓練，取得證書。機組指機長和其他空勤人員，為維護飛安，明文賦與機長於機場、航空器及氣象不符合規定，不能保證飛行安全者，得拒絕起飛；對有擾亂民用航空器內秩序，危害民用航空器安全及飛行者，機長得採必要的適當措施；機組人員不適宜執行飛行任務者，機長亦有權提出調整等權力。
第六章	民用機場	本章共17條（§53～69），本章為關於民用機場之設置、建設及擴建，機場周邊淨空範圍保護區活動之管制，及機場使用許可證之取得後方可開放使用等規定。
第七章	空中航行	本章共21條（§70～90），本章共分為四節：第一節空域管理，第二節飛行管理，第三節飛行保障，第四節飛行必備文件。
第八章	公共航空運輸企業	本章共15條（§91～105），本章為對公共航空運輸企業下定義，為以營利為目的，使用民用航空器運送旅客、行李、郵件或者貨物的企業法人。此外條文為規定公共航空運輸企業的設立、設立條件要求及企業責任等；其營收收費須由航空主管確定，不得載運禁運物品和拒絕接受檢查的旅客和行李等。
第九章	公共航空運輸	本章共39條（§106～144），從航空運輸營運方面而言，這是比較重要的一章，因此特予較詳細說明。本章分為四節：第一節為一般規定，定義公共航空運輸範圍、國際航空和國內航空，以及連續運輸視為不可分割的運輸。第二節運輸憑

章次	章次名稱	條文概要
第九章	公共航空運輸	證，為關於旅客運輸客票和貨物運輸航空貨運單的簽發等之規定，以及關於貨物託運人權利與義務。第三節承運人的責任，為關於運送人對旅客、行李和承運之貨物的責任與賠償金額。除和運送人有書面約定較高限額者外，運送人賠償責任限額旅客以16600個單位特別提款權（SDR）為限、旅客隨身物品為每旅客332個單位特別提款權（SDR）、行李和貨物賠償限額為每公斤17個單位特別提款權（SDR）。（民航總局發布《國內航空運輸承運人賠償責任限額規定》，從2006年3月28日開始，航空公司對每名旅客的賠償責任限額提高到了40萬人民幣。在《規定》中，還首次提出了對每名旅客隨身攜帶物品的賠償責任限額為人民幣3000元，對每名旅客托運的行李和對運輸貨物的賠償責任限額，每公斤為人民幣100元。）航空運輸賠償的訴訟期限為自民用航空器到達的地點、應到達或運輸終止之日起二年為限。第四節實際承運人履行航空運輸的特別規定，本節將運送人分成締約運送人和實際運送人，兩者都受同樣約束；締約運送人就運送合約全程負責，實際運送人則就履行的航段負責。實際運送人的作為與不作為，視為締約運送人的作為與不作為，必須負責。
第十章	通用航空	本章共6條（§145〜150），通用航空相當於臺灣的普通航空，公共航空運輸以外的民用航空活動，在此不多做討論。
第十一章	搜尋援救和事故調查	本章共6條（§151〜156），（略）
第十二章	對地面第三人損害的賠償責任	本章共16條（§157〜172）飛行中民用航空器或航空器上落下的人或物，造成地面上人身傷亡或財產損害者，受害人可獲得賠償。（後略）
第十三章	對外國民用航空器的特別規定	本章共11條（§173〜183），對外國民用航空器到中國境內從事民航活動的規定，內容（略）。
第十四章	涉外關係的法律適用	本章共7條（§184〜190），有涉外關係者如國際公約等，適用國際公約。

章次	章次名稱	條文概要
第十五章	法律責任	本章共12條（§191～212），為對飛行安全有威脅、造成危險等之法律責任規定。
第十六章	附則	本章共2條（§213～214），說明特別提款權的定義及換算辦法，以及公布生效日為1996年3月1日。

以下僅就兩點提出說明：

1. 第五章第二節關於機組人員規定，為維護飛安，明文賦與機長於機場、航空器及氣象不符合規定，不能保證飛行安全者，得拒絕起飛；對有擾亂民用航空器內秩序，危害民用航空器安全及飛行者，機長得採必要的適當措施；機組人員不適宜執行飛行任務者，機長亦有權提出調整等權力。

2. 第九章第三節為關於運送人責任限額及求償期限的規定：關於運送人對旅客、行李和承運之貨物的責任與賠償金額，除和運送人有書面約定較高限額者外，運送人賠償責任限額旅客以16600個單位特別提款權（SDR）為限、旅客隨身物品為每旅客332個單位特別提款權（SDR）、行李和貨物賠償限額為每公斤17個單位特別提款權（SDR）。民航總局發布《國內航空運輸承運人賠償責任限額規定》，從2006年3月28日開始，航空公司對每名旅客的賠償責任限額提高到了40萬人民幣。在《規定》中，還首次提出了對每名旅客隨身攜帶物品的賠償責任限額為人民幣3000元，對每名旅客托運的行李和對運輸貨物的賠償責任限額，每公斤為人民幣100元。至於求償期限為自民用航空器到達的地點、應到達或運輸終止之日起二年為限。

問題研討

1. 民用航空事業之主管機關為何？
2. 研討民用航空法對航空器管理規定。

3. 研討民用航空法對航空人員管理規定。

4. 研討民用航空法對航空人員管理規定。

5. 研討民用航空法對飛航安全之管理規定。

6. 研討民用航空法對民用航空事業之管理規定。

7. 研討民用航空法對的賠償責任之規定。

第十一章

危險貨品的航空運送

本章摘要

　　本章討論危險貨品的航空運送。簡言之，危險品是可以使用航空運輸的。只是爲維護飛航安全及地面人命財產，國際之間對此有嚴格必須遵行規定。危險品有各種不同性質，因此必須予以適當分類；再根據不同分類，給予適當包裝與標誌。至於操作的人也必須接受適當的訓練，並遵照相關國際規章作業。我國特別依照「國際航空運輸協會危險品規則」之規定，頒布「危險物品空運管理辦法」，以作爲管理之依據。本章對此加以探討。

　　危險品（dangerous goods）是指在運輸時對人類和環境造成傷害，或對飛機和財物造成危險的物件（article）和物質（substance）。但危險品只要嚴格遵照相關國內外法令規定是可以使用航空運送的，安全性也很高。危險品運送的法令規定可分成三個層次：

一、國際民航組織（ICAO）：爲對具有危險性質的物件和物質的航空運輸制訂一套國際統一的危險品航空安全運輸規範，於1976年由空中航行委員會（ANC: The Air Navigation Commission）危險品小組委員會（DGP: Dangerous Goods Panel），按照《國際民用航空公約》（Convention on International Civil Aviation signed at Chicago, on 7 December 1944）第三十七條，國際民用航空組織理事會依公約第五十四條第十二項及第九十條之規定，於1981年6月26日將《危險品空中安全運輸》訂爲公約之第十八號附約（Annex 18 to the Convention on International Civil Aviation）。詳細規定則制定

了《危險品航空安全運送技術規範》（Technical Instructions for the Safe Transport of Dangerous Goods by Air）（Doc 9284 – AN/95）（Technical Instructions），即為危險品航空安全運送基本法。

二、國際航空運輸協會（IATA）：體認到具有危險性質的物件和物質使用航空運輸者日增，如不加以管制，會對乘客、航機組員、地面人員財物或航空器本身產生威脅。相對的，如有適當的包裝及對每一箱件的數量有適當的限制，大多數具有危險性質的物件和物質就可以安全以航空運送。以此經驗加上航空業界對航空運輸特性的專業知識，國際航空運輸協會發展出第一套空運危險品的規則，《國際航空運輸協會危險品規則》（IATA Dangerous Goods Regulations: DGR）於焉產生。

《國際航空運輸協會危險品規則》的制定，為託運人及航空器營運人在航空運輸提供各種處理程序，使具有危險屬性的物件和物質能安全地以民用航空運送。換言之，在遵守DGR操作規定下，危險品是可以安全地以航空運送的。

《國際航空運輸協會危險品規則》包含了《ICAO危險品航空安全運送技術規範》的所有要求，以及國際航空運輸協會附加的要求，使《國際航空運輸協會危險品規則》較國際民航組織《危險物品航空安全運送技術規範》更具限制性並反映航空業界實際作業標準與營運考量。

三、我國民航局：為使空運危險物品能安全地運送，並為使危險物品空運作業能符合國際規範，我國訂定了《危險物品空運管理辦法》，明定危險物品識別之相關規定，及非經有關國家豁免否則禁止空運之危險物品，於民國97年2月25日公佈施行。禁止任何在正常環境下的運輸過程中容易爆炸、危險反應、產生易燃或危險高溫、危險毒氣、腐蝕性或可燃性氣體、蒸氣等物質，以航空器運輸。該《辦法》依據《民用航空法》第四十三條第四項條文規定，並參考國際民用航空公約第十八號附約《危險物品空中安全運輸》、國際民航組織（ICAO）

《危險物品航空安全運送技術指南》及國際航空運輸協會（IATA）《危險物品處理規則》規定所擬。該辦法第2條載明訂係採用國際民航組織之《危險物品航空安全運送技術規範》（以下簡稱技術規範），接受國際民航組織之規範，和國際一致。以下依據我國《危險物品空運管理辦法》及《國際航空運輸協會危險品規則》等加以綜合說明。

危險品利用航空運輸須遵循以下作業要求：

1. 操作危險品的航空貨運承攬業等相關業者依我國《危險物品空運管理辦法》第24條規定規定託運人、航空器所有人或使用人、航空貨運承攬業、航空站地勤業、航空貨物集散站經營業、空廚業及內政部警政署航空警察局於執行空運危險物品及安全檢查作業時，應建立危險物品作業人員訓練計畫，並依計畫對所屬人員實施訓練及考試，且應每二年實施複訓及考試，訓練計畫並應適時更新。以確保危險品操作意識之及時性。較大規模的業者如航空公司，空運倉儲業者定期自行實施訓練外，航空貨運承攬公會每年辦理危險品教育訓練，每次均爆滿。要注意的是，操作危險品業者的每一服務處都須取得證照，一樣每兩年更新一次，不是一照數用。例如若臺灣有北、中、高三個據點每一據點都要具備證照，不得一照三用。

2. 貨主進出口危險品必須出具物資安全資料表（material safety data sheet 簡稱MSDS），這等於是危險品的身分證。貨主對自己產品的危險性質必然一清二楚，運送人及操作有關人員、海關，甚至公路警察等均需要MSDS以做合適的作業，以策安全。

3. 沒有取得證照的航空貨運承攬業等可以透過同行合作關係操作，可將危險品拋給合格的同行。

4. 其他貨品危險分類標籤、操作標示、貨物標記、包裝等均須依法辦理，如後續說明。

第一節　危險品分類

依照國際民用航空組織（ICAO）《危險品航空安全運送技術規範》及《國際航空運輸協會危險品規則》及我國《危險物品空運管理辦法》，危險品分為九類（class），其中第一、二、三、四、五、六類物件或物質，含有數種明顯的不同危險特性，因此再就危險性質或程度分成數個子類（division），如表11-1。

表11-1　危險品分類表

類別	危險性質
Class 1	Explosive（爆炸性） Division 1.1 有整體爆炸危險之物品，如：炸藥。 Division 1.2 有拋射危險，但無整體爆炸危險之物品，如：照明彈 Division 1.3 有起火危險，但無整體爆炸危險之物品，如：煙幕彈 Division 1.4 無重大危險之物品，如：演習手榴彈。 Division 1.5 很不敏感，但有整體爆炸危險之物品，如：引爆劑。 Division 1.6 極不敏感，且無整體爆炸危險之物品。
Class 2	Gases（氣體）　（compressed gas, liquified gas, refrigerated liquified gas, gas in solution – compressed）壓縮、液化、冷卻液化或受壓溶解的氣體 Division 2.1 易燃氣體，如：氫氣。 Division 2.2 非易燃、無毒性氣體，如：氧氣 Division 2.3 毒性氣體，如：氦氣
Class 3	Flammable Liquids（易燃液體） Division 3.1，低閃點液體（低於18C），如：汽油 Division 3.2，中閃點液體（介於於18—23C），如：工業酒精。 Division 3.3，高閃點液體（介於23—61C），如：香水。
Class 4	Flammable Solids; Substances liable to Combustion; substances which, in contact with water, emit flammable gases（易燃固體、易自燃物質、遇水產生易燃氣體的物質） Division 4.1 易燃固體，如：硫磺。 Division 4.2 易自燃物質，如：黃磷。 Division 4.3 遇水產生易燃氣體的物質，如：鈉。

類別	危險性質
Class 5	Oxidizing Substances and Organic Peroxides（氧化物及有機過氧化物） Division 5.1 氧化物，如：漂白粉 Division 5.2 有機過氧化物
Class 6	Toxic and Infectious Substances（毒性物質及傳染性物質） Division 6.1 毒性物質，如：氰化物 Division 6.2 傳染性物質，如：各種細菌。
Class 7	Radioactive Material（放射性物質）
Class 8	Corrosives（腐蝕性物質），如：硫酸
Class 9	Miscellaneous Dangerous Goods（其他危險品），如：石棉、鋰電池。

我國《危險物品空運管理辦法》第三條也做同樣分類如下：

一、第一類：爆炸物品。

二、第二類：氣體。

三、第三類：易燃液體。

四、第四類：易燃固體、自燃物質、遇水釋放易燃氣體之物質。

五、第五類：氧化物、有機過氧化物。

六、第六類：毒性物質、傳染性物質。

七、第七類：放射性物質。

八、第八類：腐蝕性物質。

九、第九類：其他危險物品。

前項危險物品之分類基準，依《技術規範》之規定。

其中鋰電池列為危險品是近年的事，特加說明如下：

鋰電池因體積小且續電力強等優點，現在是電力儲存裝置的主流，舉凡手機、平板電腦等3C產品均無法缺少鋰電池，甚至電動機車及電動汽車等都會用到。但因鋰的化學性非常活潑，具有高度危險性，經常會發生鋰電池起火燃燒等意外。2013年1月7日日航成田至波士頓波音787飛機電瓶燃燒事件、2016年三星Note 7的電池爆炸事件都是著名的事件，因此鋰電池已歸為第九類危險品。

第二節　危險等級包裝分類

　　航空運輸協會依危險品之危險程度的高低區分爲第一、第二及第三類包裝（packing group）：

1. 第一類型（Group I）表示高度危險性物質（high danger）。
2. 第二類型（Group II）表示中度危險性物質（medium danger）。
3. 第三類型（Group III）表示低度危險性物質（low danger）。

　　空運危險品必須依照《國際航空運輸協會危險品規則》所訂的「包裝指令」（Packing Instruction），包裝於品質良好的容器，其結構及封閉性均須完善，才能運送，以免在正常空運情況下可能因溫度、濕度或壓力的變化、或震動而產生溢漏。危險品包裝類型分爲適用於放射性物質與適用於其他類別的危險品兩大類。

第三節　託運人責任

　　託運人對自己危險貨物的內容、性質最清楚，因此是安全運輸的源頭。如果託運人能依照規定做好安全措施，基本上便能確保安全運送，因此對託運人交運危險品的有明確規定。我國規定於《危險物品空運管理辦法》第4條至第12條中。綜合言之，可分爲以下幾個要點方向：

1. 危險品名稱的申報：所託運之危險品名稱、聯合國編號或識別編號，必須符合《危險物品航空安全運送技術規範》之規定，這點在航空運輸尤爲重要。有些託運人可能顧慮被收取較高運費或甚至貨物被拒絕，而推託說不詳貨物歸類，這在航空運輸是絕對不允許的。託運人應正確填寫申報所託運危險品之運送專用名稱成分（Material Safety Data Sheet，簡稱MSDS），交運危險品時，應將前述申報單及其他運送文件交予航空運送人。

2. 包裝：封裝與標示（DGR第五、六、七章）（危險物品空運管理辦法第六條、危險物品空運管理辦法第七條、危險物品空運管理辦法第八條、危險物品空運管理辦法第九條）空運危險品均須依國際航空運輸

協會『危險品規章』所訂之『包裝指令』（Packing Instruction）妥予封固，始得運送。

(1)危險物品包裝的封裝

　　如內包裝（Inner Packing）、外包裝（Outer Packing）、單一包裝（Single Packing）提供了非常廣泛的選擇，在上述包裝指示中要求必需使用過UN功能測試的包裝箱，但是若使用包裝指示中限量包裝（Limited Quantity；LTD QTY）的「Y」方式空運，則不必使用UN包裝箱。包裝方式有單一包裝、複合包裝、合成包裝等，如圖11-1。

(2)危險物品包裝的標示

　　①貨主的責任

　　　a. 檢查所有相關標記是否位於包裝或合成包裝之正確位置。

　　　b. 去除所有無關標記。

　　　c. 標記必須耐用且有正確說明。

　　　d. 必須確保包裝件交航空公司託運時，所有標記皆已完備。

　　　標記用於表明帶有該標記的包裝已成功的完成設計類型的測試，並符合包裝製造方面的規定（但不是使用規定），因此標記本身不必進一步的指明該包裝可能被用於盛裝何種特定物質。

圖11-1　危險品之包裝容器

②依不同貨物內容及其危險性質，託運人可能使用不同的包裝容器。原則是使用之包裝封裝必須品質良好，適合承裝該項危險物品，並能承受運送過程中的震動、溫度、濕度、壓力之變化等，不致滲漏或產生化學變化。而使用的包裝容器如果欲重複使用，必先確定無腐蝕及破損後，方得使用。

3. 危險物品的標籤（labeling）及標記（marking）：託運人應依規定在包裝件上黏貼標籤，並分為危險性標籤（hazard label）和操作標籤（handling label）兩類，如以下IATA標籤圖11-2，上半部所示為危險性標籤，下半部為操作標籤。

圖11-2　IATA危險品及操作標籤

(1)危險性標籤：依照聯合國危險品分類（UN hazard classes）之不同，定有菱形危險類別標籤（Hazard Label）。託運人託運危險品時，必須依據危險品的類別，在每一箱件（package）上黏貼尺寸100mm×100mm的標籤。所有含主危險性或次危險性的標籤上皆需

有危險品分類號碼。同一貨物箱件如具有二種或以上之危險性時，
須分別黏貼危險類別標籤，如表11-2。

表11-2　危險品分類簡表

危害物質分類		標貼圖式	說明
類別	組別		
第一類：爆炸物	1.1組 有整體爆炸危險之物質或物品。 1.2組 有拋射危險，但無整體爆炸危險之物質或物品。 1.3組 會引起火災，並有輕微爆炸或拋射危險但無整體爆炸危險之物質或物品。		象徵符號：炸彈爆炸，黑色 背景：橙色 數字「1」置於底角
	1.4組 無重大危險之物質或物品。		背景：橙色 文字：黑色 數字「1」置於底角
	1.5組 很不敏感，但有整體爆炸危險之物質或物品。		背景：橙色 文字：黑色 數字「1」置於底角
	1.6組 極不敏感，且無整體爆炸危險之物質或物品。		背景：橙色 文字：黑色

國際航空貨運實務

危害物質分類		標貼圖式	說明
類別	組別		
第二類：氣體	2.1組 易燃氣體		象徵符號：火焰，得為白色或黑色 背景：紅色 數字「2」置於底角 象徵符號與類號間 註明「易燃氣體」
	1. 非易燃，非毒性氣體		象徵符號：氣體鋼瓶，得為白色或黑色 背景：綠色 數字「2」置於底角 象徵符號與類號間 註明「非易燃，非毒性氣體」
	2.3組 毒性氣體		象徵符號：骷髏與兩根交叉方腿骨，黑色 背景：白色 數字「2」置於底角 象徵符號與類號間 註明「毒性氣體」
第三類：易燃液體	不分組		象徵符號：火焰，得為黑色或白色 背景：紅色 數字「3」置於底角 象徵符號與類號間 註明「易燃液體」
第四類：易燃固體	4.1組 易燃固體		象徵符號：火焰，黑色 背景：白底加七條紅帶 數字「4」置於底角 象徵符號與類號間 註明「易燃固體」

危害物質分類		標貼圖式	說明
類別	組別		
第四類：易燃固體	4.2組 自燃物質		象徵符號：火焰，黑色 背景：上半部為白色，下半部紅色 數字「4」置於底角 象徵符號與類號間註明「自燃物質」
	4.3組 遇水釋放易燃氣體之物質		象徵符號：火焰，得為白色或黑色 背景：藍色 數字「4」置於底角 象徵符號與類號間註明「禁水性物質」
第五類：氧化性物質及有機過氧化物	5.1組 氧化性物質		象徵符號：圓圈上一團火焰，黑色 背景：黃色 數字「5.1」置於底角 象徵符號與類組號間註明「氧化性物質」
	5.2組 有機過氧化物		象徵符號：圓圈上一團火焰，白色 背景：上半部為紅色，下半部黃色 數字「5.2」置於底角 象徵符號與類組號間註明「有機過氧化物」

危害物質分類		標貼圖式	說明
類別	組別		
第六類：毒性物質	6.1組 毒性物質		象徵符號：骷髏與兩根交叉方腿骨，黑色 背景：白色 數字「6」置於底角 象徵符號與類號間註明「毒性物質」
	6.2組 傳染性物質		象徵符號：三個新月狀組成環狀，黑色。 背景：白色。 類號：數字「6」置於底角。 象徵符號與類號間註明「Infectious Substance」
第七類：放射性物質	放射性物質 I、II、III分組 可分裂物質		象徵符號：放射線標示。 背景：白色。 類號：數字「7」置於底角。 象徵符號與類號間註明「Radioactive」。
			象徵符號：放射線標示。 背景：上半部黃色，下半部白色，白邊。。 類號：數字「7」置於底角。 象徵符號與類號間註明「Radioactive」。

危害物質分類		標貼圖式	說明
類別	組別		
第七類：放射性物質			象徵符號：放射線標示。 背景：上半部黃色，下半部白色，白邊。 類號：數字「7」置於底角。 象徵符號與類號間註明「Radioactive」。
第八類：腐蝕性物質	不分組		象徵符號：液體自兩個玻璃容器濺於手上與金屬上，黑色 背景：上半部為白色，下半部黑色白邊 數字「8」置於底角 象徵符號與類號間註明白色「腐蝕性物質」
第九類：其他危險物	鋰電池		象徵符號：上半部七條黑色垂直線條 背景：白色 數字「9」置於底角

資料來源：民航局危險品作業手冊範例

⑵危險品操作標籤（Handling Label）（如表11-3）係爲提醒運送過程中的有關人員，以維護運送安全。此類標籤爲四方形，以提供有關處理或儲存訊息，包括：

①箱件方向（Package Orientation "This Way Up"）。

②僅限貨機裝運（Cargo Aircraft Only縮寫爲CAO）。

③磁性物質（Magnetized Material）。

④冷凍液態體標籤（Cryogenic Liquid）

表11-3　危險品操作標籤

磁性物品標籤： 	磁性物質標籤『Magnetized Material』-以警告遠離飛機羅盤相關儀器。
限貨機裝運標貼（Cargo Aircraft Only）： 	僅限貨機標籤『Cargo Aircraft Only』-當貨物只能裝載於貨機時使用此標籤。

限貨機裝運標籤（Cargo Aircraft Only）： 	僅限貨機裝運標籤『Cargo Aircraft Only』-當貨物只能裝載於貨機時使用此標籤。
此面向上標籤（This Way Up）： 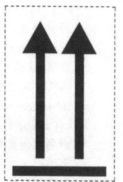	此面向上標籤『This Way Up』-此標籤用於含有液體之複合式包裝或合成包裝件。但內包裝容積少於、等於120毫升、或傳染性物質之容器少於、等於50毫升，或盛有放射性物質容器除外。
電動輪椅標籤： 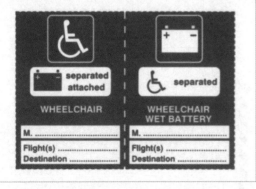	電動輪椅幫助操作含電池的輪椅或移動工具之辨認，如此標籤分開，表示電池已與輪椅分離

冷凍液態氣體標籤（Cryogenic Liquid）：	冷凍液態氣體標籤『Cryogenic Liquid』-此標籤用於第2.2類非易燃性氣體，且為低溫液態形態時。
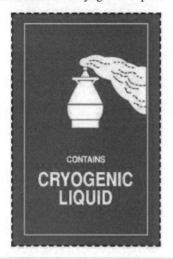	
遠離熱源標籤：	遠離熱源：符合A20強制要求貼上「Keep Away From Heat」標籤 在運輸過程中，對部分裝有4.1項的自身反應物質（Self-reactive substances）或5.2項的有機過氧化物（Organic Peroxides）的包裝件，應避免陽光直射，遠離熱源，且要通風良好，切勿與其他貨物混在一起存放。

微量輻射品標籤：	
Radioactive Material, Excepted Package This package contains radioactive material, excepted package and is in all respects in compliance with the applicable international and national governmental regulations. UN _____ The information for this package need not appear on the Notification to Captain (NOTOC)	

<table>
<tr>
<td>鋰電池標籤
</td>
<td></td>
</tr>
<tr>
<td>微量危險物品標籤</td>
<td>相關定請參閱IATA DGR 2.6章節</td>
</tr>
</table>

資料來源：民航局危險品作業手冊範例

(3)標記（marking）則指內容物之運送專用名稱及依「危險物品航空安全運送技術規範」規定之標記，標記必須加註英文。危險品包裝標記（marking）指內容物之正確運輸名稱（proper shipping name）及相應的聯合國的「UN」編號，必須標示在每件貨物包裝上。如果是無包裝的物品，標記必須標示在物品上、在其托架上或在其裝卸、儲存或發射裝置上。標準的包件標記如圖11-3所示，品名為屬於第八類的腐蝕性液體（CORROSIVE LIQUID）：caprylyl chloride，UN：4G/Y145/S/06 USA/+AA0089

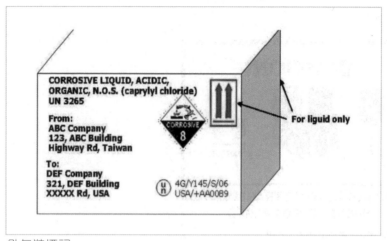

圖11-3 外包裝標記

第四節 運送人責任

在此所謂運送人係廣義名詞，指運送過程中和運送有關的人等，含航空器所有人或使用人、航空貨運承攬人、航空站地勤業、航空貨運站經營業等。託運人依照相關規定交付危險貨物後，接續的安全運送責任便移交運送人了。因此危險品如何安全運送，亦須遵照《國際航空運輸協會危險品規則》之規定，綜合說明如下：

1. 我國《危險物品空運管理辦法》第24條規定託運人、航空器所有人或使用人、航空貨運承攬業、航空站地勤業、航空貨物集散站經營業、空廚業及內政部警政署航空警察局於執行空運危險物品及安全檢查作業時，應建立危險物品作業人員訓練計畫，並依計畫對所屬人員實施訓練及考試，且應每二年實施複訓及考試，訓練計畫並應適時更新。前述訓練計畫及作業手冊必須經過報請民航局核准後，始得執行空運危險品作業。換言之，欲運送和操作空運危險品者，必須經核准並取得危險品訓練證書者，始得為之。該訓練證書每兩年須更新一次，以確保危險品操作意識之及時性。為要求危險品操作符合規定，國際航協規定業者公司必須具有至少兩位完成國際航協危險品教育訓練並

取得證照的員工，才可操作危險品貨載。該證照並須每兩年重新認證一次，以確保危險品運送之安全性。未依第一項規定完成訓練及考驗及格者，不得從事空運危險物品作業及簽署規定之文件。欲知合格的航空貨運承攬業者，可上民航局網站（http://www.caa.gov.tw/big5/content/index01.asp?sno=1666）查詢。

2. 危險物品之收貨規定

航空器所有人或使用人於收受危險物品時，必須確認以下兩點：

(1)附有符合相關規定之正確申報單及其他運送文件。

(2)包裝容器收受時須依相關規定進行檢查，容器完整無滲漏，且標籤、標記正確。

3. 危險物品之儲存

(1)放射性物質

放射性物質最大運輸指數：對於存放於任一地點的II級黃色，和III級黃色的包裝件，合成包裝及專用集裝箱的運輸指數總合不得超過50。與其他各組包裝至少保持6公尺的間距。

依放射性物質安全運送規則第三十七條：放射性物質之包件、外包裝等應綑紮牢固堆放平穩，並不得與下列危險物裝於同一運送工具：爆炸性、著火性、氧化性、引火性、腐蝕性、化學毒性之物質，及爆炸物品、爆劑、引炸物、其他具爆炸性之化工原料。

(2)自身反應物質及有機過氧化物

在運輸過程中，對裝有4.1項的自身反應物質（Self-reactive substances）或5.2項的有機過氧化物（Organic Peroxides）的包裝件，應避免陽光直射，遠離熱源，且要通風良好，切勿與其他貨物混在一起存放。

(3)不同危險性質物品之儲存須注意其相容性。

4. 危險品裝載規定

(1)使用之貨櫃及貨盤必須符合相關關定。

(2)危險貨品裝進貨櫃或貨盤之前必須確定無滲漏或破損之情形。

⑶發現有滲漏或破損之情形者，應即卸載，並確定其他運送物品並未被污染。

⑷危險物品不得裝於航空器客艙或駕駛艙。

⑸可能產生相互反應之危險物品，不得裝於相鄰位置或滲漏時會產生相互反應之位置。

⑹對危險貨品必須加以保護，使不受破損並應加以固定。

⑺航空器所有人或使用人須於相關手冊中，提供飛航組員執行空運危險物品所需資訊及緊急應變程序。於有承運危險物品時，應於起飛前以書面通知機長。

5. 危險品卸載規定

於危險品卸載時，應檢查包裝件是否破損或滲漏。發現有破損或滲漏時，應再檢查航空器內裝載該物品的區域是否損壞或受污染。

6. 意外事件之報告及緊急處理程序

依據危險物品空運管理辦法第32條之規定，航空器所有人或使用人、航空站地勤業、航空貨物集散站經營業及空廚業，於執行空運危險物品作業發生危險物品事件時，應即依其緊急應變程序處理。

因前項致人死傷、毀損財物或嚴重危及航空器或人員時，應即通知當地航空站及民航局，並於七十二小時內填具危險物品事件報告送民航局，民航局於必要時得派員對飛航事故以外之危險物品事件進行調查。

7. 航空貨運承攬業對其收運之危險物品於進入航空站後，所發生之危險物品事件，應依前二項規定辦理。

8. 其他規定

除以上依程序之規定外，還有其他規定如下：

⑴航空器所有人或使用人應對旅客提示禁止託運及攜帶危險物品進入航空器之規定，並應請乘客確認未託運及攜帶危險物品進入航空器。

⑵危險物品不得以航空郵件交運或於航空郵件內夾帶危險物品，但依

規定正式交運者，不在此限。

⑶運送人和相關業者應採取保安措施，以降低危險物品失竊或被第三
人誤用之危險，並避免危害人員、財產或環境。

問題研討

1. 請討論危險品運送的國際相關規定。
2. 請討論危險品分類。
3. 請研討危險品之包裝。
4. 請研討危險品之標誌。
5. 請就我國「危險物品空運管理辦法」討論危險品操作之規定。
6. 為維護飛安，危險品交運時託運人有何責任？
7. 為維護飛安，危險品運送中運送人有何責任？

第十二章
海空聯運

本章摘要

　　本章探討海空聯運的相關問題。海運和空運各有其優缺點，由於臺灣具有優越的地理位置，發展臺灣為區域轉運中心歷經幾任政府，也提出幾次遠大的目標，結果迄今並無成果，令人扼腕。海空聯運將兩者結合，發揮截長補短之經濟效益，適合在臺灣發展。世界不乏成功案例，可為借鏡。本章即就海空聯運的意義和經濟性開始，接著談到發展海空聯運的條件，據此檢視臺灣是否具備發展海空聯運的條件。最後舉廣東省中山以海運至高雄港，轉接空運至荷蘭阿姆斯特丹為例，證實華南應具有發展至高雄港或臺北港的海空聯運潛力，結尾部分則說明海關的轉運報單及貨物流程。結尾介紹海運快遞和貨轉郵，都是近年新的發展方向。值得思考，掌握商機。

第一節　海空聯運的定義

　　本書開始即討論到各種運輸都有其優點，但也有其不及之處。海運的優點是載運量大，一艘船舶的載貨量可以達到數十萬噸，因此平均運輸成本在各種運輸方式中運費最低，全球國際貿易貨物百分之九十以上使用海洋運輸。但水的阻力也使船舶行駛速度緩慢，運送時間較其他運輸方式長了許多。海運服務也只能到達港口，無法深入內陸點。空運的優缺點則和海運恰好相反，飛機飛行速度可達每小時一千公里，航速是貨輪的20倍

以上；並且空運不受地形限制，可深入內陸點。但空運的運輸能量和海運相比的話，則是數千倍的差距，導致平均運輸成本高，使得航空運費高昂，為所有運輸之最。海空聯運即利用海空運輸的優點，將兩者組合起來使用。發揮兩種運輸長處，提高運輸的經濟效益。海空聯運的經濟示意圖示如圖12-1：

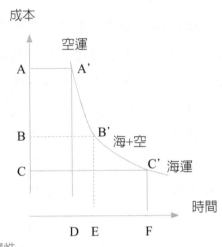

圖12-1　海空聯運經濟性

　　上圖說明如下：如果全程運輸採用空運的話，雖然運送時間短如D點所示，但其運輸成本（費用）則高如A點；但如全程採用海運的話，運輸成本雖然較低如C點所示，但所消耗運送時間則長達如F點所示，顯示兩者各有優缺點。若將兩者截長補短結合使用的話，則其運輸成本和運輸時間將介於兩者之間，如B和E及B'點所示，此即為海空聯運的經濟效益。運輸時間也是貨物成本，因此如能適度縮短貨物運輸時間，又不致過度增加運輸成本的話，這樣的運輸方式將深具意義，也難怪其重要性日益普遍。舉例言之，以貨物至歐洲主要港口為例，如果全程採用海洋貨櫃運輸的話，運費雖然低廉，但運輸需時約20天左右，不見得適合對時間較敏感的貨物；但如果全程使用航空運輸的話，雖然運輸時間可以縮短至1至2天，但高昂的運費也非一些貨品所能接受，故若以新加坡或杜拜作為轉

運點，前段以海運運送，後段轉航空運輸的話，則運送時間可以較全程海運大幅縮短，運費又遠較空運低廉。如貨物目的地在內陸城市的話其效益將更加顯著，海空聯運即適合這類貨品的運送。

　　經濟效益固如前面所述，從國家經濟發展政策而言則意義更大。圖12-2所示以杜拜為轉運中心，前段從遠東到杜拜使用海運，後段從杜拜至歐洲、非洲、南美洲等使用空運，使運送時間縮短外，運費成本也大幅降低，發揮經濟效益。杜拜酋長國（Emirate）面積為3,885平方公里，人口約180萬人，規模很小。但其地理位置往東為伊朗，往北為獨立國協諸國，往南則為非洲國家，週邊國家的政治經濟開放程度都不夠。在此環境之下，杜拜政府不受於回教保守教義拘束，採取積極開放政策，將杜拜建設成為區域轉運中心。成功故事，為全世界所推崇。自1985年起，定下吉貝阿里自由貿易區（Jebel Ali Free Zone）的政策，在一片沙漠之中創造了奇蹟。今天的吉貝阿里自由貿易區佔地100平方公里，有來自全球的6400家公司進駐，包含財星雜誌的全球500大企業，因此吉貝阿里自由貿易區管理局自稱自貿區為財星俱樂部（Fortune Club）。除吸引全球企業進駐自由貿易區設立轉運中心或交易中心外，杜拜在發展為海空聯運中心方面也非常成功。作者曾於1999-2000年擔任吉貝阿里自由貿易區管理局（Jebel Ali Free Zone Authority）的臺灣代表兩年，見證其海空聯運中心

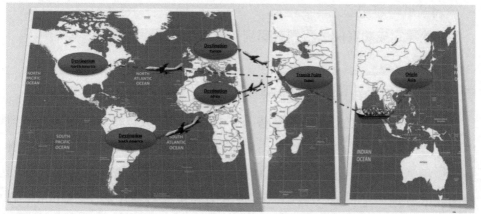

圖12-2　以杜拜為轉運核心港口的海空聯運（圖片出處：www. cn.dsv.com.）

成功的原因有六：

1. 吉貝阿里自由貿易區由前酋長Sheikh Rashid Bin Saeed Al-Maktoum 定下政策，鼓勵貨物自由轉運，免繳關稅。

2. 杜拜地理位置絕佳，往東為伊朗，北為獨立國協諸國，往南則為非洲國家。週邊國家的政治經濟開放程度都不夠，在此環境之下，杜拜政府不受於回教保守教義拘束，採取積極開放政策，建設杜拜客運和貨運的為區域轉運中心。

3. 海關手續簡便。海空聯運貨載的快速轉接非常重要，若不能達到此要求，其效益將大打折扣。杜拜海關保證海空聯運貨載在到達海港之後2.5小時之內即可接空運走掉，這是致勝關鍵之一。事實上轉運貨載除少數特殊貨品以外，轉運手續必須力求簡單快速，不必做太多干預。

4. 自由貿易區內的作業除危禁品外，完全自由。因此可以在區內進行加值作業後，再復運出口，非常便利。

5. 杜拜成功成為轉運中心後，世界各地到達的航班密集。但杜拜出口有限，回頭航班許多艙位空放，因此各航空公司貨運競爭激烈。海空聯運正好可以提供回頭貨載，享受低廉運價。

6. 週邊國家的政治不夠開放，經濟則還在起步階段，造就了杜拜的優勢。杜拜人民即自我解嘲為"We are the best among the worst."，意思是說杜拜和周邊國家相比是最好的。充分發揮其彈性與優勢，成功發展成為區域轉運中心。

從杜拜的成功案例，我們有學到什麼嗎？

第二節　發展海空聯運中心的條件

臺灣具有緊鄰中國市場的優勢，在中國改革開放以後，有很多臺商到中國大陸市場設廠。中國的龐大市場規模，若能成為臺灣腹地，推動臺灣為區域轉運中心具有發展潛力。1993年蕭萬長副總統擔任行政院長時即提出亞太營運中心計畫，其中六大營運中心包含空運中心，到2000年陳

水扁總統任內又提出全球運籌中心發展計畫；2003年又推出自由貿易港區發展計畫，等到2013年江宜樺先生當行政院長時，則又提出「自由經濟示範區」的政策。計畫之多，已到眼花撩亂的地步。正是換一個內閣，便推出一個新計畫，似乎在互別苗頭。執行成效甚低。但這些計畫的目標無非是想利用臺灣地位優勢，發展爲亞太區域經濟活動樞紐。目標非常正確遠大，但卻成果看不到，問題在哪裡？臺灣是否具備成爲區域轉運中心的條件？這是值得探討的問題。我們首先檢視一下成爲海空轉運中心所須條件，其次再探討臺灣所具備的條件。發展海空轉運中心所須條件如下：

1. 良好的區位與腹地：在臺灣鄰近地區的重要轉運中心有韓國釜山、香港、新加坡和杜拜等，綜觀這些地點，無不有良好的區位。例如新加坡位於國際海空主航線上，服務範圍可達中南半島及印尼等；杜拜雖非在海運主航道上，但對阿拉伯半島、伊朗、非洲及獨立國協等則有其地理位置優勢。它的週邊國家都因政治或宗教的原因，經濟自由度不足。杜拜在此微妙的地理位置之間，充分發其揮自由經濟的優點。杜拜商界人士即自稱"We are the best among the worst."（在最糟的環境中，我們是最好的），亦即在週邊多採保守政策的環境中，杜拜獨樹一格，採取經濟開放政策；在回教保守世界中，杜拜要擺脫宗教的束縛，絕非我們想像的容易，不過杜拜卻成功了，顯示統治者的智慧和勇氣。除活絡經濟發展之外，也成功發展成爲區域轉運中心。他們很自豪的自稱服務所及範圍的人口數約13億，鄰近國家例如俄羅斯的大亨們，採購和旅遊的首選就是杜拜。至於釜山之於中國大陸華北、香港之於珠江三角洲，莫不佔有重要的地理位置優勢。

2. 政府的積極作爲，換言之政府必須有鼓勵轉運的政策與計畫，此點重要性不亞於前述的區位條件。以香港、新加坡、杜拜爲例，它們的土地面積和天然資源都很有限。但在政府積極推動轉運中心政策之下，它們的機場和海港每年都吸引了大量的轉口貨物，成爲兩隻金雞母。轉口貨物不僅是轉口而已，更可帶來週邊效益，例如加工中心及交易中心等。香港、新加坡、杜拜均是自由港，其管理採負面表列方式，

也就是說沒有禁止的便悉數開放。杜拜自由貿易區管理局許諾海運轉空運只需2.5小時，且在自由貿易區內的加值作業都開放自由爲之，區內並可進行貨品交易，成爲名符其實的「自由」貿易區。制定政策與計畫並非難事，這只要參考成功的案例就可以做出來。但徒有政策不足以自行，政府的積極作爲更加重要。

3. 良好的轉運系統，包括空海港設備、快速的轉關作業和提供轉運服務操作的中間人等。轉運中心須具備良好的空海港設備自不待言，而轉運作業（re-export operations）由承攬運送人爲之，各國皆然，故必須有優良的業者提供轉運服務。至於海轉空的海關作業必須通暢無阻，使貨物在最短時限內完成轉接。以杜拜爲例，他們聲稱從杜拜海港Jebel Ali轉至杜拜機場貨運站Cargo Village只需2.5小時。從海港直接轉運機場，海關手續完全簡化。事實上轉運貨物除涉及違禁者外，沒有關稅問題，應給予最大方便，讓轉運時間縮到最短。從航空運輸的角度而言，幾小時的延遲是很嚴重的，這幾小時已足以使貨載從杜拜運到歐洲了，絕不能等閒視之。

4. 良好的海空網絡，可提供足夠的艙位及低廉的運價。艙位不足，容易發生延後轉接的問題；航班不足，則易使空運費居高不下，讓貨主望而卻步，此點杜拜又有無可取代的優勢。杜拜每天有3百多個航班往來全世界各地，班次綿密之外，因杜拜是進口遠大於出口的地區，回程飛機多爲空載。因此航空公司大多提供非常優惠的回頭運費，降低後段空運成本。

5. 良好的工人素質及操作效率，維護貨物的安全，這是屬於轉運站經營與管理的要求。貨物在轉運期間的安全包括貨損和失竊等，足以左右轉運中心的可靠度，也影響其發展。

6. 合理的作業成本。新加坡爲發展轉運功能，除提高作業效率外，便是降低轉運成本，以吸引海空運業者在此轉運。

轉運功能的發揮也適用大數法則，也就是使用者越多，相互接轉將更加方便，就能吸收更多使用者。相對的如果使用者不多，即成所謂的淺碟

市場，將使業者望而卻步，惡性循環。

第三節　臺灣發展海空聯運的優劣條件

　　從前述討論進一步來檢視臺灣發展海空聯運中心的條件，並分優勢與劣勢加以說明：

一、優勢條件

1. 良好的地理位置：臺灣位居亞太地理樞紐，到西太平洋主要7大城市的平均飛行時間僅約2.55小時。從臺灣最大的國際港高雄港到海外五大主要港口（香港、馬尼拉、上海、東京、新加坡）的海運平均航行時間，約為53小時。兩岸直航後，臺北位居亞太雙黃金航線中央，可向北連結東京與首爾，西連上海、南接香港、新加坡及東協各國首都。臺灣位居亞太地區中心，且位在世界主要航線之上。西鄰世界經濟成長重心與全球第2大經濟體—中國大陸，北連全球第3大經濟體—日本，東邊為全球最大經濟體—美國，南接東協10國及印度，地理位置優越。過去臺灣以發展製造業為主的經濟型態，幅員雖小，卻有可觀的進出口貨量，在世界經濟舞臺上佔有重要地位。其中轉口貨佔不少比例，頗有轉運中基礎與經驗。臺灣屬外向型經濟，很早就對外開放，擁有豐富的對外經驗，這些都是發展轉運中心的有利條件。

2. 工人操作技術純熟。高雄港長期以來便是重要轉運港，轉口貨比例幾近一半，對轉運作業一點都不陌生。桃園機場也不惶多讓，國際航空貨物吞吐量年240萬公噸，全世界排名前前矛。

3. 海關法令遞有改善。為配合政府發展臺灣為轉運中心的政策，海關法令歷經多次檢討與改善，已大有進步。

4. 政府有發展臺灣為區域營運中心的企圖心，早就制定發展區域轉運中心的經濟政策，對軟硬體建設投資，不遺餘力，使基礎建設獲得大幅改善（如圖12-3）。

5. 中國大陸對外開放以來，經濟快速起飛，成為世界加工廠。但其機場

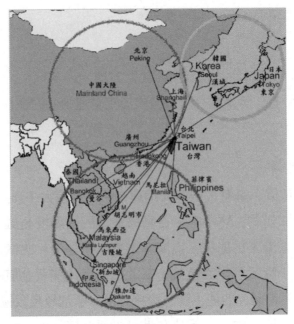

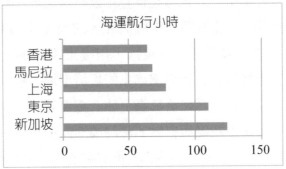

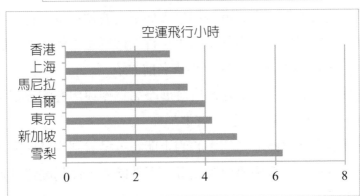

圖12-3　臺灣地理位置優勢

資料來源：高雄市招商網

能量擴充和機隊購置方面的進展則相對落後，不足以應付經濟成長所需。我們緊鄰中國大陸，同文同種，又有廣大臺商做後盾，因此中國大陸絕對是支撐臺灣經濟最有潛力的腹地。

二、不利條件

欲發展轉運中心，臺灣固然有些有利條件，但亦有許多不利條件，這是導致此一政策多年來只聞樓梯響，不見人下來的原因。茲逐一說明如下：

1. 受到政治因素干擾，臺灣經濟成長遲緩。在中國大陸一中政策之下，全世界絕大多數國家和臺灣均無正式外交關係，國際地位受到嚴重壓縮。臺灣過去引以為傲的製造業，在全球經濟版塊移轉之下，已經優勢不再。因此廠商紛紛出走，以致近年來臺灣的進出口貨量已逐漸停滯。未來臺灣經濟將面臨更大挑戰，全球各國紛紛簽立自由貿易協定（（FTA：Free Trade Agreement），結合成為經濟區塊之際，臺灣卻因政治地位不明，被排除在外。以RCEP為例[1]，經濟部自己強調，對臺灣來說，RCEP簽署最大的影響，是來自中國與日本、日本與韓國等兩個新建立的自由貿易關係，因為這將增加臺灣產品在中、日、韓的競爭壓力。另外，檢視RCEP的降稅清單，臺灣受關稅影響的產品如機械、塑化、鋼鐵、紡織等多數產品，大陸對日、韓均排除降稅，或採10年以上逐步調降的方式，預估短期內影響不大。

2. 雖然和中國大陸簽有海峽兩岸經濟合作架構協議書（Cross-Straits Economic Cooperation Framework Agreement），也獲得一些成果[2]，但其效果畢竟僅限於兩岸之間。在中國大陸實現東協10+1（中國大陸）及東協10+3（中日韓），進一步RCEP後，臺灣面臨的挑戰將更加嚴

---

[1] RCEP 在歷時 8 年的磋商後，亞太地區 15 個國家，也就是「東協 10+5」，終於在 2020 年 11 月 15 日於「東協高峰會」（ASEAN Summit）上簽署完成，全球最大的自由貿易協定（FTA）就此誕生。

[2] 海峽兩岸經濟合作架構協議（ECFA）執行情形，2013/05/13，經濟部國際貿易局。

峻。在生產及採購成本劣勢之下，廠商勢必轉移至其他國家生產或採購。外部環境如此困難，臺灣內部的政治問題一點都不少。政黨惡鬥導致政府說的比做多，面對嚴峻的挑戰，兩大黨卻無法坐下來替臺灣開藥方。臺灣的競爭力將在不斷的內耗中流失，確實令人憂心忡忡。

3. 政府對發展臺灣轉運功能雖有政策，但無對策，甚至推展不力，只是虛應故事而已，這可從幾個事實情況說明之：

(1)政策一變再變，莫衷一是。發展臺灣轉運功能政策的制定從蕭萬長先生任行政院長時的亞太營運中心計畫開始，換陳水扁政府時，政策即改為全球運籌中心。俟馬英九政府以後，政策又改為自由貿易港區，江宜樺行政院長又提出自由經濟示範區。每次政策轉彎，同樣都是把原來已經推動一段時間的舊計畫丟棄，重新再調理（cook）一次。似乎不如此的話，便無法顯示新政府的英明，落入蕭規曹隨的質疑。其實端出一個政策，需要經過多年的推動才能看出效果，豈是短期能夠見效？由於國內選舉頻頻，政府改朝換代無可避免。但政府在更替之時，對好的政策或計畫，應該繼續推動下去。否則一變再變，大家將莫衷一是。嚴重浪費國家資源外，也將一事無成。臺灣國際競爭力逐年倒退，即是明證。發展臺灣為轉運中心可謂攸關臺灣未來競爭力，甚至於存亡，豈可不慎重其事？

(2)臺灣與中國大陸經濟發展此消彼長之下，航空貨運量減少，因此某些航空公司對臺灣減班或減艙，貨運能量不增反減，對發展海空聯運也不利影響。

(3)民進黨主政期間對中國大陸抱持隔離態度，而這期間正是中國大陸經濟成長最快速的時期。在中國大陸經濟建設上來以後，臺灣原有的優勢已被趕上或超越，喪失機會，至為可惜。在那段期間，學者專家一再提出臺灣地位被邊緣化的問題，但在一切以政治掛帥的環境下，政府主政者毫不在意，甚至試圖以其他市場取代。但中國大陸經濟的發展，已是不可抵擋的趨勢。由於兩岸政治體制不同，絕大多數臺灣民眾並不贊成和大陸統一。但在其國際政經地位大幅

快速提升之際，若選擇不和它往來，政府應清楚的告訴人民有何其他選項，並領導大家往該方向發展。可惜政府無此能力，卻白白讓臺灣錯失良機，優勢不再。一味利用民粹的結果，只有使臺灣競爭力落後。沒有中國大陸爲腹地的話，臺灣發展轉運中心欲成功的機會，恐怕相當渺茫。

(4) 對聯運作業主角－承攬運送人（freight forwarder）未予正確定位，無法發揮本業功能，以致轉運中心的推動缺少了有力的執行者。試提個問題：轉運的兩頭貨主都在國外，請問轉運誰操作？當然是承攬運送人（freight forwarder）。但我國《民用航空法》和《航業法》對承攬運送業的定義爲「以自己之名義，爲他人之計算，使運送人運送貨物而受報酬之事業」。簡單講他的營業項目只有一項：「使運送人運送貨物而受報酬」。故業者不得以貨主名義或貨主代理人身分辦理貨物轉運，此點甚至經財政部正式發文強調。實則轉口貨物的收貨人本來就在第三國，在轉運地並沒有貨主。因此轉口貨物都是由承攬運送人以貨主代理人身分辦理再出口（re-export）的轉運手續，舉世皆然。換言之，如果沒有賦予承攬運送人申辦轉運功能的話，則轉運作業即形同無執行人。此定義所衍生的問題在前面章節已有深入討論，在此毋庸贅述。以致說發展轉運中心只是空談。在何美玥女士擔任經建會主委（2000-2004）時即已同意讓承攬運送人承辦轉口貨手續，但此事歷經20年後卻還依然未獲解決，我們還在原地踏步，顯示我國政府效率必須提升。

此問題之存在，另一障礙出在《關稅法》第20條規定：「載運客貨之運輸工具進出口通關，由負責人或由其委託之運輸工具所屬業者向海關申報。

前項所稱負責人，在船舶爲船長；在飛機爲機長；在火車爲列車長；在其他運輸工具爲該運輸工具管領人。

經營第一項業務之運輸工具所屬業者，應向海關申請登記及繳納保證金；

運輸工具之負責人或其委託之運輸工具所屬業者辦理進出口通關、執行運輸業務，及運輸工具所屬業者應具備之資格、條件、保證金數額與種類、申請程序、登記與變更、證照之申請、換發及其他應遵行事項之辦法，由財政部定之。」

這是因我國立法基礎認定有運輸工具者才是運送人的緣故，其實此標準早已不何時宜了。對運送人的認定國際間早已採「責任負擔」基礎，而非「運輸工具」基礎了。換言之運送人之所以為運送人是因其負「運送人責任」而不在於擁有「運輸工具」與否，這就好比一句通俗的提問：「要喝牛奶要自己養乳牛嗎？」，人盡皆知「不用」。事實上我國民法第664條「就運送全部約定價額，或承攬運送人填發提單於委託人者，視為承攬人自己運送」即採此種認定標準，航業法雖採用此一定義，但如以「特別法未規定者適用普通法」之原則，也沒有問題。但我們財政部海關總署卻還在拘泥關稅法第20條條文，而否定承攬運送人的「運送人」資格。在此邏輯之下，所以承攬運送人不得自報艙單，只有航空公司或航運公司所謂有運輸工具者得以為之，實在令人費解。併裝貨的貨主資料是在承攬運送人手中，由於這些資料我國海關只接受有「運輸工具」者的運送人提報，所以實務是由海運承攬運送人提供給船舶運送人；船舶運送人再修改艙單資料，向海關申報。資料一來一往之間，影響轉運效率和成本，使效益已大打折扣。所以海運承攬運送人多選擇在香港、新加坡轉運，以致臺灣要發展多國併貨中心（MCC: multi countries consolidation）的政策始終動不起來，便不足為奇了。政府既定下發展轉運中心的政策，則相關法令的修改是必要的配套措施。修法是公權力才能解決的事，豈能一再拖延，使政策空轉？這樣要達成政策目標，恐怕是緣木求魚了。寄望我們政府能夠加加油！

(5)腹地不足。過去因為兩岸政治隔絕，不能直航。再加上傳統產業出走，以致在中國大陸經濟快速成長的進程中，臺灣非但未蒙其利，

反受其害。在選擇兩岸靠泊的考量中，外商紛紛棄臺灣而去，以致我們的經濟腹地只局限於菲律賓、印尼、越南等少數幾個東南亞國家。這些國家的轉運貨量畢竟不能和中國大陸規模相比，對我們發展轉運中心的助益不大。中國大陸經濟起飛以後，其龐大貨源應該才是我們最有潛力的經濟腹地，而基於同文同種關係，臺灣也較其他國家占有優勢。在全世界都競相投資中國大陸的趨勢下，我們政府如不與其往來的話，就必須清楚告訴民眾替代方案，並積極推動，才是負責任的政府。不應該為了政黨利益，犧牲全民福址。如今兩岸已於2011年11月4日在臺北圓山飯店簽訂海空運協議，雖然空運轉運的第六航權尚未確定，但事實上的運作已有法可循。期盼政府和民間能攜手共同努力，開發因為直航的所帶來的商機。否則臺灣的海空地位將不保，更遑論發展轉運中心了。

(6) 桃園機場能量已經超飽和，早就計畫建設第三航廈。但主體工程因建設難度較高、經費又低，過去曾3次流標。2020年5月經第四次招標，由「韓國三星與榮工工程」、「日商華大成營造與大陸工程」通過審查，而在2021年 1 月，第二階段規格標開標，由「三星與榮工」團隊通過審查，但期間因發現其公司顧問為評委之一，違反採購法，因此全案廢標。而後再次進行資格招標，也只有「韓國三星與榮工工程」投標，並再次通過審查。因此，桃機不久後將再次啟動規格標開標作業，預計終於2021年3月底前完成評選。預定2021年動工，2026年完工。因此在完工之前，桃園機場作業能量不足，是擴大作業量的致命傷。

第四節　海空聯運近期發展

　　儘管有前述不利因素，但臺灣究竟具有優越地理位置。近年因電子商務發展及2018年中美貿易戰，臺商有回流的現象，貨運需求增加，因此有以下發展：

一、案例一

中國大陸華南地區有廣大的臺商，也有綿密的船期。目前該地區空運貨載多取道香港轉運，但香港一來航空運費高，轉運作業成本亦不低，且常有轉接不上的問題。如果能將這些貨載以海運拉到臺灣，再以空運銜接出去，相信此種作業方式對臺灣發展轉運中心有重大幫助，並有生存空間，因此華南地區是可以進行海空聯運的潛在地區，茲試舉例說明如圖12-4：

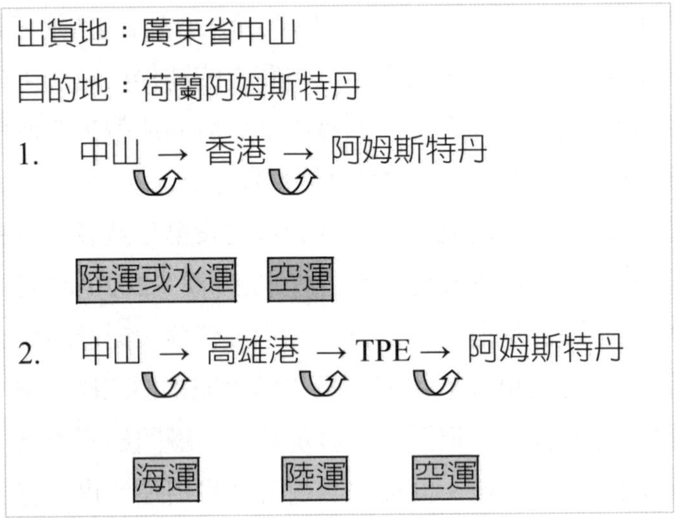

出貨地：廣東省中山

目的地：荷蘭阿姆斯特丹

1. 　中山 → 香港 → 阿姆斯特丹

　　　　　　陸運或水運　空運

2. 　中山 → 高雄港 → TPE → 阿姆斯特丹

　　　　　海運　　　陸運　　　空運

圖12-4　中國華南轉運作業

上圖顯示者為中山的空運貨可走陸路或水路至香港銜接，但其成本較高。若改以海運將貨運到臺灣，再從桃園國際機場接空運至目的地的話。如果臺灣海關作業能夠密切配合的話，則全程運送時間只增加約三天，但運費成本則每公斤可節省近NT$15，相當可觀。同樣模式也可套用上海、廣州、廈門至臺北港、臺中港和基隆港等，或許是臺灣發展為海空聯運中心的商機。不過欲達成此目標，有很多配套措施要做。最重要的是海關的配合，盡量簡化轉運作業手續，使貨物在最短時間銜接出去。航空業者必須將眼光放遠，在空運旺季時期也必須保留海空聯運貨載的機位，否則商機將無以持續。

最後將海空聯運轉口貨物之海關作業流程說明如下：

海空聯運轉口貨物通關作業流程如圖12-5：

圖12-5　海轉空之貨物流程

(一)實體流程

1. 加封、押運——海關得派員押運、裝入保稅卡車

2. 申報——輪船公司、航空公司於進口報單內以轉口貨物列載，並填具轉運申請書向海關申報。

3. 轉運地區、時間之限制——進口艙單申報轉口卸船（機），憑轉運准單放行訊息，辦以內陸轉運至貨棧裝櫃（打盤）後，裝機出口。高雄港à高雄國際機場（40分鐘內），高雄港à中正國際機場（8小時內）。

(二) 報單流程[3]

1. 轉運（transit）指貨物在海關監管下，自啓運關區運送至目的地關區通關之作業程序。轉運貨物須傳輸T1轉運申請書，放行後憑以辦理貨物轉運。

2. 此外有所謂轉口（transshipment）是貨物在同一關區，由進口運輸工具轉至出口運輸工具之通關程序。係海空聯運貨物轉口者，使用報單為T6或T7報單（空海聯運）。申報T6或T7轉運申請書，申請海空聯運（或空海聯運）轉口通關程序，辦理通關，如圖12-6。

3　本單元摘述自林政雄先生「進出口暨轉口通關作業」。

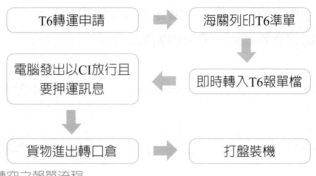

圖12-6　海轉空之報單流程

二、海運快遞

　　各國針對少量低價貨物均訂低價免稅制度，我國財政部自2013年11月29日公布〈海運快遞貨物通關辦法〉。海運快遞業務於104年5月正式營運，惟營運量因若干原因如通關務成本面、運力面和集貨面等問題，並不如預期。但自從新冠肺炎爆發以來，跨境電子商務蓬勃發展，相對的航空貨運艙位大減，因此改走海運快遞的簡易申報案件數逐年成長。初期著眼兩岸小額的貨載，但由於由於其便利性，現已可操作兩岸的海空聯運貨載，特加說明如下：

(一)設置源起（如圖12-7）

圖12-7　海運快遞概念（圖片出處：2016.12.22.關務署，「海運快遞業務及法令鬆綁」報告）

利用臺北港和福建平潭島通關優勢，開始操作海運快遞貨載。自2013年11月29日公布實施〈海運快遞貨物通關辦法〉以來，又相繼放寬某些限制，因此海運快遞業務目前發展甚佳。根據〈海運快遞貨物通關辦法〉海運快遞貨物須在海運快遞貨物專區通關，目前除臺北港是發展重點外，現有臺灣港務國際物流股份有限公司、臺北港國際物流股份有限公司和臺北港貨櫃碼頭股份有限公司，高雄港則有第一郵通股份有限公司和萬海海運股份有限公司，至於參與的快遞業者則有40多家。

隨著跨境電商蓬勃發展，講求物流與通關的快速服務，萬海航運在高雄港63碼頭倉庫設置海運快遞貨物專區，並於2021年5月17日迎來了首批抵達高雄的快遞貨物，共計逾500件包裹，提供客戶便捷安全與智慧化的新選擇（2021.5.18.工商時報）。圖12-8顯示海快遞幾個特點：小量、輸送帶、X光機，使貨物拆櫃後迅速通關，能夠和航空貨運競爭，甚具優勢。

圖12-8　萬海高雄63號快遞專區（圖片出處：2021.5.18.工商時報）

關務署於2015年10月27日發布訂定「臺灣本島通關之進出口海運快遞貨物於金門馬祖澎湖轉運作業規定」，以利執行金馬澎與大陸地區轉運

作業。規定所稱小三通航線船舶及小三通航線船舶運輸業者，指依試辦金門馬祖澎湖與大陸地區通航實施辦法及運輸工具進出口通關管理辦法，經交通部核准並向海關完成登記，航行於離島兩岸通航港口與經交通部核定之大陸地區港口間之船舶及該船舶所屬運輸業者。所稱國內航線船舶及國內航線船舶運送業者，指航行於離島港口與本島港口間之船舶及該船舶所屬運送業者，轉運海運快遞貨物之裝卸地點，以設有海關之港口為限。轉運海運快遞貨物艙單、報單應以電腦連線或電子資料傳輸方式向海關申報，轉運海運快遞貨物應以符合國際標準之貨櫃裝運，並限以原櫃加封電子封條執行本島與離島間轉運貨櫃移動安全監控。轉運海運快遞貨物限由船舶以直航方式於本島卸存地港口與離島暫存地港口間載運，並應於進口艙單及出口報單所載本島卸存地港口管制區內之海運快遞貨物專區直接辦理進出口通關，不得再次轉運。倉儲業者於辦理轉運海運快遞貨物進出站（棧）時，應依「貨櫃（物）動態傳輸作業規定」，傳送貨櫃（物）相關動態訊息。小三通航線船舶運輸業者或其代理人或受委託之報關業者，應派有充足人力在轉運貨物裝卸地點協助辦理相關轉運作業事宜。至於轉運出口海運快遞貨物作業程序，訂艙作業（本島）貨物輸出人向小三通航線船舶運輸業者完成訂艙手續，取得離島海關通關號碼，憑以辦理出口報關。出口報關作業（本島）貨物輸出人應於完成訂艙取得離島海關通關號碼後，以本島海運快遞貨物專區所在地海關為出口報單受理關別，辦理出口報關。併櫃加封作業（本島），本島海運快遞貨物專區業者應憑海關出口貨物放行通知（N5204）辦理併櫃作業，並於併櫃作業完成後，由本島海關稽查（倉棧）單位辦理電子封條加封作業。卸存進儲作業（離島），轉運進口貨櫃經小三通航線船舶運輸業者或其代理人依前款規定辦妥貨櫃卸船及電子封條加封作業後，應即進儲卸貨准單或特別准單所載離島暫存地，等待轉運。但以原船轉運本島者，於電子封條加封後，得即裝回原船。（2015.10.28.臺灣新生報航運版新聞）。

(二)海運快遞貨物

分不得和得在海運快遞專區操作兩類：

1. 〈海運快遞貨物通關辦法〉第三條：下列各款貨物不得在海運快遞貨物專區辦理通關：

一、屬關稅法規定不得進口之物品、管制品、侵害智慧財產權物品、進口生鮮農漁畜產品、活動植物、保育類野生動植物及其產製品。

二、每件（袋）毛重逾七十公斤之貨物。

三、以非密閉式貨櫃裝運進口之貨物。

2. 通關辦法第十一條海運快遞業者應以電腦連線或電子資料傳輸方式向海關申報。

進出口海運快遞貨物得依其性質及價格區分類別，分別處理，其類別如下：

一、進口快遞文件。

二、進口低價免稅快遞貨物：完稅價格新臺幣二千元以下。

三、進口低價應稅快遞貨物：完稅價格新臺幣二千零一元至五萬元。

四、進口高價快遞貨物：完稅價格超過新臺幣五萬元。

五、出口快遞文件。

六、出口低價快遞貨物：離岸價格新臺幣五萬元以下。

七、出口高價快遞貨物：離岸價格超過新臺幣五萬元。

3. 進出口海運快遞貨物均應通過X光儀器檢查。但貨物性質不適合照射 X 光，並經海關核准者不在此限。

(三)海空聯運

1. 大陸地區之轉口貨物以船載運抵臺北港轉口倉，以貨櫃卡車併輔以電子封條加封，陸運至空運倉儲，裝機出口（如圖12-9）。

2. 飛機抵達桃園機場後，轉口貨物以貨櫃卡車併輔以電子封條加封，運至臺北港轉口倉，裝船出口（如圖12-10）。

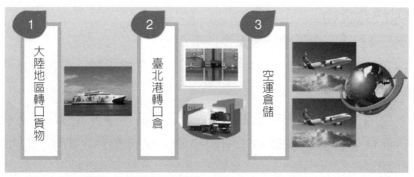

圖12-9　中國大陸海運進空運轉出至境外（圖片出處：關務署，海運快遞通關宣導會簡報）

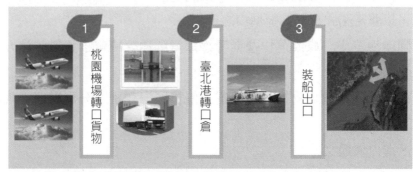

圖12-10　境外空運進轉海運出至中國大陸港口（圖片出處：關務署，海運快遞通關宣導會簡報）

三、貨轉郵

　　跨境電子商務蓬勃發展，關務署發布「試辦轉口貨物加掛郵袋吊牌作業要點」，以利業者將國外承攬之貨物轉至臺灣後，再以郵件方式出口至貨物寄達國，提供以「貨轉郵」貨物便捷的通關環境，以期吸引跨境電商產業以臺灣為發貨中心（如圖12-11）。操作貨轉郵業務，創造更大商機，提升臺灣於國際跨境電商環境之地位。

　　近年來中華郵政公司善用臺灣地理條件、國際航空資源及郵政網絡優勢，積極發展跨境電商物流，開辦「貨轉郵」、「自轉郵」（自由貿易港區貨物郵遞出口）及「保稅貨物郵遞出口」等一系列貨轉郵跨境電商物流服務，由於切合市場需求趨勢，每年業績均呈現倍數成長。中華郵政公司掌握國際電子商務發展契機，繼2016年、2017年分別於臺中英才郵局及

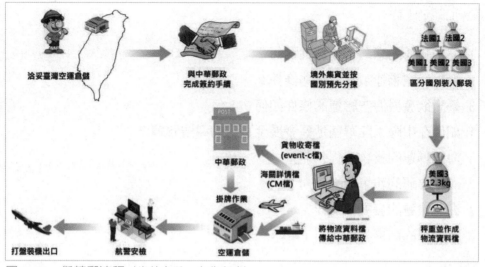

圖12-11　貨轉郵流程（資料來源：中華郵政）

桃園機場航郵中心設立「出口貨棧」後，續於2019年3月18日在桃園機場航郵中心啟用首座「航郵進口貨棧」，攜手物流業和桃園機場四大空運倉儲業，爭取國際跨境電商貨物來臺轉運，為國內航空業、船舶業、貨物承攬業、報關業及倉棧業等產業鏈帶來商機。

　　圖12-11所示前段從中國大陸以海運至臺灣港口後轉運至機場貨倉，這段為一般商業貨載。轉口倉改裝郵袋，以郵政包裹出口，故名貨轉郵。前段和後段訂艙和報價均由航空承攬人負責。中華郵政則藉國際郵政聯盟之優勢，於貨物運抵臺北港或高雄港後，改裝郵袋。以郵政系統操作，可享國際郵盟進口國通關的優勢及遞送服務網路。不過由於兩頭的航空、海運艙位需業者自己向運送人洽訂及支付運費，若再付予中華郵政並不便宜的「郵資」和作業費的話，等於撥兩次皮，這項「貨轉郵」服務發展不易。立意雖好，應該再務實的做調整。否則發展潛力料將不大，殊為可惜。

題目研討

1. 海空聯運的意義和經濟性為何？

2. 發展海空聯運須具備哪些條件？

3. 臺灣欲發展海空聯運的條件如何？

4. 如何在中國大陸華南地區發展至臺灣的海空聯運？

5. 海空聯運的貨物流程為何？

6. 海空聯運的報單流程為何？

7. 海運快遞的發展與操作。

8. 貨轉郵的商機如何？

出口報價單

To		Date	
Attn		EXT	
TEL		FAX	
From			

Freight Charge (TWD)：

FM / TO	Carrier	+45K	+100K	+500K	+1000K	Remark
Fuel Surcharge（燃料附加費）						
War Risk Surcharge（兵險）						

1. 請在星期一～星期五14:00前或星期六10:00前將貨物送進指定倉儲
2. 班機安排例如：a.星期一中午前提供invoice & packing list給我司，
　　　　　　　　　b.貨物在14:00前進艙，可安排星期二起飛之班機
3. 請在委任書或invoice加蓋公司大小章以利報關。
4. 請貴司自行評估產品是否另加保險
5. 計價重量以毛重及材積重取大者，實際重量以機場所磅為標準（材積重：長×寬×高×箱數÷6000（長度單位：cm）
6. 出大陸點consignee需具有合同or批文，若無批文，可詢問大陸分辦可否代買合同批文

Other Charge (TWD)：

Warehouse Charge（倉租費）	MIN：100 (1-20kgs) 300kg以內的部份：5 / K 多於300kg的部份：1.5 / K 計算方式(以500kgs為例) twd5×300kgs + twd1.5×(500k − 300k) = twd1800/shpt
CAS（海關連線費）	200
Handling Charge（手續費）	600
Cartage（卡車提貨費）	AT COST（自送則無）
Insurance（保費）	

進口報價單

To		Date	年 月 日
Attn		EXT	
TEL		FAX	

From:

FREIGHT RATE (FOB TERM) :

FM / TO	CARRIER	CURRENCY	MIN	+45K	Remark
Fuel Surcharge（燃料附加費）					
War Risk surcharge (兵險)					

OTHER CHARGES IN TAIWAN:

清關費Customs Clearance	NTD 1200/SHPT
分單費B.B.FEE	NTD 600/SHPT
海關連線費C.A.S.	NTD 200/SHPT
倉租打盤Terminal	-300K NTD 5/KG 301K-ABOVE NTD 1.5/KG
理貨費Handling	-100K FREE OVER 100K NTD 3/KG
關稅Customs Duty and Tax	AT COST
卡車費Cartage	AT COST
驗貨費Customs Inspection	NTD 500/SHPT
堆高機Forklift (If need)	NTD 360/SHPT

Master Air Waybill

297	HND	73314286							297 - 73314286	

Shipper's Name and Address / Shipper's Account Number

HITACHI TRANSPORT SYSTEM LTD. R'BLDG.
EAST 9-1, NIHOMBASHI HAKOZAKI-CHO,
CHUO-KU, TOKYO 103 JAPAN.

Not negotiable
Air Waybill Issued by

CHINA AIRLINES
TAIPEI, TAIWAN

Copies 1, 2 and 3 of this Air Waybill are originals and have the same validity

Consignee's Name and Address / Consignee's Account Number

NIKKO DEVELOPMENT CO.,LTD.TAIWAN BRANCH
C/O TRUST AIR CARGO CO.,LTD. NO.4,LANE
100,SUNG CHIANG RD., TAIPEI,TAIWAN
TEL:02-543-3388 FAX:02-560-2435
TEL:02-506-9761(NIKKO DEV.)

It is agreed that the goods described herein are accepted in apparent good order and condition (except as noted) for carriage SUBJECT TO THE CONDITIONS OF CONTRACT ON THE REVERSE HEREOF. ALL GOODS MAY BE CARRIED BY ANY OTHER MEANS INCLUDING ROAD OR ANY OTHER CARRIER UNLESS SPECIFIC CONTRARY INSTRUCTIONS ARE GIVEN HEREON BY THE SHIPPER, AND SHIPPER AGREES THAT THE SHIPMENT MAY BE CARRIED VIA INTERMEDIATE STOPPING PLACES WHICH THE CARRIER DEEMS APPROPRIATE. THE SHIPPER'S ATTENTION IS DRAWN TO THE NOTICE CONCERNING CARRIER'S LIMITATION OF LIABILITY. Shipper may increase such limitation of liability by declaring a higher value for carriage and paying a supplemental charge if required.

Issuing Carrier's Agent Name and City

HITACHI TRANSPORT SYSTEM, LTD.
TOKYO, JAPAN

Accounting Information

Agent's IATA Code / Account No.

16-3 0031/0994

Airport of Departure (Addr. of First Carrier) and Requested Routing

HND / TPE

To	By First Carrier	Routing and Destination	to	by	to	by	Currency	CHGS Code	WT/VAL PPD COLL	Other PPD COLL	Declared Value for Carriage	Declared Value for Customs
TPE	CI						JPY	PP	XX	XX	N.V.D.	

Airport of Destination	Flight/Date	For Carrier Use only	Flight/Date	Amount of Insurance
TAIPEI	CI305/02			

INSURANCE-If Carrier offers insurance, and such insurance is requested in accordance with the conditions hereof, indicate amount to be insured in figures in box marked 'Amount of Insurance'.

Handling Information

SCI

No of Pieces RCP	Gross Weight	kg lb	Rate Class / Commodity Item No.	Chargeable Weight	Rate / Charge	Total	Nature and Quantity of Goods (incl. Dimensions or Volume)
27	4655.3	K	4402	5804.5	560	3,250,520	CONSOLIDATED CARGO AS PER ATTACHED MANIFEST NO.98K0085 TOTAL M3 : 34.827
							CI 305 OCT 02RL
27	4655.3					3,250,520	

Prepaid	Weight Charge	Collect	AWB Fee	Terminal Fee
	3,250,520		AWA: 200	
	Valuation Charge		DB Fee	Other Charges
	Tax		D/G Fee	

Total Other Charges Due Agent
200
Total Other Charges Due Carrier

Shipper certifies that the particulars on the face hereof are correct and that insofar as any part of the consignment contains dangerous goods, such part is properly described by name and is in proper condition for carriage by air according to the applicable Dangerous Goods Regulations.

Signature of Shipper or his Agent

Total Prepaid	Total Collect
3,250,720	
Currency Conversion Rates	CC Charges in Dest. Currency

02.OCT.1998   TOKYO JAPAN   H.YOSHIKAWA
Executed on (date)   at (place)   Signature of Issuing Carrier or its Agent

For Carrier's Use only at Destination	Charges at Destination	Total collect Charges

297 - 73314286

2. — ORIGINAL — FOR CONSIGNEE   D

附錄四

Master Air Waybill

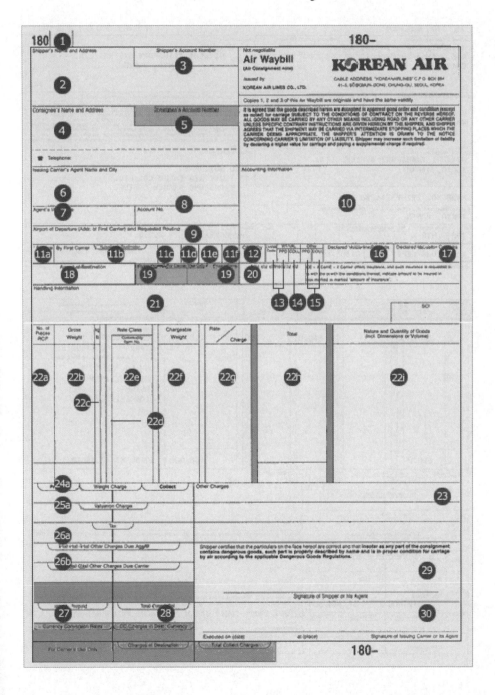

House Air Waybill

HTS	TYO	80011201		HTS-80011201

Shipper's Name and Address	Shipper's Account Number	Not negotiable
HITACHI, LTD., TOKYO, JAPAN 4-6, KANDA-SURUGADAI CHIYODA-KU, TOKYO		**Air Waybill** Issued by HITACHI TRANSPORT SYSTEM, LTD. TOKYO, JAPAN 743

Consignee's Name and Address	Consignee's Account Number	
KAOHSIUNG EXPORT PROCESSING ZONE, KAOHSIUNG,TAIWAN R.O.C.		Copies 1,2 and 3 of this Air Waybill are originals and have the same validity. It is agreed that the goods described herein are accepted in apparent good order and condition (except as noted) for carriage SUBJECT TO THE CONDITIONS OF CONTRACT ON THE REVERSE HEREOF. ALL GOODS MAY BE CARRIED BY ANY OTHER MEANS INCLUDING ROAD OR ANY OTHER CARRIER UNLESS SPECIFIC CONTRARY INSTRUCTIONS ARE GIVEN HEREON BY THE SHIPPER, AND SHIPPER AGREES THAT THE SHIPMENT MAY BE CARRIED VIA INTERMEDIATE STOPPING PLACES WHICH THE CARRIER DEEMS APPROPRIATE. THE SHIPPER'S ATTENTION IS DRAWN TO THE NOTICE CONCERNING CARRIER'S LIMITATION OF LIABILITY. Shipper may increase such limitation of liability by declaring a higher value for carriage and paying a supplemental charge if required.

Issuing Carrier's Name and City	Accounting Information
HITACHI TRANSPORT SYSTEM, LTD. TOKYO, JAPAN MAWB NO. 297-73314286	ALSO NOTIFY : 1) TRUST AIR CARGO CO.,LTD. KAOHSIUNG BRANCH OFFICE.

Airport of Departure (Addr. of First Carrier) and Requested Routing
TOKYO, JAPAN

To	By First Carrier	Routing and Destination	to	by	to	by	Currency	CHGS Code	WT VAL	Other	Declared Value for Carriage	Declared Value for Customs
TPE	HTS						JPY	PC	XXXX	XX	N.V.D.	

Airport of Destination	Requested Flight/Date	Amount of Insurance	
KAOHSIUNG/KEPZ	CI305/02		If shipper requests insurance in accordance with the conditions thereof, indicate amount to be insured in figures in box marked "Amount of Insurance".

Handling Information

No. of Pieces RCP	Gross Weight	kg lb	Rate Class / Commodity Item No.	Chargeable Weight	Rate / Charge	Total	Nature and Quantity of Goods (incl. Dimensions or Volume)
2	640.0	K Q		640.0	700	448,000	EQUIPMENT FOR SEMICONDUCTOR AND STANDARD ACCESSORIES ********************* INV NO.7438K301 ORIGIN : JAPAN FREIGHT: COLLECT P/O#KHET-70012
2	640.0					448,000	TOTAL M3: 2.853(M3)

Prepaid	Weight Charge	Collect	Other Charges
	339,200	108,800	AWA: 200

Valuation Charge	

Tax	

Total other Charges Due Agent	Shipper certifies that the particulars on the face hereof are correct and agrees THE CONDITIONS ON THE REVERSE HEREOF.
200	

Total other Charges Due Carrier	
	Signature of Shipper or his Agent

Total Prepaid	Total Collect	Carrier certifies that the goods described hereon are accepted for carriage subject to THE CONDITION OF CONTRACT ON THE REVERSE HEREOF, the goods then being in apparent good order and condition, except as noted hereon.
339,400	108,800	
Currency Conversion Rates	CC Charges in Dest. Currency	02.OCT.1998 TOKYO JAPAN (HITACHI TRANSPORT SYSTEM, LTD
		Executed on (date) at (place) Signature of Issuing Carrier
For Carriers Use only at Destination	Charges at Destination	Total Collect Charges	HTS-80011201

COPY

空運提單背面條款

NOTICE CONCERNING CARRIERS' LIMITATION OF LIABILITY

IF THE CARRIAGE INVOLVES AN ULTIMATE DESTINATION OR STOP IN A COUNTRY OTHER THAN THE COUNTRY OF DEPARTURE, THE WARSAW CONVENTION MAY BE APPLICABLE AND THE CONVENTION GOVERNS AND IN MOST CASES LIMITS THE LIABILITY OF THE CARRIER IN RESPECT OF LOSS, DAMAGE OR DELAY TO CARGO TO 250 FRENCH GOLD FRANCS PER KILOGRAMME, UNLESS A HIGHER VALUE IS DECLARED IN ADVANCE BY THE SHIPPER AND A SUPPLEMENTARY CHARGE PAID IF REQUIRED.

THE LIABILITY LIMIT OF 250 FRENCH GOLD FRANCS PER KILOGRAMME IS APPROXIMATELY US$ 20 PER KILOGRAMME ON THE BASIS OF US$42.22 PER OUNCE OF GOLD.

CONDITIONS OF CONTRACT

1. As used in this contract 'Carrier' means all air carriers that carry or undertake to carry the goods hereunder or perform any other services incidental to such air carriage, 'Warsaw Convention' means the Convention for the Unification of certain rules relating to International Carriage by Air, signed at Warsaw, 12 October 1929, or that Convention as amended at The Hague, 28 September 1955, whichever may be applicable, and 'French gold francs' means francs consisting of $65^1/_2$ milligrams of gold with a fineness of nine hundred thousandths.

2.1 Carriage hereunder is subject to the rules relating to liability established by the Warsaw Convention unless such carriage is not 'international carriage' as defined by that Convention;

2.2 To the extent not in conflict with the foregoing, carriage hereunder and other services performed by each Carrier are subject to:
2.2.1 applicable laws (including national laws implementing the Convention), government regulations, orders and requirements,
2.2.2 provisions herein set forth, and
2.2.3 applicable tariffs, rules, conditions of carriage, regulations and timetables (but not the times of departure and arrival therein) of such carrier, which are made part hereof and which may be inspected at any of its offices and at airports from which it operates regular services. In transportation between a place in the United States or Canada and any place outside thereof the applicable tariffs are the tariffs in force in those countries.

3. The first Carrier's name may be abbreviated on the face hereof, the full name and its abbreviation being set forth in such Carrier's tariffs, conditions of carriage, regulations and timetables. The first Carrier's address is the airport of departure shown on the face hereof. The agreed stopping places (which may be altered by Carrier in case of necessity) are those places, except the place of departure and place of destination, set forth on the face hereof or shown in Carrier's timetables as scheduled stopping places for the route. Carriage to be performed hereunder by several successive carriers is regarded as a single operation.

4. In carriage to which the Warsaw Convention does not apply and to which the Rules of Compensation for Damage to Passengers and Cargo by Air of the Republic of China apply, then in accordance with such Rules the liability of Carrier shall be limited to NT$1,000.00 per kilogramme for cargo lost, damaged or delayed, provided that in any carriage where neither the Warsaw Convention applies nor the said Rules of Compensation for Damages to Passengers and Cargo by Air as aforesaid apply and except as otherwise provided in Carrier's tariffs or conditions of carriage, Carrier's liability shall not exceed US$20.00 or the equivalent per kilogramme of goods lost, damaged or delayed, unless a higher value is declared by the shipper and a supplementary charge paid.

5. If the sum entered on the face of the Air Waybill as 'Declared Value for Carriage' represents an amount in excess of the applicable limits of liability referred to in the above Notice and in these Conditions and if the shipper has paid any supplementary charge that may be required by the Carrier's tariffs, conditions of carriage or regulations, this shall constitute a special declaration of value and in this case Carrier's limit of liability shall be the sum so declared. Payment of claims shall be subject to proof of actual damages suffered.

6. In cases of loss, damage or delay of part of the consignment, the weight to be taken into account in determining Carrier's limit of liability shall be only the weight of the package or packages concerned.

7. Any exclusion or limitation of liability applicable to Carrier shall apply to and be for the benefit of Carrier's agents, servants and representatives and any person whose aircraft is used by Carrier for carriage and its agents,' servants and representatives. For purpose of this provision Carrier acts herein as agent for all such persons.

8.1 Carrier undertakes to complete the carriage hereunder with reasonable dispatch. Carrier may substitute alternative carriers or aircraft and may without notice and with due regard to the interests of the shipper substitute other means of transportation. Carrier is authorised to select the routing or to change or deviate from the routing shown on the face hereof. This Subparagraph is not applicable to/from USA.

8.2 Carrier undertakes to complete the carriage hereunder with reasonable dispatch. Except within USA where carrier tariffs will apply, Carrier may substitue alternate carriers or aircraft and may without notice and with due regard to the interests of the shipper substitute other means of transportation. Carrier is authorized to select the routing or to change or deviate from the routing shown on the face hereof. This Subparagraph is applicable only to/from USA.

9. Subject to the conditions herein, the Carrier shall be liable for the goods during the period they are in its charge or the charge of its agent.

10.1 Except when the Carrier has extended credit to the consignee without the written consent of the shipper, the shipper guarantees payment of all charges for carriage due in accordance with Carrier's tariffs, conditions of carriage and related regulations, applicable laws (including national laws implementing the Convention), government regulations, orders and requirements.

10.2 When no part of the consignment is delivered, a claim with respect to such consignment will be entertained even though transportation charges thereon are unpaid.

11. Notice of arrival of goods will be given promptly to the consignee or to the person indicated on the face hereof as the person to be notified. On arrival of the goods at the place of destination, subject to the acceptance of other instructions from the shipper prior to arrival of the goods at the place of destination, delivery will be made to, or in accordance with the instructions of the consignee. If the consignee declines to accept the goods or cannot be communicated with, disposition will be in accordance with instructions of the shipper.

12.1 The person entitled to delivery must make a complaint to the Carrier in writing in the case:
12.1.1 of visible damage to the goods, immediately after discovery of the damage and at the latest within 14 days from receipt of the goods,
12.1.2 of other damage to the goods, within 14 days from the date of receipt of the goods,
12.1.3 of delay, within 21 days of the date the goods are placed at his disposal, and
12.1.4 of non-delivery of the goods, within 120 days from the date of the issue of the Air Waybill.

12.2 For the purpose of Subparagraph 12.1 above complaint in writing may be made to the Carrier whose Air Waybill was used, or to the first Carrier or to the last Carrier or to the Carrier who performed the transportation during which the loss, damage or delay took place.

12.3 Any rights to damages against Carrier shall be extinguished unless an action is brought within two years from the date of arrival at the destination, or from the date on which the aircraft ought to have arrived, or from the date on which the transportation stopped.

13. The shipper shall comply with all applicable laws and government regulations of any country to, from, through or over which the goods may be carried, including those relating to the packing, carriage or delivery of the goods, and shall furnish such information and attach such documents to this Air Waybill as may be necessary to comply with such laws and regulations. Carrier is not liable to the shipper for loss or expense due to the shipper's failure to comply with this provision.

14. No agent, servant or representative of Carrier has authority to alter, modify or waive any provisions of this contract.

15. If Carrier offers insurance and such insurance is requested, and if the appropriate premium is paid and the fact recorded on the face hereof, the goods covered by this Air Waybill are insured under an open policy for the amount requested as set out on the face hereof (recovery being limited to the actual value of goods lost or damaged provided that such amount does not exceed the insured value). The insurance is subject to the terms, conditions and coverage (from which certain risks are excluded) of the open policy, which is available for inspection at an office of the issuing Carrier by the interested party. Claims under such policy must be reported immediately to an office of Carrier.

16. Either overcharge claimed by shipper, or charge shortage debited by the airlines must be made in writing within two years from the date of issue of the Air Waybill.

國泰航空公司空運提單背面條款

NOTICE CONCERNING CARRIERS' LIMITATION OF LIABILITY

IF THE CARRIAGE INVOLVES AN ULTIMATE DESTINATION OR STOP IN A COUNTRY OTHER THAN THE COUNTRY OF DEPARTURE, THE WARSAW CONVENTION MAY BE APPLICABLE AND THE CONVENTION GOVERNS AND IN MOST CASES LIMITS THE LIABILITY OF THE CARRIER IN RESPECT OF LOSS, DAMAGE OR DELAY TO CARGO TO 250 FRENCH GOLD FRANCS PER KILOTGRAMME, UNLESS A HIGHER VALUE IS DECLARED IN ADVANCE BY THE SHIPPER AND A SUPPLEMENTARY CHARGE PAID IF REQUIRED.

THE LIABILITY LIMIT OF 250 FRENCH GOLD FRANCS PER KILOGRAMME IS APPROXIMATELY US$20.00 PER KILOGRAMME.

CONDITIONS OF CONTRACT

1. As used in this contract "Carrier" means all air carriers that carry or undertake to carry the goods hereunder or perform any other services incidental to such air carriage, "Warsaw Convention" means the Convention for the Unification of certain Rules relating to International Carriage by Air, signed at Warsaw, 12 October 1929, or that Convention as amended at The Hague, 28 September 1955, which ever may be applicable, and "French gold francs" means francs consisting of 65½

milligrams of gold with a fineness of nine hundred thousandths.

2. 2.1 Carriage hereunder is subject to the rules relating to liability established by the Warsaw Convention unless such carriage is not "international carriage" as defined by that convention.

2.2 To the extent in conflict with the foregoing, carriage hereunder and other services performed by each Carrier are subject to:

    2.2.1 applicable laws (including national laws implementing the Convention), government regulations, orders and requirements;

    2.2.2 provisions herein set forth, and

    2.2.3 applicable tariffs, rules, conditions of carriage, regulations and timetables (but not the times of departure and arrival therein) of such carrier, which are made pert hereof and which may be inspected at any of its offices and at airports from which it operates regular services. In transportation between a place in the United States or Canada and any place outside thereof the applicable tariffs are the tariffs in force in those countries.

3. The first Carrier's name may be abbreviated on the face hereof, the full name and its abbreviation being set forth in such Carrier's tariffs, conditions of carriage, regulations and timetables. The first Carrier's address is the airport of departure shown on the face hereof. The agreed stopping places (which may be altered by Carrier in case of necessity) are those places, except the place of departure and the place of destination, set for the on the face hereof or shown in Carrier's timetables as scheduled stopping places of the route. Carriage to be performed hereunder by several successive carriers is regarded as a single operation.

4. Except as otherwise provided in Carrier's tariffs or conditions of carriage,

in carriage to which the Warsaw Convention does not apply Carrier's liability shall not exceed US$20.00 or the equivalent per kilogramme of goods lost, damaged or delayed, unless a higher value is declared by the shipper and a supplementary charge paid.

5. If the sum entered on the face of the Air Waybill as "Declared Value for Carriage" represents an amount in excess of the applicable limits of liability referred to in the above Notice and in these Conditions and if the shipper has paid any supplementary charge that may be required by the Carrier's tariffs, conditions of carriage or regulations, this shall constitute a special declaration of value and in this case Carrier's limit of liability shall be the sum so declared. Payment of claims shall be subject to proof of actual damages suffered.

6. In cases of loss, damage or delay of part of the consignment, the weight to be taken into account in determining Carrier's limit of liability shall be only the weight of the package or packages concerned.

   Note:

   Notwithstanding any other provision, for foreign air transportation as defined in the U.S. Federal Aviation Act as amended, in case of loss or damage or delay of a shipment or part thereof, the weight to be used in determining the carrier's limit of liability shall be the weight which is used (or a pro rate share in the case of a part shipment loss, damage or delay) to determine the transportation charge for such shipment.

7. Any exclusion or limitation of liability applicable to Carrier shall apply to and be for the benefit of Carrier's agents, servants and representatives and any person whose aircraft is used by Carrier for carriage and its agents, servants and representatives. For purpose of this provision carrier acts herein as agent for all such persons.

8. 8.1 Carrier undertakes to complete the carriage hereunder with

reasonable dispatch. Carrier may use alternate carriers or aircraft and may without notice and with due regard to the interests of the shipper use other means of transportation. Carrier is authorized by shipper to select the routing and all intermediate stopping places that it deems appropriate or to change or deviate from the routing shown on the face hereof. The Sub-paragraph is not applicable to/from USA.

8.2 Carrier undertakes to complete the carriage hereunder with reasonable dispatch. Except within the USA where carrier tariffs will apply, carrier may use alternate carriers or aircraft and may without notice and with due regard to the interests of the shipper used other means of transportation. Carrier is authorized by shipper to select the routing and all intermediate stopping places that it deems appropriate or to change or deviate from the routing shown on the face hereof. This Subparagraph is applicable only to/from USA.

9. Subject to the conditions herein, the Carrier shall be liable for the goods during the period they are in its charge or the charge of its agent.

10. 10.1 Except when the Carrier has extended credit to the consignee without the written consent of the shipper, the shipper guarantees payment of all charges for carriage due in accordance with Carrier's tariffs, conditions of carriage and related regulations, applicable laws (including national laws implementing the Convention), government regulations, orders and requirements.

10.2 When no part of the consignment is delivered, a claim with respect to such consignment will be entertained even though transportation charges thereon are unpaid.

11. Notice of arrival of goods will be given promptly to the consignee or to the person indicate on the face hereof as the person to be notified. On

arrival of the goods at the place of destination, subject to the acceptance of other instructions from the shipper prior to arrival of the goods at the place of destination, delivery will be made to, or in accordance with the instructions of the consignee. If the consignee declines to accept the goods or cannot be communicated with, disposition will be in accordance with instructions of the shipper.

12. 12.1 the person entitled to delivery must make a complaint to the Carrier in writing in the case:

12.1.1 of visible damage to the goods, immediately after discovery of the damage and at the latest within 14 days from receipt of the goods.

12.1.2 of other damage to the goods, within 14 days from the date of receipt fo the goods,

12.1.3 of delay, within 21 days of the date the goods are placed at his disposal; and

12.1.4 of non-delivery of the goods, within 120 days from the date of the issue of the Air Waybill.

12.2 For the purpose of Subparagraph 12.1 above complaint in writing may be made to the Carrier whose Air Waybill was used, or to the first Carrier or to the last Carrier or to the Carrier who performed the transportation during which the loss, damage or delay took place.

12.3 Any rights to damages against Carrier shall be extinguished unless an action is brought within two years from the date of arrival at the destination, or from the date on which the transportation stopped.

13. The shipper shall comply with all applicable laws and government regulations of any country to, from, through or over which the goods may be carried, including those relating to the packing, carriage or delivery of the goods, and shall furnish such information and attach such documents

to this Air Waybill as may be necessary to comply with such laws and regulations. Carrier is not liable to the shipper for loss or expense due to the shipper's failure to comply with this provision.

14. No agent, servant or representative of Carrier has authority to alter, modify or waive any provision of this contract.

15. If Carrier offers insurance and such insurance is requested, and if the appropriate premium is paid and the fact recorded on the face hereof, the goods covered by this Air Waybill are insure under an open policy for the amount requested as set out on the face hereof (recovery being limited to the actual value of goods lost or damaged provided that such amount does not exceed the insured value). The insurance is subject to the terms, conditions and coverage (from which certain risks are excluded) of the open policy, which is available for inspection at an office of the issuing Carrier by the interest party. Claims under such policy must be reported immediately to an office of Carrier.

中華民國航空貨運承攬業標準交易條款

1. (1) 承攬運送人，無論是否爲中華民國航空貨運承攬公會之會員其從事任何業務，包括提供資料通知或勞務，應依下列規定爲交易，而且每一條款應被視爲承攬運送人與其客戶契約內容之一部份。承攬運送人並非公共運送人，應僅依此等條款處理貨物。承攬運送人之代理人或受僱人無修正或變更條款之權限。

   (2) 若有法律強制性地適用於承攬運送人所從事之業務，此等條款應受法律規範，唯此等條款不應被解釋爲承攬運送人拋棄其權利或豁免權，或增加其義務或責任。若此等條款之任何部份違反法律規定，僅該違反部份無效。若有法律強制性地適用於承攬運送人所從事之業務，此等條款應受法律規範，唯此等條款不應被解釋爲承攬運送人拋棄其權利或豁免權，或增加其義務或責任。若此等條款之任何部份違反法律規定，僅該違反部份無效。

2. 與承攬運送人從事任何交易之客戶應明示擔保其爲貨物所有權人，或經貨物所有權人之合法授權之代理人，並擔保其有權接受此等條款，且爲自己或擔任與貨物有關人等之代理人接受此等條款。

3. 承攬運送人所接受之任何指示或業務，有絕對之裁量權以自己親自履行，或由自己之受僱人履行一部或全部，或交由其他承攬業者依同樣條件履行勞務之一部或全部。

4. 承攬運送人除客戶以書面明示外，有絕對之裁量權處理法定貨物之儲放，運送應遵守之程序與路線。又除客戶原訂定書面指示外依承攬運送人之意見，爲顧及客戶之利益，有權調整客戶之指示。

5. 貨物暫停運送或交付時，承攬運送人有權按貨物之性質決定存倉或以其他方式保管，以及保管之地點，客戶應負擔因此所生之費用。

6. 除非承攬運送人被書面指示包裝貨物，客戶擔保所有貨物已被包裝完妥。

7. 承攬運送人有權保留並受頒居間佣金與其他報酬。

8. 承攬運送人之報價，係以即時承諾為基礎，並得撤回或修正。除非以書面協議，承攬運送人於承諾後，如因匯率、運費、保險費或其他與貨物有關之費用變動，得自由變更報價或酬金，而此項變更得通知或無庸通知。

9. 客戶應受其所提供予承攬運送人供辦理通關或其他目的之申報價值或其他明細之拘束，並擔保其正確。如非因承攬運送人之執行錯誤客戶負責補償承攬運送人因不正確或疏漏所發生之損失、費用與罰款，縱使不正確或疏漏，客戶並無任何過失。

10. 客戶應負擔民航及海關當局所課徵之貨物稅負、保證金或其他任何費用，又承攬運送人所支付之任何罰款、費用及賠償，客戶應予負擔。

11. 當貨物係依指示向受貨人或其他第三人收取運費或其他費用被受領或處理時，若受貨人或其他第三人未依限給付時，客戶應負責給付。當貨物係依指示向受貨人或其他第三人收取運費或其他費用被受領或處理時，若受貨人或其他第三人未依限給付時，客戶應負責給付。

12. 除客戶已書面明確指示，承攬運送人就貨物無需保險。承攬運送人代辦之所有保險，應受保險公司保險單內容之規範。承攬運送人就各批貨物無個別保險之義務，但得以在預約保單或普通保單上聲明之。若保險人就其責任有所異議，被保險人僅能對保險人索賠，承攬運送人無論如何就此並無任何責任或義務，儘管保單上所載之保險費與承攬運送人所收取者不盡相同。

13. (1) 承攬運送人僅就貨物之損害、或不交付或錯誤交付負責，且限於能證明損害，不交付或錯誤交付係在承攬運送人管領中發生，又損害不交付或錯誤交付可歸責於承攬運送人或其受僱人之故意過失。

    (2) 承攬運送人應對未依照指示履行之結果負責，若能證明係可歸責於承攬運送人或其受僱人之故意或過失。

⑶ 除前述情事以外，承攬運送人就任何事故之發生，不論事故之如何發生，不論是否與貨物或指示、資料、勞務有關聯，概不負責。

⑷ 承攬運送人對任何市場、火災、遲延或偏航所發生之損害不負任何責任，此項規定並不影響前揭⑴⑵⑶款之適用。

14. 無論任何事故，亦不論有無理由，承攬運送人就各事故之賠償，以不超過貨物之價值或毛重每公斤新臺幣1000元為限。又兩者中以較低者為賠償款。

15. 承攬運送人就下列情事不負賠償責任：

⑴ 就貨物包裝破損或未包裝所受之損害、滅失或錯誤交付，目的地在臺灣境內，承攬運送人於貨到後7日內未收損害之書面通知，而目的在臺灣境外者，在貨到後14日內未收到損害之書面通知。

⑵ 就貨物全部或一部未交付之損害，承攬運送人於貨物應交付之日起28天未收受損害之書面通知。

16. ⑴ 除非客戶以書面明確指示，承攬運送人就貨物之性質，價值與交付之特殊利益，無論是就法規、公約或契約之目的，皆無聲明之義務。

⑵ 除非客戶在事前已以書面為反對之指示，當運費之費率係依運送人、倉庫營業人或其他第三人之責任範圍而選擇時，貨物得以客戶之風險，最低運費率或未申報價值之方式運送。

17. 易腐壞之貨物，於到達未即時被提領，或地址不明或標幟不清無法確認時，得通知客戶予以出售或其他方式處分，出售之價金於扣抵有關費用後予以給付貨主，與貨物之交付具相同效力。所有因出賣或處分貨物所發生之費用與規費，應由客戶給付。

18. 就所有非易腐壞之貨物，依承攬運送人之意見，因地址不明或不正確或受貨人不受領或不給付運費或其他原因無法交付時，經給予客戶21天之通知，承攬運送人有出賣或處分之權利。

19. 除非事先以書面作特別安排，對於任何具有毒性、危險性、易燃性或爆裂性之貨物或易受損之貨物不接受委託承運。若客戶將此類貨物交

由承攬運送人承運，而未事先以書面為特別安排，則貨物本身或其他發生之損害或滅失應自行負責。又就承攬運送人因此所受之損害，罰款應負責賠償，承攬運送人或管領貨物之第三人得予銷毀或以其他方式處理。若此等貨物依事先之書面特別安排方式接受承運，在危及其他貨物、財產、人命或健康時，亦得予以銷毀或以其他方式處理。所謂「易造成損害之貨物」包括藏匿或孳生害蟲或病菌之貨物。

註：客戶交運危險物品時可檢驗其有無處理危險物品合格人員以策安全。

20. 除非事先以書面作特別安排，承攬運送人不受託承運金條銀塊、錢幣、寶石、珠寶、貴重古董、圖畫及動植物。若客戶未經事先之書面特別安排，將此類貨物交予承運，承攬運送人就此等貨物所發生之後果，不負任何責任，不論發生之原因如何。

註：不排除本條款第十四條所規定之責任。

21. 承攬運送人有權執行客戶依此等條款應負之責任，並得依據此等條款請求客戶損害賠償，必要時並得對寄貨人、受貨人或所有權人請求賠償。所有應給付予承攬運送人之款項，應以現金全額給付，不得以索賠、反索賠或抵銷為理由而予以剋扣或延遲給付。

22. 承攬運送人就客戶、寄貨人、受貨人或貨物所有權人因貨物運送所積欠之款項，得對貨物有留置權。若承攬運送人在以一個月之通知欠款者後，仍未受給付，得拍賣或以其他方式出賣貨物，拍賣或出賣費用由欠款者負擔。拍賣或出賣所得用以償付欠款。

23. 除前揭條款以外，承攬運送人直接或間接因貨物通關，履行承攬運送所生之責任，客戶承諾負賠償之責。又承攬運送人因遭其受僱人、代理商、次承攬人或拖車公司、運送人、倉庫營業人或其他人索賠、或此等人遭受客戶、寄貨人、受貨人或貨物所有權人或與貨物有關之任何人或其他任何人直接或間接索賠，客戶承諾負賠償之責。

24. 承攬運送人與客戶間之所有契約以中華民國法律為準據法，並合意由臺北地方法院管轄彼此間之訴訟。

25. 出口地區為社會主義國家者，不適用本條款。

中華民國航空貨運承攬業貨運契約條款

1. 本契約之用語，航空貨運提單（air waybill）與air consignment note為同義；運送（carriage）與transportation為同義；運送人包括簽發航空貨運提單之運送人與所有從事或承諾運送貨物或履行與運送有關勞務之運送人。由數位相繼運送人完成運送時，此一運送應視為單一送。「法國金元法郎」表示一法郎含有90%純金，重量65.5毫克。「託運人」（shipper）與「consignor」為同義，「公約」乃指1929年10月12日在華沙簽訂之統一國際航空運輸規則公約，或1955年9月28日在海牙修訂之公約，兩者其中之一。

2. (1) 託運人擔保其為提單所列貨物之貨主或貨主所授權之代理人，並擔保其有權接受本契約條款，而且身為代理人時，則係代理貨主和所有與貨物有關的其他人，接受本契約條款。

   (2) 託運人擔保運送人有權為自己簽發本航空貨運提單。

3. (1) 除運送非屬「公約」所界定之「國際運送」外，有關運送義務應適用「公約」之規定。

   (2) 為配合前述之運送定義，各運送人之履行其運送與其他服務，應受下列規範：

   ① 有關國內法（包括為實施公約所制定之國內法），政府法令與規定。

   ② 本契約條款。

   ③ 有關運送人之運費率，運送條款以及航班時刻表（但不包括啓運與到達時刻）此等規定得由各公司之辦公處所及從事定期服務之機場查悉，而運抵或運出美加地區者，則需適用該國之運費率規定。

4. 洽訂之中途停留地點，乃爲依運送人公告之時刻表所列之中途停留地點，記載本航空貨運提單上（必要時，運送人得變更之，但不得變更啓運地與目的地）。

5. 若航空貨運提單上記載之「運送申報價值」其金額超過本契約條款所規定之責任限度。而託運人已按運送人運費價目條款之規定付清所需額外費用，此構成目的地交付時之特別申報價值。在此情況下，運送人之責任限度，應以申報總額爲限，惟請求賠償給付，應依實際損害之證明。

6. 除非「公約」或其他適用法律另有規定，運送人對於因直接或間接遵守政府法令規定或因其他運送人所不能控制之因素，而造成之短少、損害或遲延，不負責任。

7. 若運送物有部份短少、損失、或遲延時，而需考慮重量因素以決定運送人之責任限度時，應以各該受損部份之重量爲依據。

    註：縱使另有其他規定，依美國聯邦航空法所規定的國外空運，如發生短少、損害或遲延應依重量決定運送人之責任限度時，應以決定運費之重量爲準（或按交運時發生短少損害或延誤部份之比例計算）。

8. 有關運送人任何免責條款或限制責任條款，應適用於運送人之代理人、職工與代表人，及利用之航空器從事運送之任何人及代理人、職工和代表人。爲本條之目的，運送人乃爲所有本條所列人等之代理人。

9. ⑴運送人同意儘其最大努力以合理注意完成運送，但未承諾固定之運送期間，且運送人得保留其爲顧及託運人利益下，無庸通知，逕以其他運輸工具代替，原運送人或航空器之權利。運送人有權選擇或變更航空貨運提單上所載預訂航程。（本款不適用於來往美國之運送）。

    ⑵運送人同意儘其最大努力以合理注意完成運送，但未承諾固定之運送期間，除美國以外，在運送人運費率得適用地區之運送，運送人得保留其爲顧及託運人的利益，無庸通知，逕以其他運輸工具代替原運送人或航空器之權利，運送人有權選擇或變更航空貨運提單所

載預定航程。（本款僅適用於來往美國之運送）。

10. 本航空貨運提單所填記之貨物或據稱包含貨物之包裹，係運送人在貨運站或機場受領該貨物或包裹並同意運至目的地機場。若另有特別協議，本航空貨運提單上所填記之貨物或包裹係受領供承攬運送至啓運地，與再承攬運送至目的港以外之地點。若承攬或再承攬係由簽發本航空貨運提單之運送人所爲，其責任與本航空貨運提單所規定相同。在其他情形，簽發本航空貨運提單之運送人與最後運送人在承攬或再承攬運送物，應被視爲託運人或受貨人之代理人，就額外運送所發生之損害，不負賠償責任，但運送可證明其有故意或過失者，不在此限。託運人與受貨人應授權時，得採取任何可完成前述之承攬與再承攬（除非航程已選定）必要措施。包括但不限於承攬與再承攬之工具和航程之選擇，運送交件之簽署與收受（包括責任免除或限制之條文）與未申報價值方式運送，儘管本航空貨運提單已證明申報價值。

11. 運送人有權代墊（但無義務）預支與貨物有關的任何稅負或費用，託運人、貨主和受貨人應連帶負責返還。除非託運人提出全額歸墊，否則運送人就貨物之承攬或再承攬無墊款之義務。

12. ⑴ 貨物以依指示向受貨人收取運費或其他費用被受領或處理時，若受貨人或其他人未依限給付時，託運人應負責支付。

⑵ 若託運貨物未交付，運送人不得以到付運費未付，而拒絕受理索賠。

13. ⑴ 貨到通知書應即交付予本航空貨運提單所記載之受貨人以及其他受通知人，運送人就該通知書拒絕或遲延受領，不負任何責任。

⑵ 貨物運抵目的地，應依託運人於貨物到達前之指示爲之，貨物運抵終點站時，當受貨人支付運雜費後，當依受貨人之指示交付貨物。若受貨人怠於受領貨物或無法連繫交付貨物時，得於託運人支付所有費用後，依其指示處理。

14. ⑴ 如有下列情事，有權受領貨物之人應以書面向簽發本航空貨運提單之運送人索賠：

①明顯的毀損，應於發現時立即提出，最遲應自受領貨物之日起10

日內提出。

　②其他毀損情形，應自受領貨物之日起10日內提出。運送遲延時，應自受領貨物之日起17日內提出。

　③短少（包括未交付），則應自本航空貨運提單簽發日起115日內提出。

(2) 爲達上述(1)款之目的，書面索賠應按本航空貨運提單上所載簽發提單運送人之地址，寄至運送人或該運送人在起運地或目的地之辦公處所或代理人。

(3) 除非在自貨物抵達目的地日起，或貨物應抵達目的地之日起，或運送停止日起兩年內提起訴訟，否則對運送人之損害賠償請求權即行消滅。

15. 託運人應遵守啓運到達或中繼國家或地區之法律或政府規定，其中包括貨物之包裝及交付有關規定，託運人並應提供該規定或法律予運送人並附在本航空貨運提單，若託運人因怠忽上述規定所產生之損失或費用，運送人對託運人或其他任何人不負任何責任。

16. 運送人之代理人、職工或代表人無權變更、修改或豁免本契約任何條款。

17. 經託運人請求並支付保險單，此項事實並記明於本航空貨運提單，則提單的表彰之貨物已依提單所載價值投保預約保險（賠償實際損害爲限，且不得超過保險價額）。保險應依其條款規定，（並有除外危險）。預約保單之內容得在本航空貨運提單簽發人之辦公處所閱覽，運送人並應出具保險證明書載明此事。對於在運送人持有或海關倉庫之貨物，經託運人在啓運前之請求並支付增加之保費，保險期間亦得增長之。依本條之任何保險索賠，均應立即通知簽發本提單之運送人，如提單正面之地址或通知運送人在啓運地或目的地之辦公地址或其代理人之處所或通知保險人。

18. 本航空貨運提單所涵括之任何條款若與強制性法律、政府規章或規定相抵，該條款在不抵觸之範圍仍得適用。任何條款之無效不影響其他任何部份。

參考文獻

1. International Cargo Agent Training Programme, Air Cargo Course Textbook, IATA
2. Airfreight Forwarding, Singapore Logistics Association, 2005
3. 航空貨物運輸理論與實務，FIATA教育訓練認證教材，臺北市海運承攬運送商業同業公會編著，2007.1.
4. 國際航空運輸協會網站：www.iata.org
5. 國際民航組織網站：www.icao.org
6. 波音公司網站：www.boeing.com
7. 空中巴士公司網站：www.airbus.com
8. 阿聯酋航空貨運公司網站：www.skycargo.com
9. 承攬運送業協會國際聯盟網站：www.fiata.com
10. 臺北市航空貨運承攬商業同業公會網站：www.tafa-r.org.tw
11. 民航法規，楊政樺著揚智文化事業股份有限公司，2010.1. ╱ 二版一刷
12. 民用航空法講義，胡劭安著，大華傳真出版社，2012.6.18. ╱ 八版
13. World Cargo Forecast 2020-2039, Boeing
14. EVA Annual Report Year 2020, EVA Airways
15. IATA Annual Review 2020, IATA
16. 2020年版運輸政策白皮書（空運），交通部
17. CAL Investor Reference 2020, China Airlines
18. www.twairinfo.com.tw

Note

Note

國家圖書館出版品預行編目資料

國際航空貨運實務／曾俊鵬著. -- 三版.
-- 臺北市：五南圖書出版股份有限公司,
2021.10
　　面；　公分
　ISBN 978-626-317-004-9 (平裝)

1.航空運輸管理　2.貨運

557.945　　　　　　　　110012056

1L56

國際航空貨運實務（第三版）

作　　　者 ― 曾俊鵬（105.5）

發 行 人 ― 楊榮川

總 經 理 ― 楊士清

總 編 輯 ― 楊秀麗

副總編輯 ― 黃惠娟

責任編輯 ― 魯曉玟

出 版 者 ― 五南圖書出版股份有限公司

地　　　址：106臺北市大安區和平東路二段339號4樓

電　　　話：(02)2705-5066　　傳　　　真：(02)2706-6100

網　　　址：https://www.wunan.com.tw

電子郵件：wunan@wunan.com.tw

劃撥帳號：01068953

戶　　　名：五南圖書出版股份有限公司

法律顧問　林勝安律師

出版日期　2010年 2 月初版一刷
　　　　　2013年10月二版一刷
　　　　　2021年10月三版一刷
　　　　　2024年 3 月三版三刷

定　　　價　新臺幣480元

經典永恆・名著常在

五十週年的獻禮——經典名著文庫

五南，五十年了，半個世紀，人生旅程的一大半，走過來了。

思索著，邁向百年的未來歷程，能為知識界、文化學術界作些什麼？

在速食文化的生態下，有什麼值得讓人雋永品味的？

歷代經典・當今名著，經過時間的洗禮，千錘百鍊，流傳至今，光芒耀人；

不僅使我們能領悟前人的智慧，同時也增深加廣我們思考的深度與視野。

我們決心投入巨資，有計畫的系統梳選，成立「經典名著文庫」，

希望收入古今中外思想性的、充滿睿智與獨見的經典、名著。

這是一項理想性的、永續性的巨大出版工程。

不在意讀者的眾寡，只考慮它的學術價值，力求完整展現先哲思想的軌跡；

為知識界開啟一片智慧之窗，營造一座百花綻放的世界文明公園，

任君遨遊、取菁吸蜜、嘉惠學子！